总主编◎杨坚争

高职高专电子商务应用技术实训教材

电子商务项目管理

主　编　文燕平
副主编　郭健全

中国人民大学出版社

总序

电子商务，作为一种新兴的交易方式，受到社会各行各业的高度重视，在国民经济的发展中发挥着越来越重要的作用。为适应电子商务的快速发展，全国约有500余所高职高专院校设置了电子商务专业。

高职高专教育承担着为社会主义经济建设培养实用性人才的艰巨任务。如何将电子商务专业的学生培养成为适应信息时代要求的实用性技术人才，高职高专院校都在进行探索。教材建设是这种探索中的一个重要环节。

从目前情况看，国内已经出版了多套高职高专电子商务系列教材，这些教材对于普及电子商务知识，推动电子商务教学改革起到了很好的促进作用。本套系列教材在借鉴这些教材编写经验的基础上，力图以新的思路探索高职高专电子商务系列教材的编写方法，以改变忽视高职高专电子商务专业学生实用性、操作性能力的培养，而将高职高专教材撰写成本科教材的缩减本的现象。

本套教材的特色主要表现在以下四个方面：

1. 本系列教材的编写采取本科教师和高职高专教师相结合的方法，以高职高专教师为主，从电子商务人才培养的实际出发，通过综合性案例、理论阐述、操作训练三个基本环节，使学生能够了解电子商务的最新发展，理解电子商务的基本理论，并具有电子商务应用的实际操作技能。

2. 本系列教材认真分析了社会对高职高专电子商务学生的基本要求和人才培养的实用性，构造与之对应的系列课程教材（见表0—1）。

表 0—1　　社会需求与本系列教材的对应

社会对高职高专电子商务学生的基本要求	对应的系列课程教材
1. 理解电子商务	1. 电子商务概论
	2. 电子商务技术基础
2. 营销调研	3. 网络营销调研技术
3. 电子商务项目规划与管理	4. 电子商务项目管理
4. 电子商务网站设计与建设	5. 电子商务系统分析与建设
5. 网络营销策划与实施	6. 网络营销技术
6. 物流配送服务	7. 电子商务物流技术
7. 电子支付与安全	8. 电子商务安全与支付
8. 经济法与电子商务法	9. 经济法与电子商务法简明教程

3. 以实用技术为重点，突出教材的应用性。整套教材的编写紧紧围绕高职高专实用型人才培养的目标，突出实用技术的教学，力求使学生学以致用。除《电子商务概论》外，其他 9 本教材均与相关技术有关。在编写中，全套教材强调教材的技术性和先进性，注重形象思维和引导性操作，使学生能够在全面了解电子商务的最新发展、理解电子商务的基本理论的基础上，具有电子商务应用的实际操作技能。

4. 教材的知识点与劳动和社会保障部《电子商务师标准》挂钩。本系列教材在强调教材的先进性，以及注重形象思维和引导性操作的同时，兼顾与相关电子商务职业标准的联系。本系列教材的总主编是国家劳动和社会保障部的《电子商务师标准》的起草者，对《电子商务师标准》有深刻的理解。在本系列教材的编写中，编写者将课程开设与《电子商务师标准》的有关内容进行了相关性分析，进而规划出本系列教材的相关内容（见表 0—2）。

表 0—2　《电子商务师标准》与本系列教材的对应

本系列教材设计	《电子商务师标准》	职业功能（一级）	职业功能（二级）	职业功能（三级）	职业功能（四级）
电子商务概论	2.2.2 电子商务基础知识				
电子商务实验教程					
电子商务技术基础		一、网页制作	一、网页制作		
网络营销调研技术		二、网络商务信息收集与交换	二、网络商务信息收集与交换		
电子商务系统分析与建设				一、电子商务系统规划与建设	一、电子商务系统规划与建设
电子商务项目管理				二、电子商务系统管理 四、商务网站评估	二、电子商务系统管理 四、电子商务评估
网络营销技术	2.2.3 网络营销基础知识	三、网络营销 四、电子交易	三、网络营销 四、电子交易	三、电子商务系统运营	三、电子商务系统运营
电子商务物流技术	2.2.4 物流基础知识		五、物流信息管理 六、网络采购		
电子商务安全与支付	2.2.5 电子商务安全基础知识	五、电子商务安全管理	七、电子商务安全管理		
经济法与电子商务法简明教程	2.2.6 电子商务法律法规基础知识				

考虑到电子商务教学的特殊要求，本系列教材专门建立了教学资源库，内容包括：

（1）多媒体资料：利用多媒体形式，开展网上教学，演示电子商务实际操作程序，使学生可以在任何地方、任何时间接受本教材的教学内容。

（2）电子教案：利用幻灯片形式，将每本书各章内容进行提炼，以减轻教师繁重的备课任务，也便于学生掌握全书基本要点。

（3）辅导材料与综合练习：辅导材料介绍了每一章的主要内容与重点，综合练习则根据各章主要内容与重点总结出各类练习题。读者可以通过辅导材料和综合练习，进一步加深对本书内容的理解。对于教师，还提供了配套的教学试卷。

（4）教学案例：根据全书结构和各章的内容，筛选了部分相关案例。通过对案例的跟踪、介绍与分析，使读者能够更深入地理解电子商务的内涵和运作方式。

（5）实验教学：建立了网上电子商务实验平台，提供与教学内容密切联系的教学实验，引导学生直接进入互联网，开展各类网上实验，体验电子商务的实际感觉。

该教学资源库由人大教研服务网提供技术支持，登录 http://www. ttrnet. com 后，即可享受上述内容所带来的教学与学习便利。

对于电子商务这样一个新兴行业以及电子商务专业这样一个新兴专业，可以说，本系列教材的编写方式是一种全新的尝试。教材能否适应社会对高职高专电子商务专业学生的要求，还需要经过实践的检验。笔者恳请有关教师、专家和读者对本书的体例和内容提出宝贵意见，以便在再版时修改和调整，更好地适应高职高专电子商务专业教学要求。

该系列教材在组织编写过程中，参考了国内外大量电子商务图书和专业文献，并得到中国人民大学出版社的大力支持和帮助，在此表示衷心的感谢。

杨坚争

2006 年 2 月 5 日于上海

前言

项目管理是20世纪50年代末期发展起来的一种计划管理方法，它一经问世就为人们所瞩目。1957年，美国杜邦公司用这种方法进行设备维修，使维修停工时间由原来的125小时锐减为78小时；1958年，美国人运用项目管理技术，一举使北极星导弹的设计周期缩短整整2年。60年代以后，项目管理在航空、航天、医学、化工、制造、财务、广告、法律等领域得到了广泛的应用，并且范围还在不断地拓展。时至今日，项目管理技术已经在众多领域发挥着不可或缺的作用。它不但可以应用于航空、航天、国防、建筑等一些大型的、高端的科技型工程，而且也可以应用于国民经济的各个部门和社会活动中的许多方面，与人们的日常生活紧密相联。因此，项目管理的基本理论和基本方法成为越来越多的人希望了解和学习的新知识与新技能。学习项目管理可以让人们在资源有限、时间有限的条件下，用科学的方法来解决问题，做好工作，取得成功。

IT行业是项目管理应用最普及的行业，也是项目管理中存在问题较多的行业。IT项目的特点决定了其项目经理经常要面对强势的客户、多变的需求、不足的人力资源等情况，有时还要面对技术难关、销售人员的过度承诺、难以协调的外包方等不可控因素，因此IT项目管理一直是项目管理研究中最引人注目的一个领域。互联网的出现和发展给各行各业带来巨大的冲击与挑战，也同样给项目管理带来许多新的变革。作为互联网环境中的重点应用，电子商务的项目管理与传统的项目管理有很大的区别。传统的项目管理是基于传统的“砖块加水泥”公司这样一个有形的实体，而电子商务项目是基于互联网环境的，它所表现出来的高度的变化性、不确定性、综合性以及集成性，使得对电子商务项目管理方法的研究显得更为紧迫。

我国的电子商务起步于1998年，其间既经历了初期近乎疯狂的成长，又经历了IT泡沫破灭后的衰退。近两年来，我国的电子商务逐渐步入理性发展期，市场规模稳步增长，企业赢利模式日趋成熟，行业环境也在逐渐改善。因此可以预言，在未来相当长一个时期内，电子商务仍将是社会经济发展中的一个热点领域。由此，电子商务人才的培养也将是我们面临的一项长期任务。作为电子商务教学中最重要的课程之一，“电子商务项目管理”尤其应该引起我们的重视。然而，目前电子商务项目管理的教材及参考书还非常少，且结合我国电子商务实际以及电子商务专业学生的特点来编写的教材更少。

本书按照项目管理的流程来安排章节。与国内外其他有关项目管理的教材相比，本教材主要有三大特色：一是对学生的定位清晰、可行。我们力求把学生当作项目中的成员，而不是当作项目经理，让学生了解项目管理的运作过程。二是在内容描述上充分利用图表，加强形象思维，减少理性思维。三是注意可操作性，即对内容不求讲得有多深，而是以讲清楚、实用为主。

上海师范大学文燕平博士对本书进行了总体策划。参加本书编写的人员有文燕平（第1、5章）、上海理工大学的郭健全（第2、4章）、上海师范大学的汪鲲华（第3章）和浙江万里学院的陈晴光（第6章）。全书最后由文燕平统稿。上海师范大学商学院电子商务专业03级学生丁奕参与了部分外文资料的整理工作。

电子商务项目管理是一门实践性、应用性很强的课程，如何在借鉴传统的项目管理理论与方法的基础上，结合电子商务项目所独有的特点加以分析，如何在阐述理论的同时能让学生在课堂里感性地认识电子商务项目管理的运作技巧，对编写组都是一种挑战。尽管我们在编写的过程中查阅了各种资料，学习了本研究领域中诸多专家的研究成果，但是错漏之处依然难免。编写组恳请同行专家不吝指正。

在本书的编写中，我们参考了国内外许多相关的学术成果，引用了报纸、刊物的诸多数据。资料的来源一并列在参考文献中。在此我们对诸位作者表示最诚挚的谢意。

主　编

2005年12月于上海师范大学商学院

ypwen@shnu.edu.cn

目录

电子商务项目管理概述

学习目标

通过本章的学习，你应该能够：

1. 掌握项目的定义及特点；
2. 掌握项目管理的概念、项目管理的主要内容、项目管理的主要目的、项目管理的价值；
3. 了解传统项目与电子商务项目、传统项目管理与电子商务项目管理的区别。

电子财务系统在诺普集团的运用

诺普集团原是一家生产有机玻璃的小厂，当时只有100多人。现在，诺普集团已成为当地第一利税大户，产值过百亿，形成了以玻璃为主导产业，横跨房地产、制药、化工等产业的多元化发展格局。诺普集团现有下属企业几十家，每年到了年底，集团的财务部门就像圣诞节时的超级市场，各种报表堆得到处都是，财务人员忙得团团转。为了一份年报，财务部门要全体总动员忙好几个月。作为集团的财务总监，格雷斯下决心用现代化的财务系统改变这一切，这得到了集团总裁的大力支持。然而事与愿违，让格雷斯这位久经沙场的老将始料未及的是，财务系统上线已经12个月了，诺普集团的财务部门仍然是在用两条腿走路。财务人员同时做两套账，一套是系统账，一套是手工账。到了年底，财务部门的状况也就可想而知了，许多员工是白天手工做账，晚上再加班把数据录入到系统中。员工个个苦不堪言，有些员工忍受不了这样的工作强度选择了离职，留下来的都是对诺普有着深厚感情的员工，他们相信诺普一定会战胜眼前的困难。

格雷斯看在眼里，痛在心里。这些员工都是跟他共过患难的战友，以前也有非常困难的时候，他们也都一起闯了过来。他原本想用信息系统把他们从繁杂的手工劳动中解放出来，却没想到给他们套上了另一个枷锁。

其实，从一开始决定上系统到系统上线，格雷斯和他的伙伴一路走来应该说还是很顺利的。实施顾问根据企业情况对系统进行了设置，并录入了基础数据。系统上线后，在实施顾问的培训与指导下，员工已经可以独立使用系统了，系统运行也很正常。实施顾问在离开之前，还给他们留下了详细的项目实施文档。但是，没想到在实施顾问离开之后，却出现了这种情况。

几十年的经验告诉格雷斯：首先应该找到病因在哪里，然后才能对症下药。最直接的方法是找一线员工了解情况。于是，他找到业务骨干了解情况：为什么不能完全依靠信息系统，摆脱手工记账？员工的回答在他的意料之中。首先，虽然经过了培训，他们对系统也可以进行操作了，但是感觉对系统没有很深入的理解，不知道系统数据是怎么来的，数据之间是什么关系，项目实施文档太复杂，也看不懂；其次，使用的过程中，发现手工账和系统账对不起来，他们不知道是因为操作不当，还是方案有问题，时间长了，累积的错误越来越多，整个系统的数据都乱了。因此，员工更不敢把手工账丢掉了，担心总裁要看报表时，而拿出来的报表数据都是错误的，那责任可就大了。

这其实也是格雷斯心里的感觉。虽然作为财务总监，格雷斯对业务了如指掌，但是业务到了系统中以后是如何运作的，他心里也不是很有底。实施顾问跟他解释方案的时候，虽然比较多地使用系统语言而不是业务语言，但他认为当时是听懂了。看到系统调试成功，员工经过培训和指导也可以独立操作系统了，格雷斯也就没有再深究下去，放心地让实施顾问走了。

怎么办呢？格雷斯认为解铃还须系铃人，决定把实施顾问重新找回来。在对系统进行诊断后，实施顾问制定了一套解决办法。办法实施一段时间后，系统账可以跟手工账对起来了。这一次，吸取了上一次的教训，格雷斯决定破釜沉舟，不给员工留任何后路。他下令所有的员工必须丢掉手工账，打消“系统账不行，还有手工账”的念头，逼他们去彻底地理解系统。看到员工终于丢掉了手工账这支拐棍，格雷斯脸上也露出了久违的笑容。

但随着业务的发展，系统的运行又遇到了问题。员工发现系统中产生了一些数据，而且这些数据在不断变大，他们不知道这是怎么回事。由于现在没有手工账可以核对，对系统数据间的勾稽关系也搞不清楚，所以不知道这些数据是不是对的。员工心里对系统越来越没底，很多员工又跑到格雷斯那里反映情况，格雷斯对此始料不及。

1965年，以一些欧洲国家为主成立了一个项目管理组织——“国际项目管理协会”(IPMA)。四年以后，美国也成立了“项目管理协会”(PMI)。这两个国际性项目管理组织的出现，大大地推动了项目管理的发展。

项目管理在发达国家应用广泛，已从最初的国防和航天领域迅速发展到目前的电子、通讯、计算机、软件开发、建筑、制药、金融等行业，甚至在一些政府机关和社会团体中也有应用。目前，项目管理已发展成独立的学科体系，成为现代管理学的一个重要分支。随着电子商务的不断推进，出现了越来越多的电子商务项目。电子商务项目与传统的项目相比具有哪些新的特点，如何进行电子商务项目管理等，将是本章重点介绍的内容。

1.1 项目与项目管理

1.1.1 什么是项目

1.1.1.1 项目的定义

在项目管理中，“项目”这个概念的外延较大。从三峡工程、北京奥运会场馆建设，到企业开发一个新产品、安排一个产品的推广活动，甚至组织一次客户座谈会等，都可以称之为项目。正如美国项目管理专业资质认证委员会主席保罗·格雷斯（Paul Grace）所说，在当今社会中，一切都是项目，一切也将成为项目。以下是项目的一些例子：

- 开发一项新产品或者新服务；
- 实现组织机构、人员配备或工作作风的变革；
- 设计一种新的运输车辆；
- 开发或购买一套新的或改进的信息系统；
- 建造一座大楼、一座工厂或一座水库；
- 进行一次旅行；
- 举办各种类型的活动，如一次会议、晚宴、庆典等；
- 拍摄一部电视剧。

那么，究竟什么是项目呢？项目是由一组有起止时间的、相互协调的受控活动所组成的特定过程，该过程要达到符合规定要求的目标，即包括时间、费用和资源等约束条件的要求（见图 1—1）。

一个项目无论大小、特点如何，一般包括下列最基本的要素：

(1) 具体的结果（产品或服务）；

(2) 项目的阶段与过程（包括项目工作开始日期和结束日期）。

(3) 既定的预算（包括人员、资金、设备、设施和资料总额等）。

1.1.1.2 项目的特征

企业内部开展的工作可以分为两部分：一是日常运作，二是项目。日常运作和项目的主要区别在于：日常运作是连续不断和重复的，而项目是一次性和独特的，有明确的任务、开始时间、结束时间、规模与预算。项目的基本特征表现在以下几个方面：

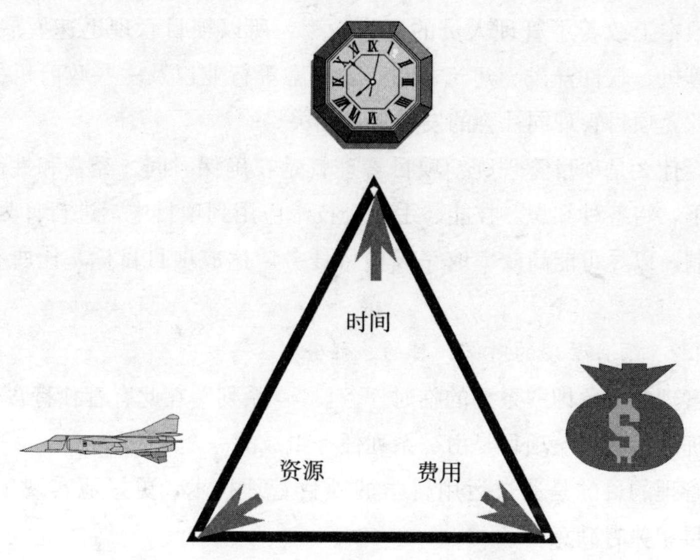

图1—1 项目定义示意图

(1) 有一个明确的目标。每一个项目都是为一个明确的目标而成立的。

(2) 由一系列互相关联的任务构成。

(3) 所有的项目都具有有限的资源，比如时间、人力和成本等。

(4) 项目是具有一次性、独特性的活动，它有明确的开始和结束时间，具有临时性。

1.1.2 什么是项目管理

1.1.2.1 项目管理的定义

项目管理其实并不神秘，人类数千年来进行的组织工作和团队活动，都可以视为项目管理行为。与企业内部的工作分类一样，人类的活动也可以分为两大类：一类是重复性、连续不断、周而复始的活动，称为“运作”，如电信运营商的日常经营以及工厂生产线的生产活动。这类活动只需要按照既定的程序、规章制度，不断重复进行。另一类是可以改变日常运行状态的，具有一定目标的、临时性、一次性的活动，人们称之为“项目”(Project)，如建设高速公路、架设大的桥梁、实施不同区域的发展规划等。每个项目都有自己独特的条件和内涵，需要重新设计方案、调整组织结构，需要有所创新。

项目管理最初还仅限于国防、航天、建筑等少数行业。由于它的理论与应用方法从根本上改善了管理人员的运作效率，所以项目管理迅速发展到电子、通讯、计算机、软件开发、建筑、制药、金融等行业以及一些政府机关和社会团体。因此，项目管理同社会的发展息息相关。

那么，什么是项目管理呢？项目管理就是在确保时间、经费和性能指标的限制条件下，将各种知识、技能、手段、技术应用到项目中，进行计划、组织、协调、控制，以尽可能高效率地完成项目任务，达成项目目标，让所有项目相关者满意。

1.1.2.2　项目管理的对象、目的、任务

项目管理的对象即一系列的临时任务。“一系列”在此有着独特含义，它强调项目管理的对象——项目是由一系列任务组成的一个系统。

项目管理的目的是通过运用科学的项目管理技术，更好地实现项目目标，让所有项目相关者满意。

项目管理的任务是对项目及其资源进行计划、组织、协调、控制。这里所谓的资源是指项目所在的组织中可得的、为项目所需要的人员、资金、技术、设备等。在项目管理中，时间是一种特殊资源。项目管理要求在既定资源条件的约束下成功地达到预定的目标，为此，必须采用科学的方法和有效的管理手段。

1.1.2.3　项目管理与目标管理和企业管理的区别

项目管理主要是基于目标开展管理，它是把项目从大项目分解到子项目，再分解到每个工作包，依据不同层次的工作包来制定各自的目标，实施目标管理。而目标管理是一个范围更大、更抽象的管理模式。

项目管理也不同于企业管理。企业管理的范围更大，企业的很多工作都可以看成一个个子项目，按照项目来进行管理。而项目管理的系统较小，它是当前企业管理中的一种新的管理模式，它所指的系统是一个项目。

在西方发达国家，项目管理已发展成独立的学科体系，成为现代管理学的一个重要分支，并且在实践中已经取得了巨大的经济效益和社会效益，普遍应用于各行各业。我国在项目管理领域的研究与应用虽落后于发达国家，但目前项目也已成为我国经济发展的重要构成要素，项目实施的好坏已成为国家和企业最为关心的问题之一。

1.1.3 项目管理的主要内容

项目管理的主要内容包括范围管理、时间管理、费用管理、质量管理、人力资源管理、风险管理、沟通管理、采购与合同管理和综合管理。下面分别对这些具体的项目管理的内容作简单介绍。

1.1.3.1 范围管理

项目组织要想成功地完成一个项目，达到项目目标，必须开展一系列的工作，这些项目工作内容就构成了一个项目的工作范围。项目范围管理就是对一个项目从立项到完成整个生命期中所涉及的工作范围进行的管理和控制。

项目范围管理的过程和内容主要包括：

(1) 启动——授权开始项目或项目的某一阶段。

(2) 范围计划——编制一个书面说明，作为项目决策的基本依据。

(3) 范围界定——依据项目产出物和项目目标，具体界定项目任务和工作过程，将项目按可交付成果细分为几个更易管理的单元。

(4) 范围核实——对项目范围进行正式的认可。

(5) 范围变更控制——控制项目范围的变更。

1.1.3.2 时间管理

项目时间管理就是为确保项目按时完成，对各个过程活动进行的管理。

1.1.3.2.1 过程和内容

(1) 工作界定——确定为实现项目目标所必须进行的各项具体活动。

(2) 工作排序——识别项目工作清单中各项活动的相互关联与依赖关系，并据此对项目各项工作的先后顺序进行安排。

(3) 工作持续时间的估算——对项目中各项工作所需的时间进行估算。

(4) 编制进度计划——根据项目工作顺序、工作时间和所需资源来编制项目进度计划。

(5) 进度计划控制——对项目进度计划实施与项目进度计划变更所进行的管理控制工作。

1.1.3.2.2 技术与方法

(1) 网络计划技术。主要有关键路径法（Critical Path Method，CPM）、计划评审技术（Program Evaluation and Review Technique，PERT）、图形评审技术（Graphical Evaluation and Review Technique，GERT）、风险评审技术

(Venture Evaluation and Review Technique，VERT) 等。

(2) 持续时间的压缩。当网络计划执行过程中出现计划拖延时，经分析后需压缩某些工作的持续时间，以保证项目按期完成。

(3) 资源平衡。资源平衡就是力求每天的资源需用量接近平均值，避免出现短期内的高峰或低谷，在不延长项目完工时间的情况下建立资源均衡利用的进度计划。

1.1.3.2.3　进度计划表示方法

(1) 甘特图；

(2) 里程碑图；

(3) 网络图；

(4) 时标网络图。

1.1.3.3　费用管理

1.1.3.3.1　过程和步骤

(1) 编制资源计划——确定执行每个项目工序所需资源（人员、设备、材料）及其数量。

(2) 费用估算——估算为完成项目活动所必需的资源费用。

(3) 费用预算——将整个费用估算分配到单个项目工作上，以确定项目费用控制基准。

(4) 费用控制——努力将项目的实际费用控制在项目预算范围之内。

在一些项目，特别是小项目中，编制资源计划、费用估算、费用预算联系很紧密，它们往往被看作一个过程（例如，它们可以由一个人在一段较短时间内完成）。

1.1.3.3.2　技术与方法

(1) 费用分解结构。将费用估算分配到工作分解结构中，用费用代替其中的产品或服务，形成费用分解结构。

(2) S曲线。以时间为横坐标，以费用为纵坐标，反映费用的累计情况的曲线，该曲线一般表现为“S”形。

(3) 挣值分析法。通过测量和计算已完成工作的预算费用、已完成工作的实际费用、计划工作的预算费用，得到有关计划实施的进度和费用偏差，用以判断项目预算和进度计划执行情况。

1.1.3.4　质量管理

从项目作为一次性的活动来看，项目质量体现在项目范围内的所有阶段，由子项目、项目工作单元的质量所构成，也即项目的工作质量；从项目作为一项最终产品来看，项目质量体现在其性能或者使用价值上，也即项目的产品质量。

质量管理包括质量计划编制、质量保证和质量控制三个过程。

1.1.3.4.1　质量计划编制

现代质量管理的基本宗旨是：质量出自计划，而非出自检查。只有作出精准的质量计划，才能指导项目的实施，做好质量控制。质量计划是质量管理的第一过程域，它是结合公司的质量方针、产品描述以及质量标准和规则，通过收益、成本分析和流程设计等工具制定出来的实施方略，其内容全面反映用户的要求，为项目小组成员以及项目相关人员了解在项目进行中如何实施质量保证和控制提供依据，为确保项目质量得到保障提供坚实的基础。

编制项目的质量计划，首先必须确定项目的范围、中间产品和最终产品，然后明确关于中间产品和最终产品的有关规定、标准，确定可能影响产品质量的技术要点，并找出能够确保满足相关规定、标准的过程、方法。编制质量计划时，通常采用流程图、因果分析图等方法对项目进行分析，确定需要监控的关键元素，设置合理的见证点（W 点）、停工待检点（H 点），并制定质量标准。

此外，在质量计划中还必须确定有效的质量管理体系，明确质量监理人员对项目质量负责和各级质量管理人员的权限。戴明环（又名 PDCA 循环法）作为一种有效的管理工具在质量管理中得到广泛的应用，它采用计划——执行——检查——措施的质量环，在计划中必须将质量环上各环节明确落实到各责任单位，才能保证质量计划的有效实施。

1.1.3.4.2　质量保证

质量保证则是贯穿整个项目生命周期的有计划和有系统的活动，经常性地针对整个项目质量计划的执行情况进行评估、检查与改进等工作，向管理者、顾客或其他方提供信任，确保项目质量与计划保持一致。

1.1.3.4.3　质量控制

质量计划确定后，按照其建立的质量管理体系，各责任单位就必须实施有效的质量控制。质量控制是对阶段性的成果进行检测、验证，为质量保证提供

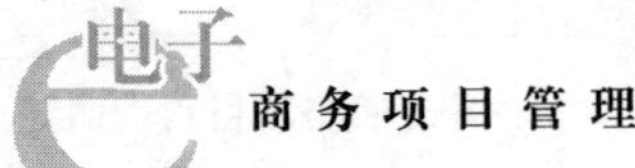

参考依据。质量控制应贯穿于项目的整个过程，它可分为监测和控制两个阶段：监测的目的就是收集、记录和汇报有关项目质量的数据信息；控制就是根据质量监测提供的数据进行调整，确保项目质量与计划保持一致。

1.1.3.5 项目人力资源管理

1.1.3.5.1 编制项目组织规划

组织规划编制的内容包括三个方面：确定项目的组织结构；建立项目的责任分配矩阵；编制项目的人力资源使用计划。

1.1.3.5.2 人员聘用

人员聘用就是将项目所需要的人力资源（个人或团队）分配到项目的各工作中。一般来说，项目的人员可能来源于两种渠道，即组织内部调配和从外部招聘。无论哪种渠道，都需要仔细地选择合适的项目人员，最终使得人员和工作性质的要求尽可能地匹配。

1.1.3.5.3 团队建设

团队建设的核心目标就是调动整个团队的积极性，尽可能创造更高的团队绩效。

1.1.3.6 项目沟通管理

项目沟通管理就是要保证项目信息能及时、正确地提取、收集、传播、存储和处置。项目沟通的过程如图 1—2 所示。

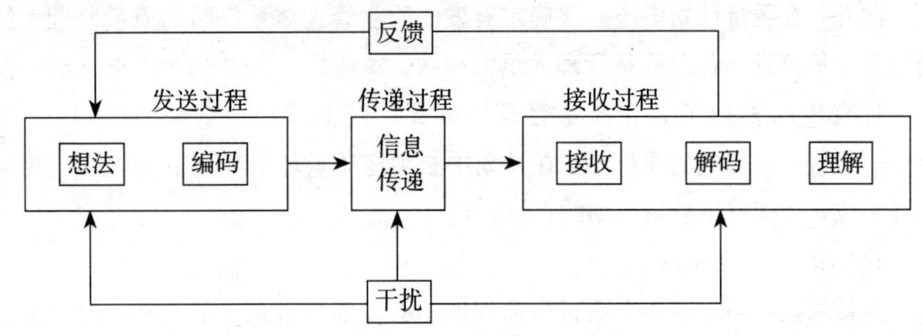

图 1—2 项目沟通过程示意图

1.1.3.6.1 编制沟通管理计划

项目沟通管理计划编制的过程一般包括：

（1）前期准备工作——需求确认、约束条件、假设前提。

(2) 编制工作——沟通目标、任务确认、任务安排、资源需求。

(3) 结果输出——沟通管理计划。

1.1.3.6.2 沟通方法与技巧

在沟通过程中，需要遵循四个原则：准确性原则、完整性原则、及时性原则、非正式组织沟通的运用原则。主要的沟通方法有口头沟通、书面沟通、非语言沟通和电子媒介沟通。

1.1.3.6.3 绩效报告

绩效报告是收集并发布绩效信息，从而向项目利益相关者提供有关为达到项目目标如何使用资源的信息的过程（见图1—3）。

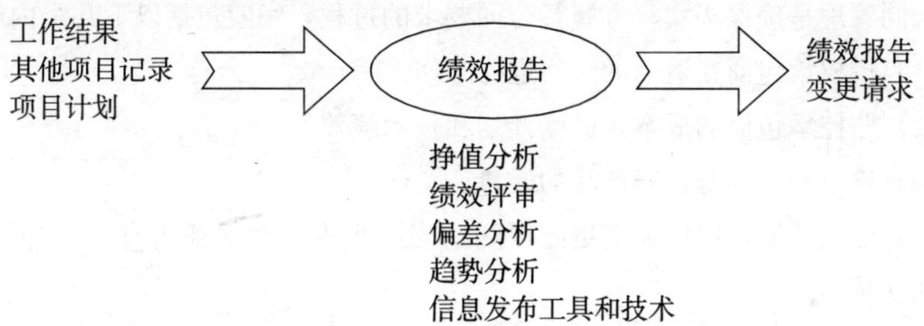

图1—3 绩效报告过程

1.1.3.7 项目采购与合同管理

1.1.3.7.1 编制采购计划

根据制造、采购分析的结果和所选择的合同类型编制采购计划，说明如何对采购过程进行管理。具体包括确定合同类型、组织采购的人员、管理潜在的供应商、编制采购文档、制定评价标准等。

1.1.3.7.2 询价

询价就是从可能的卖方那里获得谁有资格完成工作的信息，该过程的专业术语叫供方资格确认（Source Qualification）。获取信息的渠道有招标公告、行业刊物、互联网、供应商目录等，也可约请专家拟定可能的供应商名单。通过询价可获得供应商的投标建议书。

1.1.3.7.3 供方选择

这个阶段根据既定的评价标准选择一个承包商。评价方法有以下几种：

(1) 合同谈判：双方澄清见解，达成协议。这种方式也叫“议标”。

（2）加权方法：把定性数据量化，将人的偏见的影响降至最低程度。这种方式也叫“综合评标法”。

（3）筛选方法：为一个或多个评价标准确定最低限度履行要求，如最低价格法。

（4）独立估算：采购组织自己编制“标底”，作为与卖方的建议进行比较的参考依据。

一般情况下，要求参与竞争的承包商不得低于三个。选定供方后，经谈判，买卖双方签订合同。

1.1.3.7.4 合同管理

合同管理是确保买卖双方履行合同要求的过程，一般包括以下几个内容：

（1）授权承包商在适当的时间进行工作。

（2）监控承包商的成本、进度计划和技术绩效。

（3）检查和核实分包商产品的质量。

（4）变更控制，以保证变更能得到适当的批准，并保证所有应该知情的人员获知变更。

（5）根据合同条款，建立卖方执行进度和费用支付的联系。

（6）采购审计。

（7）正式验收和合同归档。

1.1.3.8 项目风险管理

项目风险管理是指对项目风险从识别到分析乃至采取应对措施等一系列过程，它包括将积极因素所产生的影响最大化和使消极因素产生的影响最小化两方面内容。

1.1.3.8.1 风险识别

风险识别包括识别内在风险及外在风险。内在风险是指项目工作组能加以控制和影响的风险，如人事任免和成本估计等。外在风险是指超出项目工作组掌控力和影响力的风险，如市场转向或政府行为等。

严格来说，风险仅仅指遭受创伤和损失的可能性，但对项目而言，风险识别还牵涉机会选择（积极成本）和不利因素威胁（消极结果）。

项目风险识别或凭借对“因”和“果”（将会发生什么、导致什么）的认定来实现，或通过对“果”和“因”（什么样的结果需要予以避免或促使其发生，以及怎样发生）的认定来完成。

1.1.3.8.2　风险评估

风险评估是涉及对风险及风险的相互作用的评估，是衡量风险概率和风险对项目目标影响程度的过程。

1.1.3.8.3　风险应对计划

风险应对计划是针对风险评估的结果，为降低项目风险的负面效应制定风险应对策略和技术手段的过程。风险应对计划的目的在于通过制定相应的措施，来应对风险对项目可能造成的威胁。最常采用的应对威胁的几种措施是：规避、减轻、转移、接受。具体来说，规避是通过消除风险的成因来消除该风险；减轻则是通过采取措施降低“风险概率”或“风险影响”，从而达到降低风险值的结果；转移是将风险转移到另一方，如购买保险、分包等；接受则是对该风险不采取措施，接受其造成的结果，或在该风险发生后再采取应急计划进行处理。

当然，具体采用何种方式来应对某一风险，取决于该风险的风险值(EMV)、拟采取应对措施的可能成本、项目管理人员对待风险的态度等方面，不可一概而论。

1.1.3.8.4　风险控制

风险控制是对涉及整个项目管理过程中的风险进行应对的过程。该过程的输出包括应对风险的纠正措施以及风险管理计划的更新。

1.1.3.9　项目综合管理

项目综合管理包括保证项目各要素相互协调所需要的过程。为满足或超越项目利益相关者的需要和期望，它需要在相互影响的项目目标和方案中做出权衡。

1.1.4　项目管理的价值

1.1.4.1　适应经营管理方式的变化

经济全球化及市场竞争的加剧，使得商业环境发生了根本性的变化。企业与企业之间、企业内部各部门之间分工与协作更频繁，关系更加复杂。传统的多个职能的组织机构设置被综合性的、相对独立的部门或工作小组所代替。随着企业生产及管理信息化水平的提高，单个人在企业中的重要性日益提高，身兼数职的情况逐渐增多，企业的职能部门和工作岗位趋向分散化。这一切迫使企业给予经理和团队成员更大的责任和权力，他们不仅要实施方案，而且还要管理合同、了解财务并和客户一道高效率地工作。而以项目为中心的组织管理模式更加适合组织的发展和竞争的需要。因为面对全球化的竞争，企业的产品研制与服务必须更快、更便宜，通过项目管理，能够做到横向的联合作战与纵向的沟通协作，可以有效地避免在企业中产生的思路不清与工作衔接的困难。

1.1.4.2 适应企业未来发展的需要

随着新技术的应用与商业机会的不断增加，企业的发展越来越需要重视管理。尽管在我国目前的一些公司中，一大批做技术的人在掌管着公司，似乎不进行规范管理无伤大碍，可随着公司的壮大，没有管理就会给公司运作带来困难。举例来说，对于有技术背景的员工，如果要他们设计一个程序，他们会完成得非常好，可要他们领导一个项目，就不那么容易了。因此，对于企业未来发展，必须引入项目管理的理念。项目管理可以提供给人们一种解决问题的思路和方法，思路是告诉人们在团队合作的过程中如何加强每个个体之间横向和纵向的衔接，方法则是提供一种解决问题的工具。

1.1.4.3 是提高现代企业核心竞争力的有效手段

随着社会的不断发展，创新性项目活动日益频繁，要求企业不断调整管理主线，由职能管理向项目管理转变。21世纪的企业生产与运作将更多地采用以项目为主的发展模式。从发达国家成功企业发展的历程来看，以项目为单元的创新活动在各类企业发展中处于战略地位。现代企业的竞争能力由低到高表现为产品和服务、技术、管理、人才、团队、机制、规则、理念八个层面，它们的相互交融和集中则构成了现代企业的核心竞争力。随着信息技术的飞速发展，知识的更新速度正日益加快，一个人的学习速度已难以赶上这种更新速度。因此，由那些来自不同知识领域的、已掌握企业所需知识的人构成团队来运作成为一种趋势，而项目管理正是以这种团队为基础来实现的。对项目的运作与管理能力，已成为现代企业核心竞争力的最直接体现。

1.1.4.4 适应企业运作效率提高的需要

目前，越来越多的企业把项目管理作为自己主要的运作模式和提高企业运作效率的解决方案。许多著名的跨国公司都认为，企业能否成功取决于是否能有效地推行项目管理。IBM公司指出，掌握和使用项目管理是对其未来发展起关键作用的因素，它计划在未来五年内，将整个企业的运作管理变成基于项目的管理。摩托罗拉（中国）公司是我国唯一一家通过 CMM 五级评审的企业，CMM 五级评审实际上反映了这个企业在项目管理方面的能力和成熟度。

除此之外，其他的跨国公司像朗讯、诺基亚、惠普等在其公司运营的核心部分都采用了项目管理模式进行运作。

1.2 电子商务项目及其管理的特点

所谓电子商务项目，是指应用电子商务手段，在一定的期限内，依托一定的资源，为达到所需的绩效指标而进行的一系列活动。我们较为熟悉的电子商务项目有电子商务平台建设项目（如电子商务网站、企业信息门户）、电子商务应用项目（如 SCM 项目、CRM 项目、EDI 项目）等。在电子商务项目中既有自建项目，也有外包项目。

1.2.1 电子商务项目的特点

电子商务项目与传统项目相比，具有以下一些新的特点。

1.2.1.1 综合性

由于电子商务代表着一种新的商务模式，它通过互联网为企业内部、企业与企业间进行完整、紧密的生产、供应、分销、交易等提供网络环境，建立企业间的商务沟通和网上交流，从而完善企业的分销渠道管理和物流管理，缩短产品的供应周期。因此，电子商务项目必须综合考虑信息技术、管理趋势、客户与供应商活动及竞争变化等。

1.2.1.2 高度变化性

信息技术发展迅速，更新换代频繁，新功能的实现速度远远超过可规划的范围。与此同时，企业所面对的市场和客户需求也在日益变化，由此造成业务流程和经营管理也发生着变化。与以往商业模式相比，电子商务对企业在速度和效率上提出了更高的要求。电子商务的环境和竞争状况的变化要求企业必须顺应这一特点，快速实施电子商务策略，并且不能墨守成规。

1.2.1.3 变革性

大部分电子商务项目是对传统的企业生产、管理、经营和销售模式进行流程再造，使资金流、物流、信息流高度统一。目前，电子商务系统正应用于企业生产、管理的各个过程中，以提高工作效率，实现业务拓展。电子商务项目与传统的项目相比，它对企业构架的改变是革命性的，不仅仅是技术转型，在很大程度上它将改变一个企业的业务流程、企业文化、企业知识以及工作环境。正是由于这一特点，使得电子商务项目更具挑战性。电子商务项目的变革性也决定着电子商务项目的实施将面临着更大的挑战。因为，在整个变革过程中，企业员工可能会表现出怀疑、保守、迷惑、受挫、责备、否认、混乱、焦虑、抵制等各种对变革不利的情绪，尤其是当他们遇到挫折、对变革的前景产生怀疑的时候，他们甚至会起来反对或者退出。

1.2.1.4　信息技术含量高

电子商务项目往往是实现管理和技术的完美融合。当然有的项目重点在于管理，可以称为管理项目，有的项目重点是在技术选取上，可以称为技术项目。在一个电子商务项目中，往往会涉及计算机技术、Internet 技术、网络通信技术、Web 技术、数据库技术、交易安全技术、电子支付技术、电子数据处理技术等。因此，电子商务项目的信息技术含量高。

1.2.1.5　涉及角色多

在传统的项目中，主要的角色有两个，一个是项目的投资方，另一个是项目的承包方。而在电子商务项目中，项目所涉及的角色往往还有卖方、咨询方和外包商等。

1.2.1.6　涉及的行业多

由于各个行业都开始涉足电子商务，因此电子商务项目所涉及的行业既有项目管理较为成熟的能源、交通、建筑、石化等传统的项目型管理行业，也有项目管理起步较晚的金融、制造、信息技术等行业。正因为如此，也就决定电子商务项目所涉及的专业技术较复杂，如 IT、通讯、汽车、土建施工技术，等等。

1.2.2　电子商务项目管理的特点

电子商务项目的上述特点，决定了电子商务项目管理具有与传统项目管理不一样的新的特点。

1.2.2.1　项目结果不可预期性更突出

传统的项目管理方法是建立在想要得到的项目设计的结果相对而言是可预

期的假想之上的。尽管事物会发生变化，但是不会产生重大的影响，因此项目设计能被有效地完成。在传统的项目管理中，变化是可容忍、受约束的。然而，由于电子商务项目具有高度的变化性，在快速变化的环境中，项目设计通常在几星期之内就可能过时。因此，建立在一个相对稳定的商务环境假想之上的设计—递交—回顾的项目管理周期对电子商务项目管理不再适用。

1.2.2.2 对速度的要求更高

电子商务带来的一个大变化就是对速度的需求。项目开发者必须将项目结果以最快的速度送到消费者手里，并且要能以最快的速度占领市场。例如，原来大型机的遗赠系统发展周期是6到12个月，实施电子商务后，该周期缩短至不到6周。尽管这可能会增加交付费用，但是项目开发者必须要在6周以内进行变革。

1.2.2.3 项目实施中依赖性与独立性并存

电子商务项目的实施经常是独立于业务部门与职能部门之外的，从而容易造成与电子商务相关的各业务部门之间关系紧张。电子商务项目小组在项目实施过程中还会因为各种问题与业务部门之间进行交互，要求业务部门对项目进行支持，从而导致这种紧张更加突出。更为重要的是，由于电子商务项目往往会改变业务部门已有的操作模式和习惯，对原有业务部门会产生冲击，这使他们之间的关系更加紧张。

1.2.2.4 项目实施的分步性

电子商务项目可以从某一部门开始，采取逐步实施的方式。例如，企业信息门户、CRM项目等都可以按照这种从小做起的方式。以CRM项目为例，大多数成功的CRM项目都是从企业的某个部门开始的，可能是营销部门，也可能是销售部门。一旦部署成功，这个系统将会极大地提高公司的效率，释放出CRM所具有的潜能。当这种潜能的释放让其他部门也感觉到CRM带来的好处时，其他部门最终也会请求使用CRM系统，从而让系统渐渐地推广到整个企业。对于企业信息门户来说，比较实际的做法也是先在一个部门中建立起一个相对较小但能快速看到实效的门户。例如，美国西部航空公司最开始建立的就是一个旨在实现航班管理访问自动化的企业信息门户。他们在一个月内就建立并让它运转起来。有了这样一个基础，就可以逐步地增加其他的功能，或者让更多的用户参与进来。

1.2.3 电子商务项目管理与传统项目管理的比较

电子商务项目管理与传统项目管理的比较详见表1—1。

表1—1 传统项目管理与电子商务项目管理的比较

类别	传统项目管理	电子商务项目管理
结构	过于刻板	随着电子商务的迅速发展，要求具有灵活性与适应变化的能力
项目领导	项目领导者担任着监管人的角色，使用诸如甘特图和性能评审技术图等多种项目管理工具；一般只指定一个项目经理	领导者大部分时间用在解决问题上，往往指定多个项目经理，互相合作，提高效率，加快进度
项目团队	项目团队成员完成的是单独任务并全职为项目工作	要求团队更具挑战性，成员能够划定并更新自己分内的任务，对于团队协作的要求更高，每个成员不一定是全职的项目人员，常常在承担本职工作同时负担电子商务项目的执行工作，这就要求每个项目成员能对自己的工作负责，他们的敬业精神是很好地完成项目的关键
技术	技术只是一部分	系统与技术的作用更为广泛和重要，因为电子商务系统本身就与高新技术密切相关，是在网络技术的支持下进行的
目标	目标在一开始就设定好了，实施过程中变动很少	网络世界千变万化，目标将随着新科技或重要竞争对手的变化而进行更新
范围	较电子商务项目管理的范围狭窄得多	电子商务可以跨越空间和时间的限制，信息量大，涉及面广，所以电子商务项目管理所涵盖的领域自然就多
任务结构	有并行和串行的任务；重视关键路径，即整个项目中持续时间最长的那部分工作，任何延误都将造成整个项目的延误，会对整个项目有直接影响	往往因为时间压力而趋向于高并行任务；所关注的是风险性较高的那部分工作，这部分工作不一定存在于关键路径中；对于关键路径的过度重视反而可能造成方向错误，从而给企业带来巨大损失
经验教训	实施中吸取教训的重要性并不突出	若想长期成功，及时总结经验教训非常重要，这将一直影响着项目的发展

1.3 电子商务项目管理的过程

虽然不同的电子商务项目各有不同的特点，但是项目管理过程是有共性的，可应用于各个领域。电子商务项目管理的过程如图1—4所示。

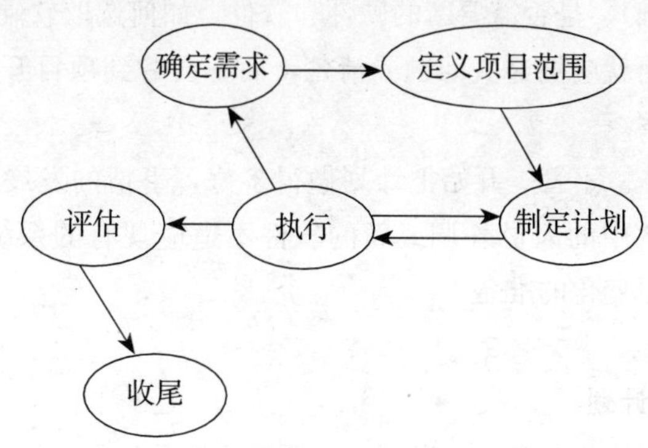

图1—4 电子商务项目管理的过程

1.3.1 确定需求

确定需求是项目管理过程的启动阶段。尽管电子商务项目的目标归根到底是服务于企业的商业目的，但是不同行业、不同类型的企业对电子商务的需求显然是不同的。因此，企业在决定推行电子商务的同时，一定要规划好自己到底需要什么样的电子商务，也就是说需要电子商务的哪些功能，要根据所需的功能来确定电子商务项目的复杂程度。

需求收集是一个长期和复杂的过程，其核心是必须要列出电子商务项目能为企业做什么。比如，网站回访者数量的增加、核心产品的市场份额增加、客户满意度提高、营销竞争智能化等。只有明确了对电子商务的需求后，才能很好地决定将在哪些项目上集中投入企业的资源。

1.3.2 定义项目范围

确定了电子商务项目所要达到的目的后，下一步工作就是决定完成项目所需的资源，即要考虑以下四个方面：

（1）资金。即考虑公司能投入多少资金进行项目运作。

（2）人员。即考虑项目要求什么类型的专家、本公司里是否有现成的人选、是否需要一名咨询顾问等。在项目建设之初，最好在预算允许的范围内挑选好最佳的项目建设人。

（3）硬件和软件。即考虑是否可以利用现有的设施（不管是电子商务平台项目，还是电子商务应用性项目，都需要企业内部管理软件与之配套、整合，并作为实施的基础）、是否需要新的硬件和软件、如何选取软硬件供应商等。在项目建设启动之前就应把这些问题弄清楚，而不要等到项目开始以后才匆匆忙忙地寻求解决方案。

（4）变通措施。不管一开始把计划做得多好，事情的发展总会需要做出一些变通，比如团队中的人员外调或新的软件不适应现有的系统环境等。因此，事先需要做好应对变化的准备。

1.3.3 制定计划

电子商务项目进入制定计划阶段，主要进行以下一些工作：

（1）确定详细的项目范围。根据前一阶段确定的详细需求制定出系统实施的详细范围。

（2）定义递交的工作成果。包括相关的实施文档和最终上线运行的系统。

（3）预计实施过程中的主要风险。根据企业的实际情况对实施项目进行风险评估，并采取相应的措施来加以预防和控制。

（4）制定项目实施的时间计划。在确定详细的项目范围、定义递交的工作成果和预计实施过程的主要风险的基础上，根据实施的总体计划，编制详细的实施时间安排。

（5）制定成本和预算计划。

（6）确定项目实施过程中的相关人员及部门。一般说来，需要确定高层支持者、项目经理（项目领导者）、项目团队成员、项目的客户以及职能部门。高层支持者是指批准项目，为项目提供资源、指导，替项目扫清障碍的公司高层主管。项目的客户是指因项目而受益的人。项目团队成员通常来自不同的部门，是各个方面的专业人员。在项目进行过程中需要职能部门的支持。

1.3.4 执行

项目执行阶段是实施过程中历时最长的一个阶段，不同的电子商务项目在执行阶段所包含的具体工作内容以及执行工作的主体都会不同。但是，无论是电子商务平台建设项目，还是电子商务应用项目，在项目执行阶段的工作一般都包括以下内容：

（1）实施计划的执行。根据预定的实施计划开展日常工作，及时解决实施过程出现的部门协调、人员沟通、技术支持等方面的问题。

（2）时间和成本的控制。将实施的实际情况与计划进行比较，及时对超出时间或成本计划的情况采取措施。

（3）编写实施文档。将实施过程以文档的形式记录下来，并做好文档的管理工作。

（4）项目进度汇报。以项目进度报告的形式定期向实施项目的人员通报项目的进展情况、已经开展的工作和需要进一步解决的问题。

（5）项目例会。定期召开由项目领导、各业务部门的领导以及实施、咨询人员参加的项目实施例会，协调解决实施过程中出现的各种问题。

（6）会议纪要。所有的项目例会和专题讨论会都要求编写出会议纪要，记录会议做出的各项决定或讨论结果。会议纪要要分发给与会者和有关的项目实施人员。

1.3.5 项目评估

项目评估阶段的核心是项目监控，即利用项目管理工具和技术来衡量项目任务。在项目评估阶段常用的项目管理工具和技术有：

（1）阶段性评估。对项目实施进行阶段性评估，小结实施是否按照计划进行并达到所期望的阶段性成果；如果出现偏差，研究是否需要更新计划及资源，同时落实所需的变通措施。

（2）质量保证体系。编写、完善实施过程中的各种文档，从而建立起质量保证体系，确保在实施完成后，企业能够达到对系统的完全掌握和不断改善的目标。

1.3.6 收尾

收尾是实施项目的最后一个阶段，也就是结束阶段。此时，工作已接近尾声，取得了项目实施成果。收尾工作的好坏直接影响人们对该项目的总体评价，人们经常用“虎头蛇尾”来形容那些具有不良收尾的项目。所以，必须重视项目的收尾工作，做到善始善终。在这最后的一个阶段，仍有以下一些重要的项目管理工作需要开展：

（1）行政验收。结合项目的最初目标，对项目实施成果进行验收。

（2）项目回顾和总结。对项目实施过程和实施成果进行回顾和总结。

（3）经验交流。交流分享在实施过程中取得的经验和教训。

（4）正式移交。移交系统及文档。

（5）客户培训。系统正式移交不是项目的终点，移交文档并不代表知识的转移。只有通过充分的培训和实践，形成一个具备管理和系统两方面知识的团队，才能真正保障项目的成功。因此，要使新系统的作用得到发挥，必须重视对客户、员工的培训。

当然，不同的电子商务项目在实施过程中需要关注的重点不同，不同行业、不同类型的电子商务项目在管理过程中，会面临许多需要解决的实际问题。这就需要在掌握项目管理的基本理论和方法的基础上，注意积累丰富的实践经验、行业经验、实施经验。

导入案例解析

我们首先来分析导入案例中这一项目的特征。

这并不是一个简单的项目，而是一个涉及组织运作体系转变以及员工行为模式转变的变革性项目，这样的变革通常会引起组织内部的剧烈震荡。变革性项目往往不是一个简单的软件开发与实施的问题，而是涉及公司改变部门现有运作流程和工作方法的变革问题。从案例中我们可以看到，该公司基于手工的财务系统还在正常的运行之中，现在要上一套新的财务系统。这就是一个变革性项目。

项目的变革包括组织转变与人员转变两个方面（见图1—5所示），要使项目的变革获得成功，需要确保这两个方面的转变达到高度的统一。组织转变可能会涉及公司战略、组织结构、工作流程、部门和员工的绩效考核方式、项目管理模式等方面的内容。从案例中我们看到，由于业务的发展，数据在不断地增加，员工不知道这些数据是从哪里来的，也不知道这些数据之间是什么关系、其他业务部门的新业务产生了哪些新的数据和数据类型，这些数据问题很可能与公司的战略、组织结构以及工作流程存在密切关系，如果新系统没有反映这种情况，必然造成系统的混乱。

与组织转变比较起来，人员转变更加复杂也更加困难。在案例中，两本账的问题是项目面对的核心问题，财务部门的员工因为害怕出现总裁检查而无法应对的状况，不敢放弃手工系统，他们对新系统没有信心（技术方面），对变革的方法以及变革的过程充满了困惑；关键时刻缺乏解决和研究问题的积极性，有问题就可能直接找到财务总监。也许正是这些情绪妨碍了项目取得进展，而正确的做法应该是加强对这些情绪的管理。

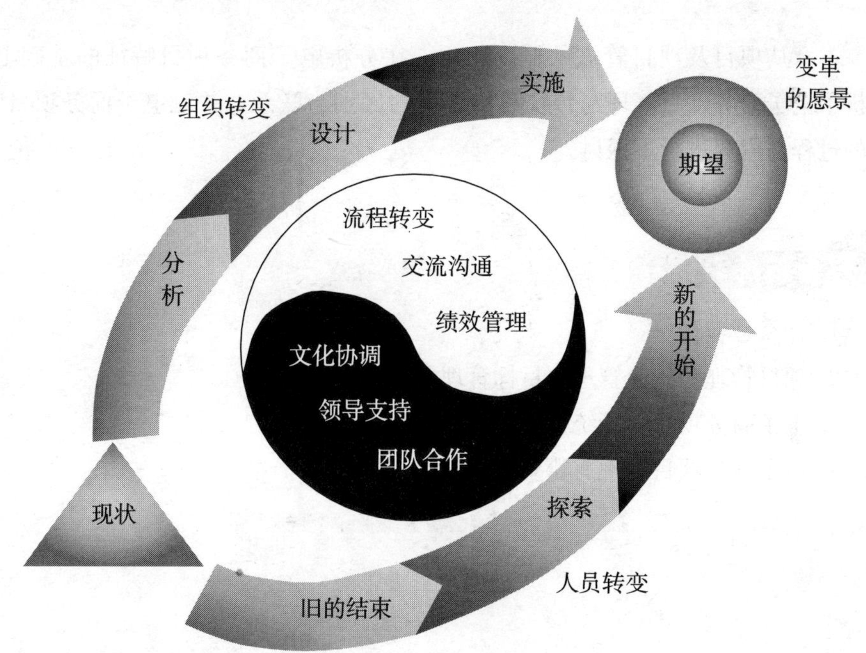

图1—5　变革项目包括组织转变和人员转变

其次，我们再来分析项目实施中的问题。

案例中财务系统是企业管理信息系统的核心组成部分，它能够帮助企业对各类财务数据进行处理和分析，能够更好地管理和监控财务活动，这也就决定了电子财务系统的实施是一个管理项目，而非技术项目，并不是购买一套软件安装上线就能大功告成。随着财务系统的实施，企业的管理流程、员工的操作习惯都必须做出相应的调整。

从诺普集团的情况来看，他们完全依赖实施顾问，缺乏一个优秀的团队支持系统的实施和维护，致使不断出现的问题不能得到尽快解决，也无法组织有效的培训帮助员工更好地使用系统，更无法根据经营情况灵活地应用系统，最后造成了员工对系统越来越抵触，越来越不信任。在系统上线以后，随之而来的不是企业管理的提升，而是系统处理和手工操作的激烈冲突，信息系统的作用没有得到发挥。

本章小结

本章从项目及项目管理的概念入手，在分析电子商务项目特征的基础上，分析了电子商务项目管理与传统项目管理的区别与联系，并就电子商务项目管理的过程与内容进行了探讨。

思考与练习

1. 什么是项目？
2. 项目管理和企业管理、目标管理的区别是什么？
3. 电子商务项目与传统项目相比有哪些特征？
4. 电子商务项目管理有哪些特征？

电子商务项目可行性分析技术

学习目标

通过本章的学习，你应该能够：

1. 了解可行性研究的概念及作用；
2. 了解可行性研究的目的与依据；
3. 掌握可行性研究的内容；
4. 掌握可行性研究的步骤；
5. 掌握可行性研究和评价的方法；
6. 了解可行性研究报告的编制方法。

导入案例

武汉电子商务宽带网络平台示范项目可行性研究

为了推动电子商务的发展，1998年长江数据通讯股份有限公司拟采用当时先进的IP Over Optic技术，搭建武汉电子商务宽带网络平台，并同中国高速互联网联通，为电子商务的实际应用提供有力的保障。该项目计划总投资19 760.7万元（其中向中国银行贷款15 000万元，自筹4 760.7万元），拟发展用户8万家。为此，武汉市国际工程投资咨询公司作为咨询单位，对这一项目进行了深入的可行性研究，撰写了3万余字的可行性研究报告。该报告分为十三章，涉及项目背景、市场分析、技术特点、实施要求等多方面的内容：

第一章　产业化示范工程基础分析

本章首先研究了项目背景及建设的意义和必要性，追踪了国内外相关技术发展现状和趋势，对产业关联度、项目产业化前期工作和现有支撑条件和项目建设单位的基本情况进行了深入的分析。

第二章　市场分析

本章分析了项目的市场环境现状及发展趋势，包括国际国内的发展情况，分析了我国网络资源及应用环境现状，并对武汉地区的市场情况和网络资源情况进行了调查。

第三章　产业化示范内容、建设方案、规模及地点

本章对项目的产业化示范内容、地点和项目规模进行了研究，提出了三个实施方案：宽带IP网络平台方案、武汉电子商务广场建设方案、安全认证中心建设方案。

第四章　技术特点、工艺技术路线及设备选型

本章研究了项目的技术特点、工艺技术路线及设备选型，从提高技术先进性、降低投入成本、网络资源的综合利用、网管协议的适应性等方面进行了论证；对武汉电子商务宽带网络布局进行了规划。

第五章　建设用地及主中心平面布局方案

本章对主中心建设用地，主中心平面布局方案，分中心、二级站点、CA机

房、支付网关机房建设方案提出了建议。

第六章　公用配套工程

本章就供水、供电、供热、通风空调系统、机房要求进行了专门研究。

第七章　环保、消防及节能

本章主要论证了环保、消防、节能方面的可行性。

第八章　项目实施进度

本章预计了整个项目的建设周期，将项目建设分为三个阶段：增值网络平台建设阶段、网络系统建设阶段、应用系统建设阶段。

第九章　组织管理、定员及培训

本章构造了项目的层次结构、组织分工、组织机构及人员定编和人员培训计划。

第十章　投资估算及资金筹措

本章对投资进行了估算，并就资金筹措提出了实施方案。

第十一章　财务评价

本章参照国家计委、建设部 1992 年发布的《建设项目经济评价方法与参数》中的有关规定，根据项目自身的特点，做适当的调整和补充后，测算各项经济效益指标。

第十二章　推广前景及社会效益

本章从国家级电子商务模式示范工程、电子商务业务流程、电子商务的有关法律法规、电子商务标准等方面探讨了本项目的意义、推广前景和社会效益。

第十三章　风险分析及结论

本章从技术风险、规模经营风险、市场风险等方面进行了经济风险分析，给出了分析结论。

可行性研究是 20 世纪 30 年代美国为开发田纳西流域开始推行的方法。它在田纳西流域的开发和综合利用上起到了很好的作用。几十年来，这种方法得到不断的充实和完善，扩大到各个领域，成为一整套系统的科学的研究方法。

2.1 电子商务项目可行性研究概述

2.1.1 可行性研究的概念

可行性研究是为了保证投资项目的技术先进性、经济可靠性和环境适宜性，在对拟投资项目的各个方面进行系统调查研究之后所做的综合论证。对于电子商务项目来说，可行性研究主要是对电子商务系统实施框架进行研究，以作为系统开发实施的主要依据。它是决定该系统能否立项以及立项后大致按什么规模、什么模式开发的决策性研究。

对电子商务项目建设可行性研究的要求主要有三点：一是要具有一定的深度；二是有比较详细、准确的投资分析；三是要充分研究项目实施的各种条件和预测可能遇到的各种风险。

电子商务项目的可行性研究一般要求回答下列问题：技术上是否可行？经济上是否有生命力？财务上是否有利可图？需要多少投资？能否筹集到全部资金？需要多长时间能够完成？需要多少人力、物力资源（包括研究开发人才、条件和环境、产品研制和商品化的能力等）？上述问题概括起来有三个范畴：技术水平、市场需求、财务经济。市场是前提，技术是手段，核心问题是财务经济，即投资盈利（或投入效果）问题。其他一些问题，包括复杂的技术工作、市场需求预测等，都是围绕这个核心并为此核心问题提供各种方案的。

对于外包项目来说，电子商务项目可行性研究工作是在保证实现项目业主的需求或愿望的基础上，保证项目产出物能够发挥投资效果的关键一环。作为项目的承包单位，必须提出使客户满意的电子商务解决方案，遵循可行性研究评判标准，对所提方案进行可行性论证。只有经过可行性研究，认可该项目后，才能进行后面的项目规划和项目实施工作。因此，可行性研究的原理、方法及内容，对于电子商务项目管理人员来说是必须了解和掌握的。

2.1.2 可行性研究的目的

可行性研究的目的是用最小的代价在尽可能短的时间内确定问题是否能够解决，为项目决策提供经济、技术方面有价值的依据。也就是说，可行性研究的目的不是解决问题，而是确定问题是否值得去解决。对于电子商务项目来说，是研究在当前的具体条件下，开发新系统是否具备必要的资源和其他条件，开发新系统后能否带来预期的收益。因此，在投资前，需把所有与拟建的电子商务项目有关的因素进行全面分析，对项目的必要性、可能性、有效性以及合理性进行系统论证，以减少投资失误，避免盲目决策给企业带来的损失。具体来说，电子商务项目可行性研究主要分析以下问题：项目中是否有尚未解决的关键性技术问题；项目是否有前途；投资条件是否成熟；经济投入与产出是否成正比；怎样规避风险，达到最佳效益。

可行性研究的目的决定着可行性研究的具体实施，因此电子商务项目可行性研究的目的一开始就要明确。可行性研究的步骤、结构、内容，都是围绕可行性研究的目的来进行的。

2.1.3 可行性研究的依据

电子商务项目的可行性研究，必须在国家有关的规划、政策和法规的指导下完成，同时还应有相应的技术资料及数据。

电子商务项目可行性研究工作的依据主要有：

（1）国家有关的经济发展政策，包括产业政策和财务政策。

（2）国家有关的发展规划、计划文件，包括对该行业的鼓励、特许、限制、禁止等有关规定。

（3）国家有关经济法规和规定，如公司法、税法等。

（4）国家关于项目建设和技术方面的资料，如项目建设和技术的标准、规范等。

（5）拟建项目所在地区的环境现状资料。

（6）项目主管部门对于项目建设要求的批复及其相关审批文件。

（7）项目承办单位委托进行详细可行性研究的合同或者协议。

（8）项目承办单位与有关方面取得的协议，如投资、原料供应、建设用地等方面的初步协议。

（9）市场调研报告。

（10）企业的初步选择报告。

（11）实验报告。在进行可行性研究前，对某些需要经过试验的问题，应由项目承办单位委托有关单位进行实验或者测试，并将其结果作为可行性研究的依据。

2.1.4 可行性研究的作用

可行性研究是投资前期工作的重要内容，它一方面充分研究建设条件，提出建设的可能性；另一方面进行经济分析评估，提出建设的合理性。可行性研究既是项目工作的起点，也是以后一系列工作的基础，其作用概括起来有以下几方面：

(1) 作为项目论证、审查、决策的依据。

(2) 作为编制设计任务书和进行初步设计的依据。

(3) 作为筹集资金、向银行申请贷款的重要依据。

(4) 作为与项目有关的部门签订合作、协作合同或协议的依据。

(5) 作为引进技术、进口设备和对外谈判的依据。

(6) 作为环境部门审查项目对环境影响的依据。

2.1.5 可行性研究的阶段

电子商务项目的可行性研究一般分为下述四个阶段。

2.1.5.1 建设前期的机会研究

在项目需求识别、构思和策划阶段进行的可行性研究叫做机会研究。机会研究的目的主要是确定投资方向。它是以项目客户的某种需求为动因，通过对自然资源、社会和市场的调查和预测来确定项目，识别并分析项目的投资机会。

对于电子商务项目来说，这一阶段应侧重于研究企业对电子商务的需求和引入电子商务后的市场机遇，对拟建的电子商务项目的机会做粗略的研究和估计，最终形成确切的项目发展方向以及投资项目意向，并将投资意向转变为概括的项目提案或项目建议。

2.1.5.2 初步可行性研究

当对拟定的电子商务项目进行了前期机会研究后，认为有进行投资的必要，这时就可以对项目方案做初步的论证估计，提出较完整的投资设想，这就是初步可行性研究。初步可行性研究是选择阶段，其主要目的是对企业所属行业的电子商务发展趋势进行预测，分析拟投资的电子商务项目的技术构成和规模、需要投入的资金以及是否能筹集到足够的资金、项目完成的时间、项目所需人力物力、系统建成以后企业的竞争优势等。

这一阶段不能像机会研究那样主要停留在定性研究上，而是要对投资项目的各个方面进行一些定量测算。经过初步可行性研究，可以形成初步可行性报告。

初步可行性报告虽然比下一阶段的详细可行性分析报告粗略，但由于对项目进行了比较全面的描述、分析和论证，所以可以作为正式的资料供决策者参考。也可以依据项目的初步可行性研究报告形成项目建议书，通过审查项目建议书决定项目的取舍，即通常所说的“立项”决策。

2.1.5.3 详细可行性研究

在对电子商务项目，尤其是大型复杂电子商务项目进行机会研究、初步可行性研究并经过专家论证认为可行以后，还要花费更大的力量进行详细可行性研究。详细可行性研究又称为项目的技术经济可行性研究。

详细可行性研究工作是在项目决策前，对与项目有关的工程、技术、经济等各方面条件和情况进行详尽、系统、全面的调查、研究和分析，对各种可能的技术方案进行详细的比较论证，并对项目的市场前景和建成后的经济效益、社会效益进行预测和评价的一种科学分析过程和方法，是项目进行评估和决策的依据。

电子商务项目的详细可行性研究，要为项目提供技术、经济等方面的充足依据，提出具体的支出预算数字，提供实施计划的详细进度，并对投资的回收作出比较精确的预测。

机会研究、初步可行性研究和详细可行性研究，主要是在分析的精确程度上要求不同，三者在研究的内容和步骤方面大体是一致的。

2.1.5.4 最终评价报告

这一阶段的可行性研究的重点是给出一个最终的结论。即在详细可行性研究的基础上，根据研究结果的广度、深度、准确性和精确度进行判断，如果能满足电子商务项目客户的需求和期望，则做出立项决定，提供最终评价报告。

2.2 电子商务项目可行性研究的内容

根据国家发展改革委员会颁发的《关于建设项目进行可行性研究的试行管

理方法》中对工业项目可行性研究的工作内容的详细规定，结合电子商务项目的特点，可将电子商务项目可行性研究的内容概括为三个方面：市场需求预测及必要性研究、技术可行性研究和经济可行性研究。

2.2.1 市场需求预测及必要性研究

需求预测是电子商务项目可行性研究的基础性工作，这项工作的好坏将直接影响到项目可行性研究的水平。对于电子商务项目来说，需求预测其实就是结合企业的信息化现状和企业发展规划，通过了解企业的电子商务的需求和项目的意义，明确企业开展电子商务项目的必要性，研究在未来的发展中该电子商务项目应用的前景。

需求预测的关键是要对拟议中的项目所能提供的某一具体产品或服务的需求量及前景做出估计，因为一个项目是否可行，除其他因素以外，取决于预计的销售额或收入。在任何一个特定时间，需求量都是若干可变因素的函数，这些可变因素包括市场构成、同行业企业电子商务技术采用的状况、相同产品和代用品的其他供应来源的竞争、上下游供应链上的企业电子商务技术采用状况、需求的收入弹性与价格弹性、市场的反应、经销渠道和消费增长水平等。因此，要准确地进行需求预测是一项比较复杂的工作。

除了进行需求预测外，在电子商务项目可行性研究中还要确定项目建设的规模。一般说来，项目建设的规模受具体产品的需求、市场、资金的影响，但如何具体化这些因素，就需要对项目建设的规模和提供产品或服务的能力的各种备选组合进行清晰地评价。这些备选方案必须一方面考虑到不同程度的投资所能提供的不同的生产或服务能力，另一方面还必须考虑到不同组合所带来的不同的销售额和盈利率。一旦明确了对项目建设规模的总的限制因素，就可以在可行性研究中确定可行的项目建设规模。

2.2.2 技术可行性研究

在电子商务项目可行性研究中，要从总体上鉴别和选择技术系统。在进行技术选择和技术分析时，一般要考虑以下两个方面的内容。

2.2.2.1 系统结构与技术方案的确定

系统结构与技术方案的确定对企业的经济效益有着直接影响。要根据具体的技术经济条件选择“适宜技术”，确定电子商务项目所实行的技术路线和技术方案是合理的，并作相应的评价。采用新结构、新技术应有试验的根据，不应采用不成熟的技术，因为电子商务项目的技术方案在技术上首先应是“可行”的。

电子商务项目可行性研究中技术评价应反映以下两个方面的内容：

(1) 技术的先进性、实用性和经济合理性。企业的电子商务项目应从技术性和实用性两方面来进行评价，以判断是否达到国际先进水平、国际水平或者国内先进水平。项目所采用的技术，在推动生产、推广应用、满足需要方面应具有适应能力。项目不应该采用即将被淘汰的技术，但也不应该采用不成熟的或太超前的技术，这样费用会很高，而且也有一定的风险，同时也不利于和其他电子商务系统之间的联系。一般企业的电子商务技术，应在保持一定的先进性的情况下，以实用为主，并且在经济上要合理，要有较好的性价比。最好是提出几种备选的技术方案，然后通过比较来选择最优方案。

(2) 技术的效果。要说明技术在使用中的可靠程度，在规定的时间内和规定的条件下，产品的工作性能能否符合电子商务的需求；分析采用的技术方法成功的概率以及给企业带来的效益。另外，还要分析技术应用后对其他方面的影响，如改善劳动条件、增加就业机会等。

2.2.2.2 技术与设备的选择

2.2.2.2.1 技术选择

电子商务项目可行性研究应该说明项目所需的技术，评价可供选择的各种技术，并按项目各组成部分的结合选择最适合的技术。应估计获得这类技术所涉及的各种问题，还应说明与选择的技术相联系的具体设计和技术服务，同时选择的技术还必须和所选择的设备相适应。

2.2.2.2.2 设备选择

设备选择和技术选择是相互依存的，在电子商务项目可行性研究报告中，应根据企业的实际能力和所选择的实施技术来确定设备方面的需要。有关电子商务项目的设备（硬件）和软件的选择，也应该以先进性、适用性和经济性为原则。在进行可行性分析时，需要收集有关信息产品（或服务）的说明书，参照其中技术产品（或服务）规格和价格，结合本企业的实际需求进行选择，说明进行如此选择的必要性。

2.2.2.3　对项目承担者的技术要求

在电子商务项目可行性研究的技术分析中，还要考虑新系统的建设工作由谁来执行，是请外部的专业机构（承包商），还是在企业内部组织攻关小组。任何一个好的方案，如果找不到合适的人或机构来执行它，都是没有意义的。另外，项目建成后的管理和操作人员的结构以及技术培训问题也需要在技术分析时予以明确。一般来说，项目的承包商应负责对员工进行项目培训。

2.2.2.4　其他

还有其他一些工作，如技术系统的性价比研究、技术的优化配置研究、技术系统的安全性研究等，也可以在技术分析时予以考虑。但对这种深度的问题进行研究，需要更多的时间和技术力量，应根据项目的情况和企业要求来决定是否进行。

2.2.3　经济可行性研究

经济可行性研究，是通过对电子商务项目成本与可能取得的效益进行比较分析（即通常所说的成本效益分析），来判断项目的可行性程度。

2.2.3.1　投资与成本估算

投资费用就是固定资本与净周转资金的合计。固定资本是建设一个电子商务项目所需要的资金。除了固定投资外，固定资本还包括项目运行前的所有投资费用，如筹建开办费、项目可行性研究和其他咨询费、人员培训费、建设期贷款利息以及试运行费等。周转资金（或称流动资金）相当于全部或部分经营该项目所需的资金，在项目评价阶段计算流动资金需要量很重要，应使它保持在一个合理的、必要的水平上。净周转资金则等于流动资产减去短期负债，其中流动资产包括应收账款、存货（原料、辅助材料、供应品、包装材料、备件及小工具等）、在制品、成品和现金，短期负债主要包括应付账款（贷方）等。

在不同阶段，投资估算的精确性要求不同。毛估和粗估一般可用于初步肯定或否定一个项目，估算的精度一般在上下浮动30%；初步可行性研究要求估算的精度在上下浮动20%；详细可行性研究要求估算精度在上下浮动10%。

在电子商务项目经济可行性研究中，所遇到的另一个问题就是成本估算。生产消耗和成本估算不同，可能会导致完全不同的结论。成本估算的精度也应当和投资估算的精度相当。要以项目运行计划的各种消耗和费用开支为依据，计算总成本。

生产成本一般划分为四大类：制造成本、行政管理费、销售与分销费用、财务费用与折旧。前三类成本的总和称为经营成本。生产成本在项目可行性研究中可作为计算盈亏、净周转资金需要量的依据，并用于财务评价。

2.2.3.2 财务报表与资金筹措

为了估计一个新建或扩建项目的资金需要，要编制一套财务报表。财务报表关系到管理决策，所以在对一个公司的财务状况分析中，必须注重所用的表格形式。只有当财务报表采用标准的项目和格式，才能进行有意义的对比和分析。项目可行性研究中的财务报表，主要目的是向投资者系统说明项目编制以及随之而来的财务分析。财务报表主要包括：现金流动表、净收入报表和预计资产负债表。

根据财务报表的数据，就可以开展资金筹措工作了。为一个项目调拨资金，这不仅对任何投资决定，而且对项目拟定和投资前期分析都是基本先决条件。如果一个项目可行性研究没有这样合理保证的支持，那么这项研究就没有多大用处。大多数情况是：在进行电子商务项目可行性研究之前，就应该对项目筹资的可能性做出初步估计，因此，说明实际或可能的资金来源，包括自由资金、各种贷款以及偿还条件，是项目可行性研究最为基本和关键的内容。

2.2.3.3 经济评价

经济评价分为企业经济评价和国民经济评价两方面。

2.2.3.3.1 企业经济评价

对于一项电子商务项目的投资来说，投资的准则乃是从投入资本取得最大的财务收益，也就是利润。因此，投资盈利率分析基本上就在于确定利润和投资的比例，同时在分析投资和利润两者之间的关系时应考虑时间因素，并对项目的整个寿命期进行总的评价。对企业进行经济评价时可以使用静态评价方法，如计算投资收益率与投资回收期；但最好是使用动态评价方法，如净现值法、内部收益率法、动态投资回收期法以及收益/成本比值法等，以便考虑到资金的时间价值。

2.2.3.3.2 国民经济评价

国民经济评价就是从国民经济的利害得失出发，对电子商务项目的经济效果进行评估。即将项目纳入整个国民经济系统之中，考虑对其他部分的影响，

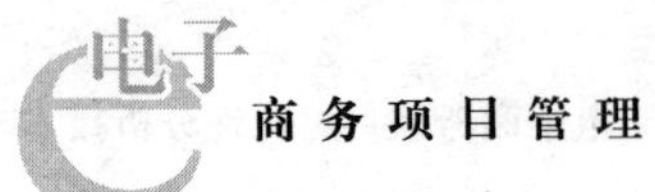

从国家和社会的全局出发去衡量项目在经济效果上是否可行。该评估除了考虑项目的直接经济效果外，还要考虑项目对社会的全面的费用效益状况。与企业经济评价不同，它将工资、利息和税金作为国家收益，它所采用的产品价格为社会价格，采用的贴现率也为社会贴现率。

2.2.3.4 综合评价

在对项目进行了经济评价后，还需要对项目进行综合评价分析，这是因为一方面拟建项目未来所处的环境可能会发生一些变化，另一方面也需要分析项目的实施对整个社会以及国民经济的影响。

2.2.3.4.1 不确定分析

不确定分析是以计算和分析各种不确定因素的可能变化对项目经济效益的影响程度为目标的一种经济分析方法。通过不确定分析，可以推测项目可能承担的风险，从而进一步确认项目的可能性及可靠性。产生不确定性的普遍因素有市场疲软、技术变化、服务能力达不到要求、投资超支、工期延长等。常用的不确定分析方法有盈亏平衡分析、敏感性分析和概率分析。

2.2.3.4.2 综合分析

综合分析一般应结合项目具体情况选择分析评估下列几项：

(1) 政治和国防评估；

(2) 工业配置评估；

(3) 发展地区经济或部门经济的评估；

(4) 提高国家、地区和部门科技水平的评估；

(5) 减少进口、节约外汇和增加出口、创造外汇的评估；

(6) 环境保护和生态平衡的评估；

(7) 节约能源的评估；

(8) 节约劳动力和提供就业机会的评估；

(9) 产品质量评估；

(10) 提高社会福利和人民物质文化生活水平的评估。

2.3 电子商务项目可行性研究的步骤

进行电子商务项目可行性研究，需要广泛的技术、经济和财务等方面的知识和技能。可行性研究的目的是为投资决策提供技术、经济和财务方面的依据，因而要分析各有关方面的因素，从实际出发，提出多种可能的方案进行比较，从中选择最佳方案并论证其生命力。

2.3.1 委托与签订合同

电子商务项目可行性研究，一般由项目业主根据电子商务项目的需要，委托有资格的项目集成单位或咨询公司进行，并由其编制详细的可行性研究报告。

项目业主和接受委托单位应签订委托合同。在签订的合同中，一般应包括进行该电子商务项目可行性研究工作的依据、基础资料和基础数据，以及研究的范围和内容、研究工作的进度和质量、研究费用的支付方法，合同双方的责任、义务和合作方式，关于违约处理的方法等内容。其中基础资料和基础数据最为重要。因为资料和数据是电子商务项目可行性研究的支柱。可行性研究的目的是寻求一种最佳的可行方案，提供决策依据，指导项目立项。因此，可行性研究应该尊重客观事实，反映客观事实。不能设想未经调查客观实际或仅仅从假设条件出发，就能够做出可行性研究来。

有时，由于缺乏专门机构和专业人员的统计、分析和研究，或者由于管理混乱，信息渠道不畅通等，导致所收集的数据资料缺乏真实性。这种情况对产品需求及销售预测、经济利润的计算等造成较大影响。因此，必须尽可能地收集有效资料，为可行性研究奠定数据基础。

2.3.2 明确项目目标和范围

该步骤主要是要明确问题，包括弄清电子商务项目可行性研究和论证的范围以及项目业主的目标。

2.3.3 组织人员和制定计划

受委托单位接受委托后，应根据电子商务项目的工作内容组织项目小组。

进行一项全面的技术经济可行性研究，需要建立一个专家小组。该小组至少要包括下列成员：工业（或其他专业）经济专家1名（最好兼任小组长），市场分析专家1名，精通本专业的工程师（电子商务师、研究员等）若干名（根据需要分专业），电子商务（或其他专业）管理和财会专家各1名，其他如电子商务安全工程师等根据项目情况配置。必要时还需要请一些电子商务物流、认证、实验等方面的专家进行短期协作。对于有明确产业化目标的科技攻关项目的可行性研究，技术专家和经济专家的地位同等重要，处于主导地位；对于基础和应用研究或小试、中试项目的可行性研究，技术专家相对处于主导地位。

电子商务项目组应根据任务要求，研究和制定工作计划，安排实施进度。在安排实施进度时，要充分考虑各专业的工作特点和任务交叉情况，协调技术专业与经济专业的关系，为各专业工作留有充足的时间。根据研究工作进度和内容要求，如果需要向外分包时，应落实外包单位，办理分包手续。

2.3.4 调查与市场预测

电子商务项目组在了解清楚委托单位对项目的意图和要求之后，首先应查阅有关项目开展地区的经济、社会和自然环境等方面的资料。在此基础之上，拟定调查研究的提纲和计划，然后由项目负责人组织有关专业人员进行实地考察、市场调研和专题抽样调查，收集与整理所得的设计基础资料和技术经济资料。

调查的内容包括市场和设备器件、资源、项目建设地址与环境、技术状况、财务资料及其他。各专题调查可视项目的特征和要求，分别拟定调查细目、对象和计划。

对所掌握的资料，要进行技术和经济方面的分析。因为需求量、价格和竞争情况将决定市场机会，而设备、技术要求及人力资源状况等将影响对技术的选择。

关于市场调查和预测，应着重弄清楚下列问题：

(1) 用户——现在和将来的用户是谁？在什么地方（国内或国外)？

(2) 用途——产品现在和将来的用途是什么？

(3) 用量——现在和将来的销售量、市场容量怎样？

(4) 竞争力——现在有哪些厂商生产本产品？在什么地方？其产销量多大？在将来的市场竞争中地位如何？

(5) 发展趋势——本产品有无其他替代产品？其竞争情况和发展情况如何？

(6) 价格——产品现在和将来的价格是多少？稳定性（或涨或落）如何？进入竞争市场的渗透价格是多少？

市场预测技术是一项专门学问。搞好预测的重要条件是要了解过去的资料，同时还要掌握产品的技术特点和类型、市场性质和经济规律，以及某些促使需求量增长的特殊因素。常用的预测方法有趋势外推法、消费系数法、最终用途法等。

2.3.5 方案设计与优选

接受委托的项目集成单位，根据电子商务项目需求建议书，结合对市场和资源环境的调查，在收集整理了一定的设计基础资料和技术经济基本数据的基础上，提出若干种可供选择的项目方案。在列出项目方案时，既不能把实际上可能实施的方案漏掉，也不能把实际上不可能实现的方案当作可行方案加入。否则，要么致使最后被选中的方案可能不是实际最优的方案，要么由于所提方案缺乏可靠的实际基础而造成不必要的浪费。所以，在设计项目方案时，应根据调查研究的结果和所掌握的全部资料进行全面和仔细的考虑。

项目集成单位应对方案进行分析，比较各个可行方案在技术上、经济上的优缺点，计算方案的各种技术经济指标，如投资费用、经营费用、收益、投资回收期和投资收益率等，最后经过综合评价，从中选择或推荐最佳的项目方案。

在方案设计与优选中，对重大问题或有争论的问题，要会同委托单位共同讨论确定。

2.3.6 进一步论证所选择的最优方案

包括进一步市场分析、方案实施的技术流程、项目地址的选择及服务设施、劳动力及培训、组织与经营管理、现金流量及经济财务分析、额外的效果等内容。

对于电子商务项目来说，可行性研究的质量一般取决于技术专家、营销专家和财务专家们的知识、经验和是否掌握足够的资料。可行性研究的深度不同，对其质量要求也不同。研究的深度与时间、费用成正比。有的可行性研究的费用可能高达项目总投资的5%左右，而一个较大规模公司的电子商务项目可行性研究可能要十几个人工作1～3个月。

在进行经济分析和评价时，应按照项目经济评价方法的要求，对推荐的项目方案估算其投资总额和预期收益，进行详细的财务分析、国民经济分析、不确定分析及综合评价，评价项目的财务生存能力和从国家角度看的经济合理性。

2.3.7 编写详细可行性研究报告

在对项目方案进行技术经济论证和评价后，项目负责人组织可行性研究工作组（项目组）成员，分别编写详尽的可行性研究报告，在报告中可推荐一个或几个项目方案，也可提出项目不可行的结论意见或项目改进的建议。

可行性研究报告应该按照国家的有关规定编写。

以上内容只是进行项目可行性研究及论证的一般程序，而不是唯一的程序。在实际工作中，根据所研究问题的性质、条件和方法的不同，也可采用其他适宜的程序。

2.4 电子商务项目可行性研究和评价的方法

电子商务项目可行性研究是对项目是否可行进行的分析、论证和评价，其研究的方法与项目评估的方法基本相同，主要包括静态评价方法、动态评价方法、财务基本数据预测等。

2.4.1 静态评价方法

2.4.1.1 投资收益率与投资回收期

投资收益率（E）是项目投产后所获得的年净现金收益（R）与投资额（K）的比值，即：

$$E=\frac{R}{K}$$

投资回收期（T）是指用项目投产后每年的净现金收益补偿原始投资所需的年限，它是投资收益率的倒数，即：

$$T=\frac{K}{R}=\frac{1}{E}$$

若项目的年净现金收益不等，则回收期为使用累计净现金收益补偿投资所需的年限，投资收益率则是相应投资回收期的倒数。

投资项目的评价原则为：投资收益率越大，或者投资回收期越短，经济效益就越好。不同部门都规定有标准收益率（$E_{标}$）和标准回收期（$T_{标}$），只有当所评价项目的投资收益率 $E \geqslant E_{标}$、投资回收期 $T \leqslant T_{标}$ 时，项目才是可行的；否则项目就是不可行的。

2.4.1.2　追加投资回收期和追加投资收益率

所谓追加投资是指不同的投资方案所需投资之间的差额。追加投资回收期（T_a）就是利用成本（C）节约额或者收益（B）增加额来回收投资差额所需的时间。

用成本节约额计算 T_a 的公式为：

$$T_a=\frac{K_1-K_2}{C_2-C_1}$$

用收益增加额计算 T_a 的公式则为：

$$T_a=\frac{K_1-K_2}{B_1-B_2}$$

追加投资收益率（E_a）的计算公式为：

$$E_a=\frac{1}{T_a}$$

如果 $T_a<T_{标}$ 或者 $E_a>E_{标}$，则表示高投资方案的投资效果好。

2.4.2　动态评价方法

2.4.2.1　资金时间价值的含义和意义

资金的价值与时间有密切关系，资金具有时间价值。同等数量的资金由于处于不同的时间而产生的价值差异，称为资金的时间价值。

在对项目进行可行性研究或论证时，对比不同的备选方案，会发现其现金流量存在两种性质的差异：一是现金流量大小的差异，即投入与产出数量上的差异；二是现金流量时间分布上的差异，即投入与产出发生在不同的时点。如果只是简单地对比两个方案的现金流量，或仅将前期费用和后期收益作静态比较，是不可能得出正确结论的。为了保证项目寿命期内不同时点发生的费用和收益具有可比性，必须运用资金时间价值的理论，将不同时点的现金流量折算成相同时点的具有可比价值的现值（或终值），才能科学地判断方案优劣。

2.4.2.2　影响资金时间价值的因素

资金时间价值的大小受资金投入量、资金投入方式和利息计算方式等几个因素的影响。

2.4.2.2.1　资金投入量

资金投入量就是通常讲的本金，在相同的时间和计算方式下，投入越大，得到的利息越多，本利和也就越大。

2.4.2.2.2 资金投入方式

按资金投入额和间隔期可以将资金投入方式分为以下几种：

（1）一次性全额投入；

（2）等额分期有序投入；

（3）不等额分期有序投入；

（4）等额分期无序投入；

（5）不等额分期无序投入。

2.4.2.2.3 利息计算方式

利息计算方式有单利法和复利法两种。采用单利法时，期末本利和的计算公式为：

$$F=P(1+i\times n)$$

式中：F——期末本利和；

P——本金；

i——折现率；

n——期数。

采用复利法时，期末本利和的计算公式为：

$$F=P(1+i)^n$$

用单利法计算的价值少于同期用复利法计算的价值。对项目进行可行性研究或论证时，通常采用复利法。

2.4.2.3 资金时间价值的计算方法

2.4.2.3.1 复利终值

复利终值是指一笔或多笔资金按照复利法计算，若干年后所得到的本利和，其计算公式为：

$$F=P(1+i)^n$$

2.4.2.3.2 现值

未来资金的现在值称作现值，其计算公式为：

$$P=\frac{F}{(1+i)^n}$$

为了比较不同时期的资金价值，需要把它们折算成现在的价值（例如0年的价值），这样才具有可比性。在计算现值时，如果不加说明，一般都把每年的资金流入或流出看作是在年末发生，而不是年初发生。

2.4.2.3.3　年金

年金（A）是指在一定时间内每间隔相同时间发生的相同数额的款项。

普通年金终值（F_R）计算公式为：

$$F_R=A\frac{(1+i)^n-1}{i}$$

普通年金现值（P_R）计算公式为：

$$P_R=A\frac{(1+i)^n-1}{i\ (1+i)^n}$$

2.4.2.3.4　投资回收年金

投资回收年金是指在折现率和期数固定的情况下，对一笔投资现值，每年回收的等额年金值。计算公式为：

$$A=P\frac{i\ (1+i)^n}{(1+i)^n-1}$$

2.4.2.3.5　资金存储年金

资金存储年金是指对一笔终值投资每年存储的等额年金值。计算公式为：

$$A=F\frac{i}{(1+i)^n-1}$$

2.4.2.4　净现值法

净现值法是将整个项目投资过程的净现金流，按要求的投资收益率（折现率）折算到时间等于零时的现值（净现值，NPV），然后加以分析和评估。净现值的计算公式为：

$$NPV=\sum_{t=0}^{n}(B_t-C_t)\frac{1}{(1+i_0)^t}$$

式中：B——收入额；

C——支出额；

n——期数；

i_0——期望的投资收益率或折现率。

净现值法的评价准则是：当折现率取标准值时，若 $NPV\geqslant 0$，则该项目是合理的；若 $NPV<0$，则该项目是不经济的。

2.4.2.5　内部收益率法

内部收益率法就是求出一个使项目寿命周期内现金流量的现值合计等于零（即 $NPV=0$）的内部收益率（IRR），然后加以分析和评估。

内部收益率法的评价准则是：设标准折现率为 i_0，若 $IRR \geqslant i_0$，则投资项目可以接受；若 $IRR < i_0$，则项目就是不经济的。

2.4.2.6　动态投资回收期法

考虑资金的时间价值后，投入资金回收的时间即为动态投资回收期（T_d），其计算公式为：

$$T_d = (T-1) + \frac{\text{第}(T-1)\text{年的累计折现值}}{\text{第}T\text{年折现值}}$$

其中，T 为累计现金流量为正值的年份。相应的项目动态投资收益率为：

$$E_d = \frac{1}{T_d}$$

2.4.2.7　收益/成本比值法

设项目收益为 B，成本为 C，则收益/成本的比值为 B/C。

收益/成本比值法的评价准则是：

(1) 当 $B/C>1$ 时，表明这个投资过程的收益大于成本，即对于要求的投资收益率来说有盈余；

(2) 当 $B/C<1$ 时，表明这个投资过程的收益小于成本，即对于要求的投资收益率来说是亏损的；

(3) 当 $B/C=1$ 时，表明这个投资过程的收益等于成本，即对于要求的投资收益率来说不亏不盈。

2.4.3　财务基本数据预测

项目财务基本数据的预测是整个财务评价的基础。财务基本数据预测的准确性，将直接影响财务评价投资决策的准确性。

2.4.3.1　项目总投资预测

项目总投资按其经济用途可分为固定资产投资和流动资金投资。固定资产投资包括可以计入固定资产价值的各项建设费用支出，以及不计入交付使用财产价值内的应核销投资支出（如不增加工程量的停、缓建维护费）；流动资金由储备资金、生产资金、产成品资金、结算及货币资金几部分组成。项目总投资的计算公式为：

项目总投资＝固定资产投资＋固定资产投资贷款利息＋流动资金

2.4.3.2 项目总成本费用预测

总成本费用是指项目在一定时期内生产和销售产品所支出的全部成本和费用。项目总成本费用是反映项目所需物质资料和劳动力消耗的主要指标，是预测项目盈利能力的重要依据，其计算公式为：

总成本费用＝外购材料＋职工工资 ＋职工福利费 ＋固定资产折旧
＋修理费＋租赁费＋摊销费＋财务费＋税金＋其他费用

2.4.3.3 销售收入和税金预测

销售收入是指拟建项目建成投产后，其产出的各种产品（服务）销售所得的财务收入。其计算公式为：

销售收入＝产品销售量×产品销售价格

在项目经济评价中，所考虑的税金包括两部分，即销售税金及附加和所得税。其中，销售税金及附加包括增值税、营业税、资源税、消费税、城市建设维护费及教育费附加，是企业在计算利润前须向国家缴纳的税金。而所得税是直接从利润中扣除的。

2.4.3.4 利润的预测

通过对利润的预测，可以估算拟建项目投产后，每年可以实现的利润和企业每年可以留存的利润额。利润的计算公式为：

利润总额＝产品销售收入－总成本费用－销售税金及附加

税后利润＝利润总额－所得税

2.4.4 现金流量估算表

根据所得的基本财务数据，可编制现金流量估算表、财务外汇流量表、预期收益表、资产负债表、损益表等基本报表。在项目可行性研究阶段的财务评价中，用得较多的是现金流量估算表。

现金流量估算表是根据预测的项目寿命周期内每年的现金流入量和现金流出量及两者之间差额列出的表格。项目现金流量估算表反映了项目寿命周期内现金的流入和流出情况，表明该项目获得现金和现金等价物的能力，可以反映项目在寿命期内的盈利或偿债能力。

现金流量估算表一般由现金流入、现金流出和净现金流量三个部分组成。

2.4.4.1 现金流入

现金流入是指项目建成投产后所取得的一切现金收入，它主要包括以下几项：

(1) 销售收入。此项是投资项目现金流入的主要来源。

(2) 回收固定资产余值。固定资产余值即净残值，等于固定资产报废后的残值减去清理费用。为了简化测算，一般项目的净残值率为3%～5%，中外合资企业项目的净残值率为10%以上。固定资产余值在项目计算期的最后一年回收，其计算公式为：

固定资产余值＝固定资产原始值×固定资产净残值率

(3) 回收流动资金。在建设期和生产期该项为零。当项目寿命周期结束时，可以收回垫支的流动资金，从而形成现金流入的一项重要内容。

2.4.4.2 现金流出

现金流出是指从一个项目开始建设到其寿命周期结束的全过程中，为其投入的所有资金。其计算公式为：

现金流出＝固定资产投资＋流动资金＋经营成本
＋销售税金及附加＋所得税

其中：

经营成本＝总成本费用－折旧－流动资金利息－摊销费

2.4.4.3 净现金流量

净现金流量是指现金流入量与现金流出量之间的差额，它是项目在寿命周期内的净效益。当净现金流量为负值时，表示该项目的现金流入量小于现金流出量；反之，表示现金流入量大于现金流出量。

净现金流量＝现金流入量－现金流出量

2.4.5 不确定性分析

不确定性分析是以计算和分析各种不确定因素的可能变化对项目经济效益的影响程度为目标的一种经济分析方法。通过不确定分析，可以推测项目可能承担的风险，从而进一步确认项目的可行性及可靠性。

在项目可行性研究和论证阶段，对项目进行不确定性分析主要是基于以下两个方面的原因：

（1）项目可行性研究所涉及的因素、所收集到的数据，随时间的推移，可能发生不同程度的变化。

（2）进行项目可行性研究时，取得的资料和数据不可能非常完整、全面。主观认识方面的局限性和客观条件的制约性，使项目的可行性研究具有不确定性，预测的项目效益也有不确定性。因此，在进行项目论证时，除分析基本状况外，还应鉴别关键变量，估计其变化范围，并进行风险分析。

常用的不确定性分析方法有盈亏平衡分析、敏感性分析和概率分析。

2.5 编制电子商务项目可行性研究报告

2.5.1 可行性研究报告的内容

电子商务项目可行性研究是对项目实施所涉及的因素进行的一项全面、系统、科学的研究工作，其研究内容随着电子商务项目的规模、性质、复杂程度不同而有所不同。电子商务项目可行性研究的重点需突出必要性、技术可行性和经济可行性三个方面。

电子商务项目可行性研究报告的编制，是对项目可行性研究结果进行的最后书面总结，其内容可参考国家发展改革委员会颁布的《关于建设项目进行可行性研究的试行管理方法》（以下简称《管理方法》）的规定。

电子商务项目可行性研究报告的内容与《管理方法》中规定的内容的大致区别见表2—1。

表2—1　电子商务项目可行性研究报告的内容与《管理方法》中规定内容的区别

内容	电子商务项目可行性研究报告	《管理方法》中的规定
总论	包括电子商务项目提出的背景（扩建或改造项目要说明企业现有概况）、项目的意义、项目基本的依据和范围、项目情况简要描述、可行性研究的工作介绍等	说明项目提出的背景、投资环境、项目投资建设的必要性和经济意义，项目投资对国民经济的作用和重要性；提出项目设想的主要依据、工作范围和要求、项目的历史发展概况、项目建议书及有关审批文件；综述可行性研究的主要结论、存在的问题与建议，列表说明项目的主要技术经济指标
立项的必要性	可以从多方面阐明企业对电子商务的需求，介绍对发展电子商务项目的必要性的研究结果	可以从多方面阐明企业对该项目的需求，介绍对发展该项目的必要性的研究结果

续前表

内容	电子商务项目可行性研究报告	《管理方法》中的规定
需求预测和拟建规模	国内外需求情况；对国内现有企业生产能力的估计；销售预测、价格分析、产品竞争能力、进入国际市场的前景；拟建项目的规模、产品方案和发展方向的技术经济比较和分析	国内、国外市场需求的调查与预测；国内现有工厂生产能力的估计；销售预测、价格分析、产品竞争能力、进入国际市场的前景；拟建项目的规模、产品方案和发展方向的技术经济比较和分析
技术方案	介绍技术分析的过程和结果，说明所建议的电子商务项目的技术选择和理由；项目的构成范围（指包括的主要单项工程）、技术来源和设计方法；主要技术工艺和设备选型方案的比较；引进技术、设备的来源国别，设备的国内外分交或与外商合作制造的设想；改扩建项目要说明对原有固定资产的利用情况。方案须详细和具体，以便在此基础上进行投资测算	项目的构成范围（指包括的主要单项工程）、技术来源和生产方法；主要技术工艺和设备造型方案的比较；引进技术、设备的来源国别；设备的国内外分交或与外商合作制造的设想；全厂布置方案的初步选择和土建工程量估算；公用辅助设施和厂内外交通运输方式的比较和初步选择
资源、原材料、燃料及公用设施情况		经过全国储量委员会正式批准的资源储量、品位、成分以及开采、利用条件的评述；原料、辅助材料、燃料的种类、数量、来源和供应可能性；有毒、有害及危险品的种类、数量和储运条件；材料试验情况；所需动力（水、电、气等）、公用设施的数量、供应方式、供应条件、外部协作条件以及所签协议、合同或意向的情况
建设和运行管理方案	说明项目由谁来建设，资源、原材料及公用设施情况，供应方式和供应条件以及实施进度；建成后运行由谁来管理，采取怎样的组织管理方式和方案，包括对劳动定员和人员进行培训等	建厂的地理位置及气象、水文、地质、地形条件和社会经济现状；交通、运输及水、电、气的现状和发展趋势；厂址比较和选择意见；厂址占地范围、厂区总体布置方案、建设条件、地价、拆迁及其他工程费用情况
投资估算与资金筹措	根据项目的技术方案和建设运行管理方案，结合市场行情计算主体工程和协作配套工程所需的投资；估算营运资金；说明资金来源、筹措方式及贷款的偿还方式	根据项目的技术方案和建设运行管理方案，结合市场行情计算主体工程和协作配套工程所需的投资；估算营运资金；说明资金来源、筹措方式及贷款的偿还方式
环境保护与劳动安全		调查环境现状，预测项目对环境的影响，提出环境保护、三废治理和劳动保护的初步方案

续前表

内容	电子商务项目可行性研究报告	《管理方法》中的规定
生产组织、劳动定员和人员培训		全厂生产管理体制、机构设置；工程技术人员和管理人员素质、数量的要求；劳动定员的配备方案；人员培训的规划和费用估算
项目实施计划和进度	根据指定建设工期和调查设计、技术水平与进度要求，选择整个电子商务项目实施方案和总进度，用线条图或网格图表述最佳实施计划方案的选择	根据指定建设工期和勘察设计、设备制造、工程施工、安装、试生产所需时间与进度要求，选择整个工程项目实施方案和总进度，用线条图或网格图表述最佳实施计划方案的选择
社会及经济效益评价	预测项目建设成功后企业的运行费用、收入和其他财务数据的变化情况，表述财务分析的过程、取值依据和分析结果；进行项目的风险分析，包括介绍项目不确定性分析的过程和结果等；预测项目对环境的影响，提出环境保护的初步方案	财务评价、国民经济评价、社会评价和不确定性分析
评价结论	根据上述各方面的分析，明确项目是否可行并署名	运用各项数据，从技术、经济、社会以及项目财务等方面论述建设项目的可行性，推荐一个以上的可行性方案，提供决策参考，指出项目存在的问题、改进建议及结论性意见

2.5.2 可行性研究报告的基本格式

电子商务项目可行性研究报告与电子商务项目建议书的写法是不同的。项目建议书从某种意义上来说是一个商业计划书，阅读项目建议书的人是企业的上层领导而不是技术专家，因此项目建议书的编写要通俗易懂，文字简练、顺畅，主题鲜明，分析到位，尽量避免用太专业的术语。可行性研究报告虽然也要给企业上层领导阅读，但更主要的是为专家论证提供材料，因此，可行性研究报告的编写，除了要求通俗易懂、文字简练、顺畅、主题鲜明、分析到位以外，还要提供详细的技术资料和市场研究资料。

电子商务项目可行性研究报告的基本格式如下：

一、引言

（一）编写目的

说明编写本电子商务项目可行性研究报告的目的，指出预期的读者。

（二）背景

说明：

（1）所建议实施的电子商务项目的名称；

（2）本项目的提出者、实施者及用户；

（3）本项目同其他系统或其他机构的关系。

（三）定义

列出本可行性研究报告中用到的专门术语的定义和外文首字母组词的原词组。

（四）参考资料

列出必要的参考资料，例如：

（1）本项目的经核准的计划任务书或合同、上级机关的批文；

（2）属于本项目的其他已发表的文件；

（3）本可行性研究报告中所引用的文章、资料，包括所需用到的各类标准。

参考资料中需要列出文件资料的标题、文件编号、发表日期和出版单位，说明能够得到这些文件资料的来源。

二、可行性研究的前提

说明对所建议的开发项目进行可行性研究的前提，如要求、目标、假定和限制等。

（一）要求

说明对所建议电子商务项目的基本要求，例如：

（1）功能；

（2）性能；

（3）输出，如报告、文件或数据，对每项输出要说明其特征，如用途、产生频度、接口以及分发对象；

（4）输入，说明系统的输入，包括数据的来源、类型、数量、数据的组织以及提供的频度；

（5）处理流程和数据流程，用图标的方式表示出最基本的数据流程和处理流程，并辅之以叙述；

（6）在安全与保密方面的要求；

（7）同本系统相连接的其他系统；

（8）完成期限。

（二）目标

说明希望电子商务项目建成实施后达到的目标，例如：

（1）人力与设备费用的减少；

（2）处理速度的提高；

（3）控制精度或生产能力的提高；

（4）管理信息服务的改进；

（5）自动决策系统的改进；

（6）人员利用率的改进。

（三）条件、假定和限制

说明对本开发项目给出的条件、假定和所受到的限制，例如：

（1）建议系统的运行寿命的最小值；

（2）进行系统方案选择比较的时间；

（3）经费、投资方面的来源和限制；

（4）法律和政策方面的限制；

（5）硬件、软件、运行环境和开发环境方面的条件及限制；

（6）可利用的信息和资源；

（7）系统投入使用的最晚时间。

（四）进行可行性研究的方法

说明对系统进行评价时所使用的主要尺度，如费用的多少、各项功能的优先次序、开发时间的长短以及使用中的难易程度。

三、对现有系统的分析

这里的现有系统是指当前实际使用的系统，这个系统可能是计算机系统，也可能是一个机械系统，甚至可能是一个人工系统。

分析现有系统的目的是为了进一步阐明开发新系统或修改现有系统的必要性。

（一）处理流程和数据流程

说明现有系统的基本的处理流程和数据流程。流程可用图表，即流程图的形式表示，并加以叙述。

（二）工作负荷

列出现有系统所承担的工作及工作量。

（三）费用开支

列出运行现有系统所引起的费用开支，如人力、设备、空间、支持性服务和材料等项开支以及开支总额。

（四）人员

列出现有系统的运行和维护所需要的人员的专业技术类别和数量。

（五）设备

列出现有系统所使用的各种设备。

（六）局限性

列出现有系统的主要局限性，例如处理时间赶不上需要、响应不及时、数据存储能力不足、处理功能不够等，并且还要说明为什么要对现有系统进行改进性维护，以及不能解决的问题。

四、所建议的系统

本部分内容说明所建议系统的目标和要求将如何被满足。

（一）对所建议系统的说明

概括地说明所建议系统，并说明在第二部分中列出的要求将如何得到满足，说明所使用的基本方法及理论根据。

（二）处理流程和数据流程

给出所建议系统的处理流程和数据流程。

（三）改进之处

按第二部分中列出的目标，逐项说明所建议系统相对于现有系统的改进之处。

（四）影响

说明建立所建议系统可能带来的影响，主要包括以下几个方面。

1. 对设备的影响

说明新提出的设备要求及对现存系统中尚可使用的设备需做出的修改。

2. 对软件的影响

说明为了使现有的应用软件和支持软件能够同所建议系统相适应，需要对这些软件进行的修改和补充。

3. 对用户组织结构的影响

说明为了建立和运行所建议系统，对用户组织结构、人员的数量和技术水平等方面的要求。

4. 对系统运行过程的影响

说明所建议系统对运行过程的影响，例如：

（1）用户的操作规程；

（2）运行中心的操作规程；

（3）运行中心与用户之间的关系，源数据的处理；

(4) 数据进入系统的过程;

(5) 对数据保存的要求，对数据存储、恢复的处理;

(6) 输出报告的处理过程、存储媒体和调度方法;

(7) 系统失效的后果及恢复的处理办法。

5. 对开发的影响

说明对开发的影响，例如:

(1) 为了支持所建议系统的开发，用户需进行的工作;

(2) 为了建立一个数据库所要求的数据资源;

(3) 为了开发和测验所建议系统而需要的计算机资源;

(4) 所涉及的保密与安全问题。

6. 对地点和设施的影响

说明对建筑物改造的要求及对环境设施的要求。

7. 对经费开支的影响

扼要说明所建议系统的开发、设计和维持运行所需要的各项经费开支。

(五) 局限性

说明所建议系统尚存在的局限性以及这些问题未能消除的原因。

(六) 技术条件方面的可行性

说明技术条件方面的可行性，例如:

(1) 利用现有的技术，该系统的功能能否实现;

(2) 对开发人员的数量和质量的要求，并说明这些要求能否满足;

(3) 在规定的期限内，本系统的开发能否完成。

五、可选择的其他系统方案

扼要说明曾考虑过的每一种可供选择的方案，包括需开发的和可从国内国外直接购买的，如果没有其他可供选择的系统方案，则应说明这一点。

(一) 可供选择的系统方案 1

参照“四、所建议的系统”的提纲，说明可供选择的系统方案 1，并说明它未被选中的理由。

(二) 可供选择的系统方案 2

按上述方式说明第 2 个可供选择的系统方案。

(此处列出的可供选择的系统方案的数量根据实际情况而定)

六、投资及效益分析

(一) 支出

对于所选择的方案，说明所需的费用。如果已有一个现存系统，则应包括该系统继续运行期间所需的费用。

1. 基本建设投资

包括采购、开发和安装下列各项所需的费用：

(1) 房屋和设施；

(2) 专用设备；

(3) 数据通讯设备；

(4) 环境保护设备；

(5) 安全与保密设备；

(6) 操作系统和应用软件；

(7) 数据库管理软件。

2. 其他一次性支出

包括下列各项所需的费用：

(1) 需求的研究和设计的研究；

(2) 开发计划与测量基准的研究；

(3) 数据库的建立；

(4) 软件的转换；

(5) 检查费用和技术管理费用；

(6) 培训费、差旅费以及开发安装人员所需要的一次性支出；

(7) 人员的退休及调动费用等。

3. 非一次性支出

列出在该系统寿命期内按月或季或按年支出的用于运行和维护的费用，包括以下内容：

(1) 设备的租金和维护费用；

(2) 软件的租金和维护费用；

(3) 数据通讯方面的租金和维护费用；

(4) 人员的工资、奖金；

(5) 房屋、空间的使用开支；

(6) 公用设施方面的开支；

(7) 保密安全方面的开支；

(8) 其他经常性的支出等。

(二) 收益

对于所选择的方案，说明能够带来的收益。这里所说的收益，表现为开支费用的减少、差错的减少、灵活性增加、动作速度的提高和管理计划方面的改进等。

1. 一次性收益

说明能够用人民币数目表示的一次性收益，可按数据处理、用户、管理和支持等项分类叙述，例如：

(1) 开支的缩减。包括改进了的系统的运行所引起的开支缩减，例如资源要求的减少，数据进入、存储和恢复技术的改进，系统性能的可监控，软件的转换和优化，数据压缩技术的采用，处理的集中化/分布化等。

(2) 价值的增升。包括由于一个应用系统的使用价值的增升所引起的收益，例如资源利用的改进，管理和运行效率的改进以及出错率的减少等。

(3) 其他。例如从多余设备出售回收的收入等。

2. 非一次性收益

说明整个系统寿命期内由于运行所建议系统而导致的按月的、按年的能用人民币数目表示的收益，包括开支费用的减少和避免。

3. 不可定量的收益

逐项列出无法直接用人民币数目表示的收益，如服务的改进、由操作失误引起的风险的减少、信息掌握情况的改进、组织机构给外界的形象的改善等。对有些不可估量的收益只能作大概估计或极值估计（按最好和最差情况估计）。

（三）收益/投资比

求出整个系统寿命期的收益/投资比值。

（四）投资回收周期

求出收益的累计数开始超过支出的累计数的时间。

（五）敏感性分析

即分析一些关键性因素，如系统寿命期长度、系统的工作负荷量、处理速度要求、设备和软件的配置等发生变化时，对开支和收益的影响。

七、社会因素方面的可行性

说明对社会因素方面的可行性分析的结果。

（一）法律方面的可行性

有关法律方面的可行性问题很多，如合同责任、侵犯专利权、侵犯版权等方面的陷阱，软件人员通常是不熟悉的，有可能陷入，务必要注意研究。

（二）使用方面的可行性

例如，从用户单位的行政管理、工作制度等方面来看，是否能够使用该系统；从用户单位的工作人员的素质来看，是否能满足使用该系统的要求等。

八、结论

在编制可行性研究报告时，必须有一个研究的结论。结论可以是以下内容：

(1) 可以立即开始；

(2) 需要推迟到某些条件（例如资金、人力和设备等）落实之后才能开始进行；

(3) 需要对开发目标作某些修改之后才能进行；

(4) 不能进行或不必进行（例如技术不成熟、经济上不合算等）。

导入案例解析

2003年9月，武汉电子商务宽带网络平台示范项目基本建成，并显示出了良好的发展态势。可行性研究报告在整个项目实施中发挥了下述重要作用：

(1) 报告对未来市场发展的预测是客观的。报告对项目的市场环境现状及发展趋势进行了深入分析，分别对世界互联网产业的发展状况、我国网络用户及潜在客户群规模、我国网络资源及应用环境现状和武汉地区市场情况进行了研究，使项目建立在科学的市场分析的基础上。

(2) 报告对产业化示范内容、建设方案、规模及地点的定位比较准确。例如，报告对拟建的宽带IP网络平台进行了四个方面的构想：

● 由电子商务网络中心和游子乡、琴台、付家坡、徐东路四个分中心构成环行骨干网（一级网）。其中，电子商务网络中心节点可与全国广播电视光缆干线网相连接，构成全国范围的信息高速公路。

● 以大型商场、企事业单位和重点大专院校为二级中心节点（分局）构成武昌2个二级环网、汉口2个二级环网和汉阳1个二级环网等5个二级子网。

● 一、二级网络皆为千兆位以太网，1G宽带，下接若干1G或100Mbps光节点。每个二级节点（分局）可星形连接200个光节点（平均）；每个光节点用同轴电缆连接约800户（平均）。每个光节点小区方圆在1公里以内。

● 商场、企事业单位用户的接入网可有多种选择。

(3) 详细描述了信息共享、订购、支付、执行、客户服务和支持等在电子商务系统循环中的重要步骤（参见图2—1）。

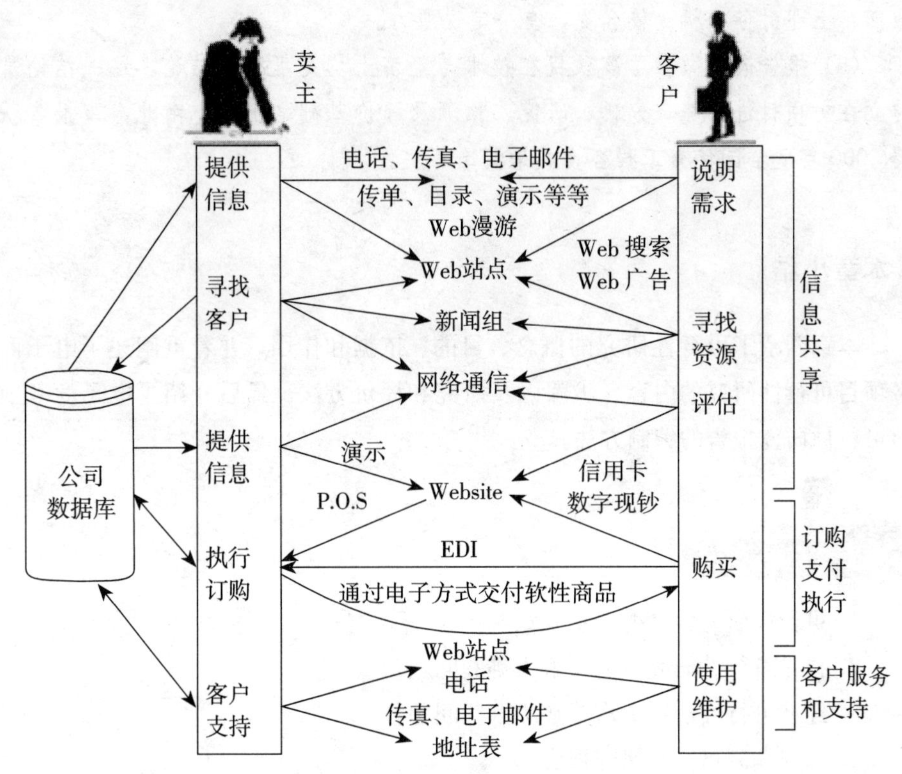

图 2—1 电子商务及其业务流程

(4) 报告对项目的技术特点、工艺技术路线及设备选型的建议具体，具有可行性。报告建议的在光纤上直接用以太网帧格式运行 IP 数据包，利用 L2/L3/L4 一体化线速路由交换机技术，采用分类服务（CoS）和加权公平队列（WFQ）等方法来保证服务质量都在项目中得到实施。报告提出的武汉电子商务宽带网络布局，包括 1 个控制中心、4 个分中心、14 个二级节点、5 个二级子网的设计合理，具有较强的可行性。

(5) 报告测算项目所得税后财务内部收益率为 20.41%，财务净现值为 15 867.13万元，所得税前财务内部收益率为 24.43%，财务净现值为27 879.81 万元。该项目的财务内部收益率均大于行业基准收益率，说明盈利能力满足了行业最低要求，财务净现值均大于零，说明该项目在财务上是可以接受的。所得税后的投资回收期为 8.79 年（含建设期 3 年），所得税前的投资回收期为 8.34 年（含建设期 3 年），均小于行业基准投资回收期，这表明项目投资能按时

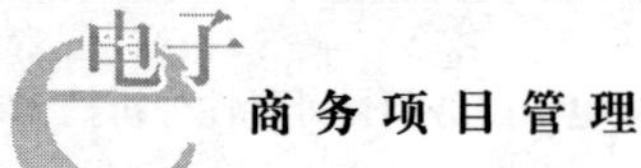

收回。上述财务分析比较客观，有一定说服力。

(6) 报告最后做出了该项目在技术与经济上均是可行的结论。这一结论是建立在对项目进行综合分析、研究、预测及评价基础之上的。由此，该报告获得2000年度全国优秀工程咨询成果奖二等奖。①

本章小结

本章介绍了可行性研究的概念、目的、依据和作用，并着重阐述了电子商务项目可行性研究的内容、步骤以及研究和评价方法。最后介绍了电子商务项目可行性研究报告的编制方法。

思考与练习

1. 可行性研究包括哪些步骤？
2. 技术可行性研究中需要解决哪些问题？
3. 经济可行性研究中需要解决哪些问题？
4. 如何编制可行性研究报告？

---

① 参见：http：//www.cnaec.com.cn/chengguoku/index1.htm。

电子商务项目计划

学习目标

通过本章的学习，你应该能够：

1. 了解项目计划的重要性；
2. 掌握项目计划的内容；
3. 了解制定项目计划的方法；
4. 掌握在专用软件 Project 2003 中制定项目计划的步骤。

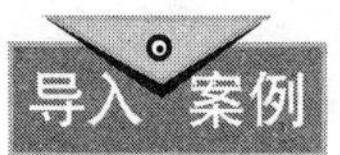

船务公司的电子订舱业务

A公司是一家国际性的船务公司，其业务是用海运的方式把客户的货物送到全球各地。在公司原来的业务流程中，客户是通过传真或快递的方式将纸张形式的订舱单送到公司，以此向公司订舱位。但随着业务的增长，这种纸张订舱方式就出现了问题。首先，公司员工在为客户订舱位时，先要对订舱单上的数据进行识别，然后再输入电脑。而随着工作量越来越大，员工出错的概率也不断上升。其次，大量的纸张和快递、传真费用，使业务成本居高不下。所以，从2000年起，公司决定全面实施电子化的订舱流程，即所有的订舱信息都通过网络以数字信息的形式直接进入公司的电脑系统。由于这是一项非常好的革新，一旦实施成功，可给公司带来效率和效益的增长，因此公司高层非常迫切地启动了该项目。项目的实施主要分两条线：第一条线在公司内部，为了能够实现订舱的电子化，公司配置了新的硬件设备和软件系统；第二条线在公司外部，公司要求它的客户也配合这项改革，不要再使用纸张的订舱方式，而改为电子化的订舱方式。当所有的事情都按照公司管理人员的意图布置下去以后，公司管理人员本以为业务会有一个新的飞跃，可没想到现实给了他们一个巨大的打击：很多客户不再向公司订舱了，而且在剩下的订舱业务中，出错率明显要比以前用纸张订舱方式时还高。这是为什么呢？电子化的订舱方式肯定要比纸张的订舱方式更方便、更省钱，而且更安全，为什么客户反而流失了呢？为什么错误率越来越高了呢？公司的管理层开始了反省。

3.1 项目计划概述

3.1.1 为什么要做计划

我们对于日常生活中的很多事情，都会事先做打算。就拿旅游来说，我们会事先决定去哪里玩，坐火车还是乘飞机，到了旅游景点住哪里，每天玩哪几个景点，等等。让我们想像一下，如果不这样做，会发生什么事呢？我们背着行囊到达了集合地点却不知道去哪里玩，经过临时讨论，决定了一个目的地，到了火车站后，却发觉最近一班车要几个小时后才发车，于是买了票后只好在车站干等几个小时。好不容易到达了目的地，又得找住处，好的宾馆价钱太贵，便宜的宾馆条件又很差。等终于安顿下来，人已经很累了，接下来只能匆匆看几个景点。这样的经历确实不十分愉快，而造成这种结果的原因就是我们事先没有做好计划。“凡事预则立，不预则废”，大概的意思就是说做任何事情都要有个计划，计划作得好，事情就能成功，反之，不做计划，事情就办不成。对于一个项目来说，也不例外。一个项目包括很多很细的任务，这些任务不可能同时启动，它们要在不同的时间内完成，同时这些任务又相互影响，所以，要把这些任务都按时保质地完成，必须详细地加以计划。

3.1.2 什么是计划

前面我们说过，做了计划就能把项目中的各项任务安排好，所以我们对计划下的定义是为完成一个目标而进行的系统的任务安排。计划确定了项目要完成什么，以及如何来完成。同时，项目计划还是一个基准。当项目正式启动后，我们会经常评估项目实施的好坏，这就需要把项目实际的执行情况同一个基准来进行比较，这个基准就是项目计划。在比较的过程中，偏差是常见的，一旦发生了偏差，我们就可以根据原定的计划作相应的修改。

3.1.3 谁来制定计划

说到项目计划的制定者，项目管理人员肯定是概莫能属。他们是整个项目的舵手，规划项目的方向，他们考虑问题是站在全局的角度上，对于项目资源，他们也有足够的权力去调配，以使资源的分配达到最佳。但同时也要邀请具体负责任务的人员来出谋划策。这些人员通常最了解需要开展哪些具体活动和每项活动需要多长时间。通过参与计划，这些人员的工作动力能被很好地激发出来，从而会更加投入地完成任务。

3.1.4 项目目标

编制项目计划的第一步是确定项目目标。项目目标就是指整个项目完成后要达到一个什么结果或产出一个什么产品。项目目标必须要明确、可行、具体和可以度量，同时又要能让项目的承约商和客户双方都认可。我们来看一个例子：某学校要建立一个新的计算机房，请一网络公司来完成这个项目。网络公司订的目标是“为该学校建造一个现代化的计算机房”。我们分析一下，目标中提到了“现代化”，到底什么是现代化？网络公司也许认为奔Ⅲ的机器就足够了，而学校可能觉得奔Ⅳ的机器才能满足教学要求。另外，目标中也没提机房里有几台机器、用多长时间来施工，等等。所以，这个目标是模糊的，不符合要求的。由此也很容易在校方和网络公司之间引起争议，甚至最后导致项目的失败。如果我们将该项目的目标改写为“在1个月内，建造一个机房，其中有40台配置为奔Ⅲ的学生用机，1台奔Ⅳ的教师用机，预算控制在35万之内”，这样的目标就能达到明确、可行、具体、可以度量以及减少歧义的要求了。

3.2 项目的工作分解结构

3.2.1 什么是工作分解结构

一个项目是由项目组来完成的，如图3—1所示，左边是项目，右边是项目组，箭头表示由整个项目组完成项目。

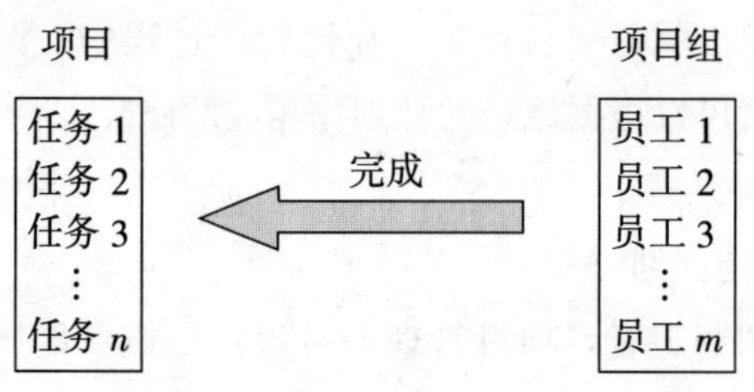

图 3—1

从图3—1中我们还能发现，一个项目其实包括了很多任务，一个项目组也有很多工作人员，项目组完成整个项目的过程，其实就是项目组当中的不同人员分别完成项目中的不同任务的过程。所以，要完成项目，必须把项目进行分解，建立一个工作分解结构（Work Breakdown Structure，简称为WBS）。工作分解结构有两种最常见的形式，一种叫树形结构图，另一种叫项目结构分析表。

3.2.1.1　树形结构图

首先来看一下树形结构图，如果我们用这种形式来分解某机房建设项目，可得到图3—2。

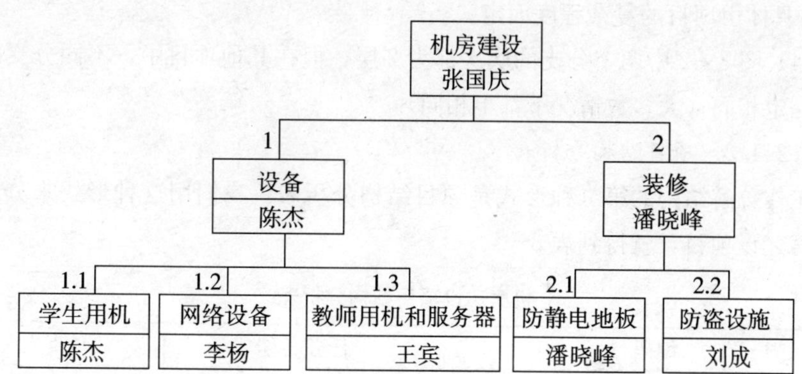

图3—2

如果我们把图3—2倒过来，它的形状就像一棵树，所以我们把这种结构图取名为树形结构图。图中有树根（“机房建设”），代表整个大的项目，下面是人名（“张国庆”），代表由此人负责该项目。从树根上长出两个分支（“设备”和“装修”），说明整个大项目可以分解成两个小项目，分别是“设备”项目和“装修”项目。同样，这两个小项目也分别有负责人。另外，在每个分支上还有叶子（“学生用机”、“网络设备”等），说明了每个小项目还可以分解成不同的任务，这些任务由指定的人去完成。这样，一个大的、复杂的项目就能分解成不同的任务，并且能把这些任务分配给项目组中不同的人员去完成。关于图3—2，还有以下几点需要说明：

（1）图中除了树根（“机房建设”）外，每个子项目或任务都有一个序号。这些序号的定义是有要求的。对于“设备”和“装修”，它们都是从树根分解出来的，处于图中的第一层次，所以给它们定义序号“1”和“2”。“学生用机”、“网络设备”、“教师用机和服务器”的序号分别是“1.1”、“1.2”、“1.3”，小数点前面都是“1”，说明它们都是从“设备”分解而来的，小数点后面的序号说明它们是不同的任务。序号中有一个小数点，说明该任务处于第二层次。同理，“防静电地板”、“防盗设施”的序号为“2.1”、“2.2”。有了序号，我们就能判断一个树形结构图中任意一项子任务是从哪个任务中分解而来的，以及它处于哪个层次。

(2) 图 3—2 仅仅是为了说明问题而画的机房建设项目的简图，而真正建设一个机房的任务远不止这些。

(3) 图 3—2 中项目的层次为 3 层，其他项目的层次可能多于 3 层或者少于 3 层，具体由项目的复杂程度而定。

(4) 图 3—2 中两个分支的层次都为 2 层，但在其他项目中，不同分支的层次不一定相同（大多数情况下都不相同）。

3.2.1.2　项目结构分析表

工作分解结构的第二种形式是项目结构分析表，我们用这种形式来分解前述机房建设项目，就得到表 3—1。

表 3—1　　机房建设项目结构分析表

编码			任务名称	负责人
0			机房建设	张国庆
	1		设备	陈杰
		1.1	学生用机	陈杰
		1.2	网络设备	李杨
		1.3	教师用机和服务器	王宾
	2		装修	潘晓峰
		2.1	防静电地板	潘晓峰
		2.2	防盗设施	刘成

该分析表分成“编码”、“任务名称”、“负责人”三列。每一个编码对应一个任务名称和一个负责人。如果我们把表 3—1 与图 3—2 作比较，就能发现这里的编码、任务名称、负责人中各项与图 3—2 中的是完全一致的。唯一不同之处就在于项目结构分析表为项目的根加了一个编码为“0”，而在树形结构图中，根是没有序号的。

3.2.2　制定工作分解结构的方法

前面我们讨论了工作分解结构，那么，如何对每个项目进行分解？分解到什么程度才算符合要求了呢？一般来说，制定工作分解结构的方法有下述几种。

3.2.2.1　使用指导方针

如果存在指导制定工作分解结构的方针，那就必须遵循这些方针。许多组织在把项目外包时会要求承约商按照他们提供的格式来做工作分解结构。比如：美国国防部会要求承约商按照他们规定的 WBS 格式来提交项目建议书，这些建议书中必须包括针对 WBS 中每一个任务的成本估算。在这种情况下，承约商就要严格按照给定的要求来做 WBS。

3.2.2.2 类比法

这种方法是用一个类似的项目做参考，来对项目进行分解。比如，网络公司曾经为某个企业建设过一个机房，那么在为学校建设机房时，就可以参考从前的项目来制定工作分解结构。

3.2.2.3 由上至下法

即从项目最大的单位开始，逐步将其分解成下一级的多个子项，这个过程就是要不断增加级数，细化工作任务。

3.2.2.4 由下至上法

与由上至下法相反，由下至上法要求项目组人员一开始就尽可能地确定与项目有关的各项具体任务，然后再将各项具体任务进行整合，并归总到上一级内容当中去。

3.2.3 制定工作分解结构的原则

创建一个好的工作分解结构，需要遵循以下一些基本原则①：

（1）一个工作任务只能出现在 WBS 中的一个地方。

（2）一个 WBS 的工作内容是其下一级各项工作之和。

（3）WBS 中的每一项工作都只由一个人负责，即使这项工作由多个人完成。

（4）WBS 必须与工作任务的实际执行过程相一致。

（5）项目组成员必须参与制定 WBS，以确保一致性和全员参与。

（6）对每一个 WBS 项都必须予以说明，以确保准确理解该项包括的和不包括的工作范围。

（7）在根据范围说明书对项目工作内容进行控制的同时，还必须让 WBS 有一定的灵活性，以适应无法避免的变更需要。

---

① 参见［美］凯西·施瓦尔贝：《IT 项目管理》，144 页，北京，机械工业出版社，2004。

3.3 项目任务的约束条件和依赖关系

前面我们说过，一个项目由许多不同的任务所组成，这些任务相互依赖，相互影响，共同决定了项目的进程。项目任务间的约束条件和依赖关系主要有下述四种。

3.3.1 “完成—开始”关系

这个关系说明B任务的开始必须要等到A任务结束，其示意图见图3—3。

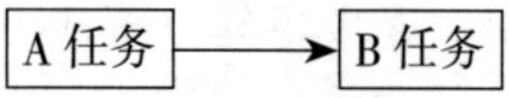

A任务 → B任务

图3—3

在图3—3中，从A任务的结束处引出一条箭头线指向B任务的开始。我们举例来说明：建筑工人用砖砌一座围墙，砌完以后要刷上石灰。在这里，“用砖砌墙”就是A任务，“刷石灰”就是B任务，刷石灰必须要等到砖墙砌完以后才能开始，所以这两个任务之间就是一个典型的“完成—开始”关系。

3.3.2 “开始—开始”关系

这个关系说明B任务的开始必须等到A任务的开始，其示意图见图3—4。

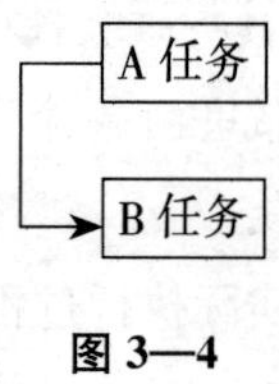

图3—4

在图3—4中，从A任务的开始引出一条箭头线指向B任务的开始。我们举例来说明：检查家里的锅是否漏水，最简单的方法就是往里锅放水，看是否有水渗出。在这里，“往锅里放水”就是A任务，“检查是否渗水”就是B任务，检查漏水必须要等到往锅里放水后才能开始。

3.3.3 “完成—完成”关系

这个关系说明B任务的完成必须等到A任务的完成，其示意图见图3—5。

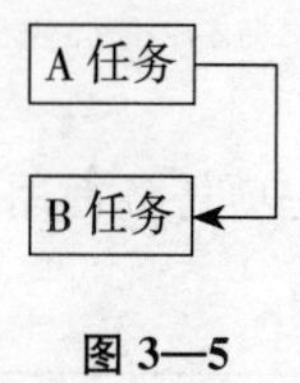

图3—5

在图3—5中，从A任务的结束引出一条箭头线指向B任务的结束。我们举例来说明：建造一座智能化的大厦，其中一项内容是铺设宽带电缆，当每层楼面铺设完以后，还要用专门的仪器检查铺设的质量是否有问题（有无断线）。在这里，“铺设电缆”就是A任务，“检查”就是B任务，我们都知道线路的检查速度肯定要比铺设的速度快，但是无论检查的速度有多快，肯定不可能赶到铺设的前面去，也就是说必须等到所有的铺设工作完成以后，才能结束所有的检查工作。

3.3.4 “开始—完成”关系

这个关系说明B任务的完成必须等到A任务的开始，其示意图见图3—6。

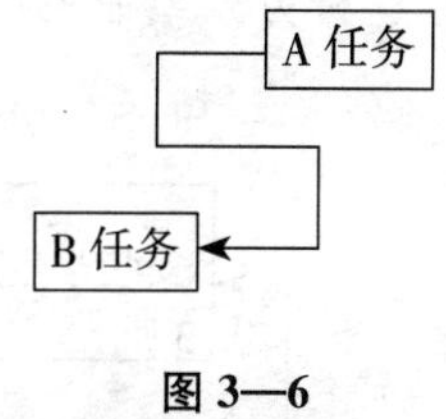

图3—6

在图3—6中，从A任务的开始引出一条箭头线指向B任务的结束。我们举例来说明：一位歌星开演唱会时要起了“大牌”，原定19:00点开始的演唱会一直拖到了20:00。为避免冷场，主办方只好在那位歌星没上台前，安排一些小乐队表演节目。在这里，那位歌星的演唱就是A任务，小乐队的表演就是B任务，小乐队的表演必须等到歌星演唱开始（歌星上台）才能结束（小乐队下台）。

3.4 网络图

一个项目是由很多个相互联系的任务组成的，把所有的任务联结在一起，就构成了一个项目的网络图。网络图主要有两种形式，一种是用节点表示任务，另一种是用箭线表示任务。

3.4.1 用节点表示任务

在这种形式的网络图中，每一项任务都用一个方框来表示，在方框里对任务予以描述，见图 3—7。

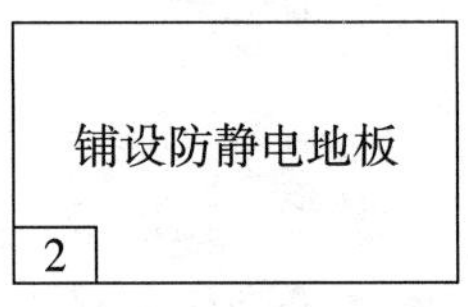

图 3—7

这里，对任务的描述通常以一个动词开头，每项任务只能由一个方框来表示，每个方框有一个序号。

前面我们说过，项目任务间都有约束条件和依赖关系，体现在网络图中就是次序关系（Precedential Relationship），即很多任务之间都有先后关系，任务框之间用箭头线相连。

例如，采用用节点表示任务这种方式绘制的前述机房建设项目的网络图如图 3—8 所示。

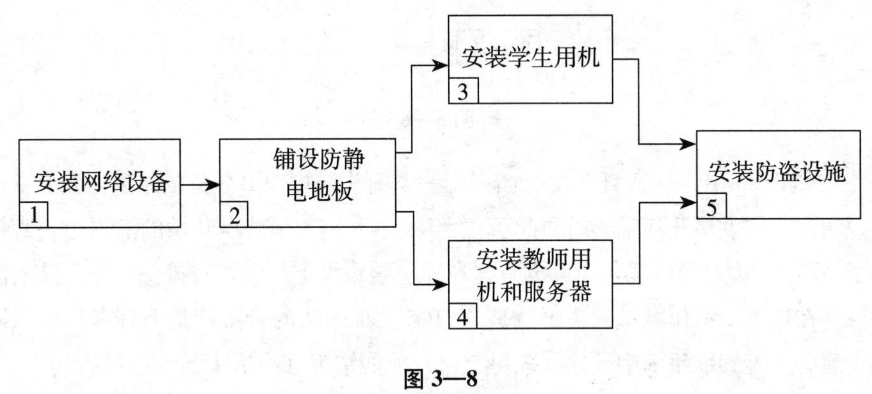

图 3—8

在图 3—8 中，我们看到，有些活动必须依次完成，比如，必须要把所有的网络设备安装完成，才能铺设防静电地板。而另外一些活动可以同时进行，比如，可以同时安装学生用机和教师用机及服务器。

3.4.2 用箭线表示任务

在这种形式的网络图中，每一项任务都用一条箭线来表示，对任务的描述写在箭线上方，见图 3—9。

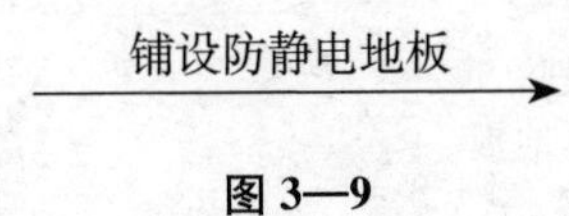

图 3—9

须注意的是，每项任务只能由一条箭线来表示，箭尾代表任务的开始，箭头代表任务的结束。箭线的长度和是否倾斜不代表任何问题。在这种形式的网络图中，任务被一些圆圈连接起来，这些圆圈叫做事件（Event）。一个圆圈代表指向它的活动结束，离开它的活动开始。比如，在图 3—10 中，事件“2”代表“安装网络设备”任务的结束和“铺设防静电地板”任务的开始。还有一点需要注意的是，在用箭线表示任务这种形式的网络图中，我们给每一个事件制定序号，而不是给任务制定序号，这一点和用节点表示任务的网络图中是不同的。

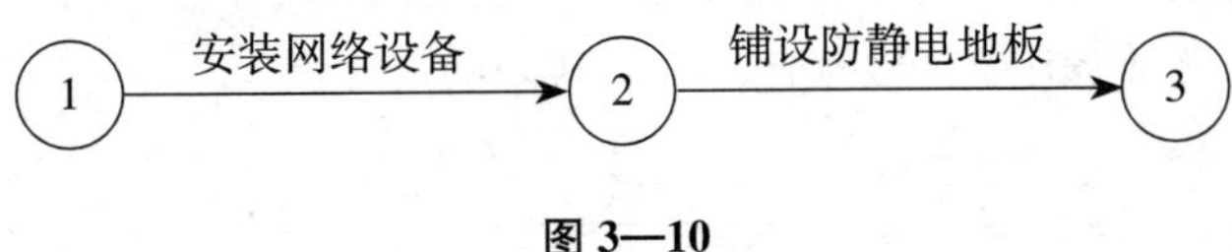

图 3—10

处在一个任务开始（箭尾）的事件叫做该任务的紧前事件（Predecessor Event），处在一个任务结束（箭头）的事件叫做该任务的紧随事件（Successor Event）。在图 3—10 中，对于任务“铺设防静电地板”，它的紧前事件是“2”，因为“2”在该任务的箭尾处，而它的紧随事件是“3”，因为“3”在该任务的箭头处。

用这种形式绘制的前述机房建设项目的网络图（部分）如图 3—11 所示。

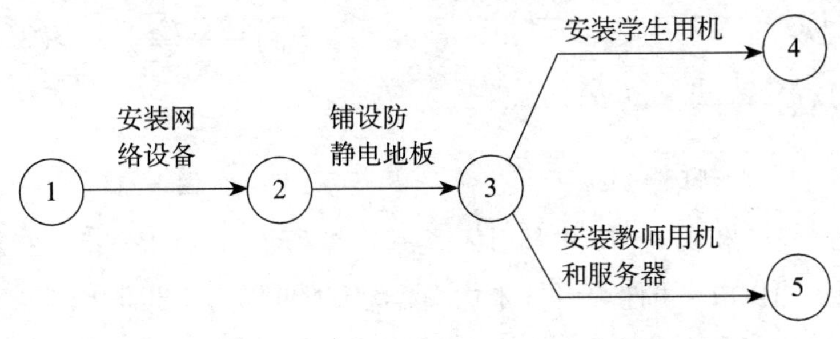

图 3—11

3.4.3 虚活动

我们先来看一下如图 3—12 所示的箭线图。

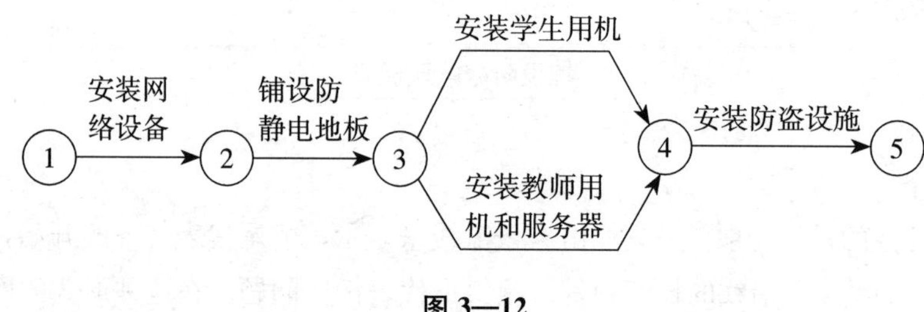

图 3—12

在图 3—12 中，我们可以用“事件 1—2”来表示“安装网络设备”，可以用“事件 2—3”来表示“铺设防静电地板”，但当我们提到“事件 3—4”的时候，它代表什么呢？是代表“安装学生用机”还是“安装教师用机和服务器”？容易产生混淆，所以图 3—12 所示的箭线图肯定是错误的。为了解决这个问题，我们引入了“虚活动”的概念。当网络图中出现类似图 3—13 所示的情况时，我们可以把它改画成如图 3—14 或图 3—15 所示的形式。

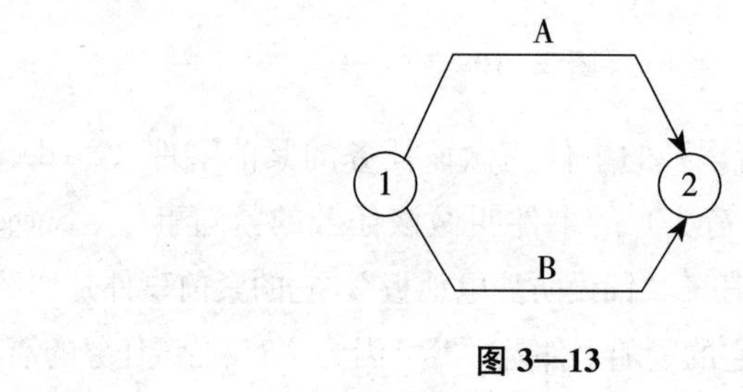

图 3—13

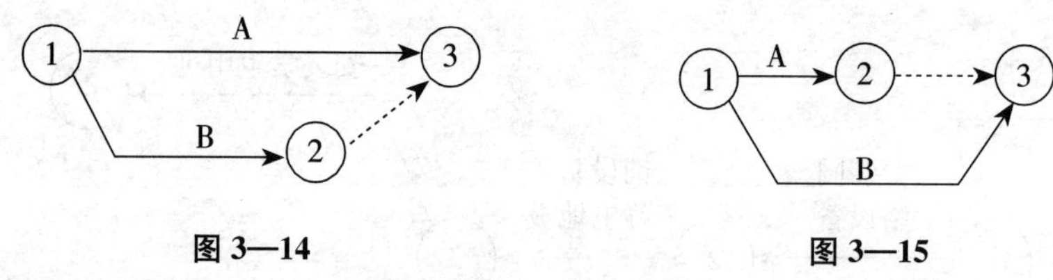

图 3—14 **图 3—15**

在图 3—14 和图 3—15 中都引入了一个虚活动“事件 2—3”。在图 3—14 中，A 任务可以由“事件 1—3”来代表，B 任务可以由“事件 1—2”来代表。在图 3—15 中，A 任务由“事件 1—2”来代表，B 任务由“事件 1—3”来代表。虽然两个图的形式有所不同，但结果是一样的，都解决了图 3—13 中无法用事件代表A任务和B任务的问题。

关于虚活动有两点需要说明，第一，它并不存在；第二，它不消耗时间。什么时候需要引入虚活动呢？在网络图中有一个基本的原则，即每项任务必须由唯一的紧前事件和紧随事件组成。如果网络图中某一部分违反了这个原则，就说明网络图绘制错误，就要引入虚活动。例如，引入虚活动后，可将前述机房建设项目的箭线图正确绘制为如图3—16所示。

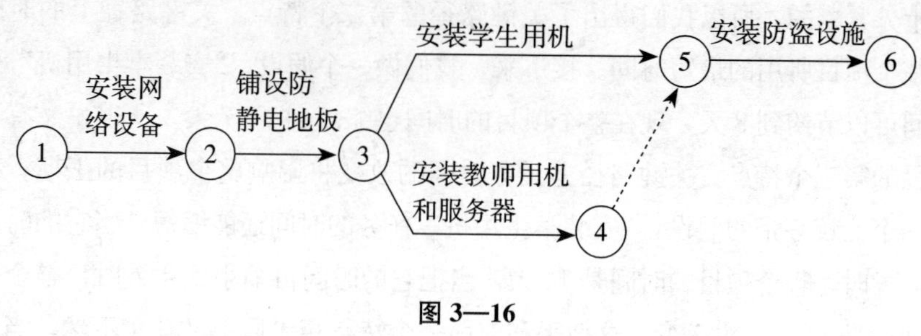

图3—16

3.4.4 预计项目活动工期

前面我们已经讲过如何来画项目网络图。如果我们给网络图中的每个任务都标上时间，那么就能估计整个项目的实施工期。以图3—16为例，为每个任务标上时间（以天为单位），就得到图3—17。

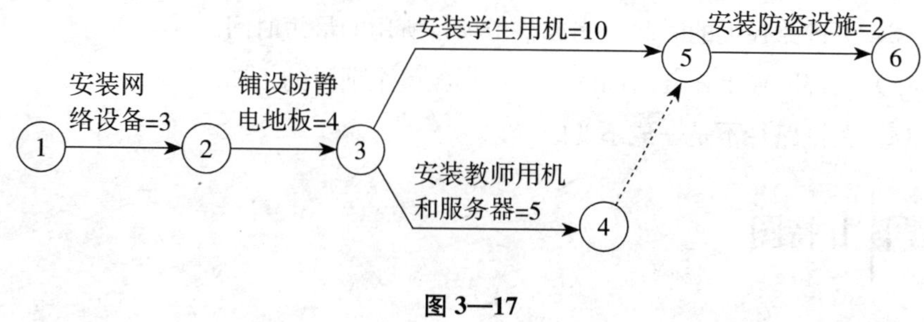

图3—17

要使整个项目能以最短的时间来完成，首先任务和任务之间要紧凑，也就是说一个任务完成以后，它的下一个任务立刻就开工，一点也不耽误。在满足这个前提之下，我们可以从图3—17中看出，机房建设项目的工期为19天［3天（安装网络设备）＋4天（铺设防静电地板）＋10天（安装学生用机）＋2天（安装防盗设施）］。这里的一个关键在于，从“事件3”出来以后，时间应选择“安装学生用机”的 10 天而不是“安装教师用机和服务器”的 5 天。因为这两个任务是同时进行的，很明显，如果选择 10 天，两个任务都能完成，而如果选择 5 天的话，任务“安装学生用机”就来不及完成了，所以我们把图 3—17 中的 1—2—3—5—6 称为关键路径，而且从图中我们可以得出关键路径的第一个特点：关键路径是网络图中时间最长的一条路径（1—2—3—5—6 的时间要比 1—2—3—4—5—6 的时间长）。同时，对于整个项目来说，一旦选择了关键路径，也就说明任务和任务之间是十分紧凑的，所以我们得出了关键路径的第二个特点：关键路径上的时间是完成整个项目所用的最短时间。接下来，我们做一个假设：“安装学生用机”任务的时间可以节约到 8 天，现在整个项目的时间也缩短到了 17 天，所以，又有了关键路径的第三个特点：关键路径上任务时间的改变将影响整个项目的工期。我们再作一个比较夸张的假设：“安装学生用机”任务的时间还能缩短，当它的时间缩短到 5 天时，整个项目的时间是 14 天，当把它的时间再缩小到 4 天时，整个项目的时间还是 14 天，没有变。这似乎和前面一个特点相矛盾了。其实不然，当“安装学生用机”任务的时间缩短为 4 天时，1—2—3—5—6 就不再是关键路径了，关键路径变成了 1—2—3—4—5—6。由此，得出关键路径的第四个特点：随着项目中任务的关键路径不是一成不变的。

我们再总结一下关键路径的四个特点：

（1）关键路径是网络图中时间最长的一条路径。

（2）关键路径上的时间是完成整个项目所用的最短时间。

（3）关键路径上任务时间的改变将影响整个项目的工期。

（4）关键路径不是一成不变的。

3.5 甘特图

3.5.1 甘特图的特点

甘特图，又称为条形图，是一种最常用的进度计划技术。它是以著名的管理顾问亨利·甘特的名字命名的。第一次世界大战期间，甘特为美国军方工作，奉命研究一种能够直观描述出军火项目状况的方法。甘特认为，时间是项目计划中大多数单元最常用的参数，以时间为标准检查每个单元的状况可以很容易地评估项目进展的情况。他的方法利用了安排和处理时间因素的标准化方法，并且表现出计划与实际完成的工作之间的相互关系。在工业领域，甘特图逐渐得到了广泛采用。图 3—18 是一个典型的甘特图。它的横坐标代表时间，带阴影的小长条代表各项任务。各个小长条在图中的位置不同说明各项任务的开始时间不同；各个小长条的长短不同，代表各项任务所经历的时间长短不同。

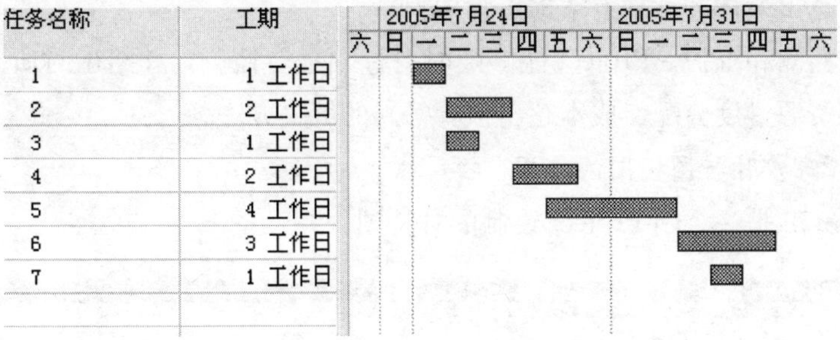

任务名称	工期
1	1 工作日
2	2 工作日
3	1 工作日
4	2 工作日
5	4 工作日
6	3 工作日
7	1 工作日

2005年7月24日　2005年7月31日
六 日 一 二 三 四 五 六 日 一 二 三 四 五 六

图 3—18

甘特图的一个最为明显的缺点就是很难看出任务之间的关系。前面我们说过了，大多数情况下，项目的任务之间是有关系的。而在图 3—18 中我们只能观察到各项任务的时间先后，而无法看出它们之间的关系。

3.5.2　甘特图的绘制方法

3.5.2.1　Project 的功能

甘特图可以用手工来绘制和维护，如图 3—18，绘制这样一个甘特图没有太大的难度。但是，现实生活中，这样简单的项目毕竟不多。大多数项目有着几十项甚至上百项任务，时间跨度也从几周到几年不等，有些大型的项目甚至要持续很多年（比如我国的三峡工程）。在这种情况下，用手工的方式来绘制甘特图就不实际了。好在随着计算机软件技术的发展，现在有很多优秀的项目管理软件供我们使用。其中最常用的是微软公司开发的 Microsoft Project（以下简称 Project）。到目前为止，最新的版本是 Project 2003。Project 主要具有以下功能：

（1）共享项目信息。Project 向需要了解项目信息的人员提供了传递项目信息的多种方法，比如打印视图和报表，有关人员也可以在 Internet 上传递项目信息。

（2）编制和组织信息。用户将项目所需的各种参数、信息和条件输入 Project 工作表后，Project 可以将这些信息按照一定的规则进行编制和组织，从而使用户可以更加方便地查看项目的详细信息和全部状态。

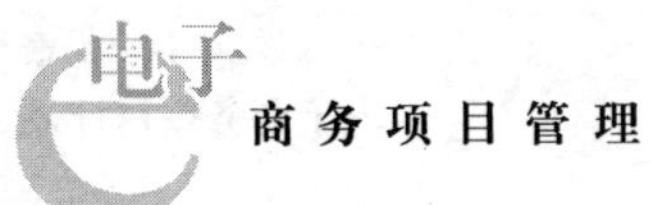

（3）跟踪项目。在项目执行过程中，用户可将已得到的实际数据提供给 Project，Project 会根据这些数据计算其他信息，然后将这些变动对项目的其他任务及整个项目产生的影响反馈给用户。

（4）方案的优化度分析。Project 可将用户提供的不同项目计划方案进行比较，从中选出最优的计划方案提供给用户。

（5）监测和维护。Project 能够随时对计划进行监测，并给出对所查到的问题（比如资源过度分配、成本超出预算等）的解决方法。

3.5.2.2　甘特图视图的作用

图 3—19 是一个用 Project 绘制的甘特图：

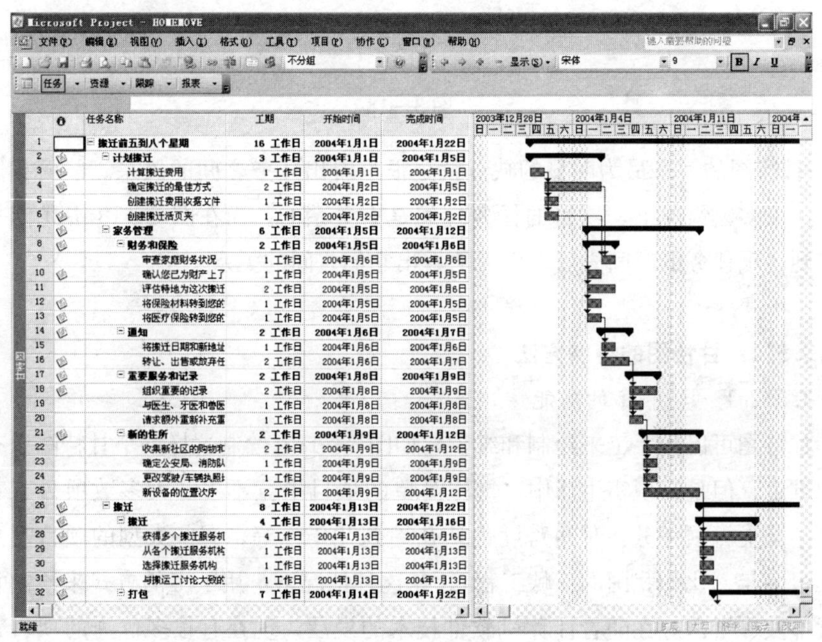

	任务名称	工期	开始时间	完成时间
1	搬迁前五到八个星期	16 工作日	2004年1月1日	2004年1月22日
2	计划搬迁	3 工作日	2004年1月1日	2004年1月5日
3	计算搬迁费用	1 工作日	2004年1月1日	2004年1月1日
4	确定搬迁的最佳方式	2 工作日	2004年1月2日	2004年1月5日
5	创建搬迁费用收据文件	1 工作日	2004年1月2日	2004年1月2日
6	创建搬迁活页夹	1 工作日	2004年1月2日	2004年1月2日
7	家务管理	6 工作日	2004年1月5日	2004年1月12日
8	财务和保险	2 工作日	2004年1月5日	2004年1月6日
9	审查家庭财务状况	1 工作日	2004年1月6日	2004年1月6日
10	确认您已为财产上了	1 工作日	2004年1月5日	2004年1月5日
11	评估特地为这次搬迁	2 工作日	2004年1月5日	2004年1月6日
12	将保险材料转到您的	1 工作日	2004年1月5日	2004年1月5日
13	将医疗保险转到您的	1 工作日	2004年1月5日	2004年1月5日
14	通知	2 工作日	2004年1月6日	2004年1月7日
15	将搬迁日期和新地址	1 工作日	2004年1月6日	2004年1月6日
16	转让、出售或放弃任	2 工作日	2004年1月6日	2004年1月7日
17	重要服务和记录	2 工作日	2004年1月8日	2004年1月9日
18	组织重要的记录	2 工作日	2004年1月8日	2004年1月9日
19	与医生、牙医和兽医	1 工作日	2004年1月8日	2004年1月8日
20	请求额外重新补充重	1 工作日	2004年1月8日	2004年1月8日
21	新的住所	2 工作日	2004年1月9日	2004年1月12日
22	收集新社区的购物和	2 工作日	2004年1月9日	2004年1月12日
23	确定公安局、消防队	1 工作日	2004年1月9日	2004年1月9日
24	更改驾驶/车辆执照	1 工作日	2004年1月9日	2004年1月9日
25	新设备的位置次序	2 工作日	2004年1月9日	2004年1月12日
26	搬迁	8 工作日	2004年1月13日	2004年1月22日
27	搬迁	4 工作日	2004年1月13日	2004年1月16日
28	获得多个搬迁服务机	4 工作日	2004年1月13日	2004年1月16日
29	从各个搬迁服务机构	1 工作日	2004年1月13日	2004年1月13日
30	选择搬迁服务机构	1 工作日	2004年1月13日	2004年1月13日
31	与搬运工讨论大致的	1 工作日	2004年1月13日	2004年1月13日
32	打包	7 工作日	2004年1月14日	2004年1月22日

图 3—19

在 Project 中，我们称这个视图为甘特图视图。通过甘特图视图，我们可以完成以下工作：

（1）通过输入任务和完成每项任务的时间来创建一个项目。

（2）通过链接任务，在任务之间建立顺序的相关性。在链接任务时，可以看到任务工期的更改是如何影响其他任务的开始日期和完成日期，以及整个项目的完成周期的。

(3) 将人员和其他资源分配给任务。

(4) 查看任务的进度。可以对计划的和实际的开始日期、完成日期进行比较，以及检查每项任务完成的百分比，从而跟踪任务的进度。

(5) 在图形化任务的同时仍然可以访问任务的详细信息。

(6) 拆分任务以中断任务，以后再恢复该任务拆分。

3.5.2.3 甘特图绘制实例

下面我们以一个简单的家居装修项目为例，介绍利用 Project 建立甘特图的方法。

3.5.2.3.1 建立任务列表

假设所要装修的房屋格局是这样的：一间厨房，一间盥洗室，一间朝南的卧室，一间朝北的卧室。在整个项目开工以前，首要任务就是要找一家价钱相对便宜，但施工技术没有问题的装修公司。假定我们计划在 2005 年的 8 月 1 日至 4 日之间考察市场上的装修公司，在 8 月 5 日这天分析各家公司，然后从中选定一家公司。决定了装修公司后，我们还会要求这家公司在 8 月 6 日到 9 日之间给出几套设计方案，而我们会在 8 月 10 日比较这几套方案，从中选出一套最满意的。选定方案以后，8 月 11 日施工队就可以开工了。这里我们把工程的内容简单化，主要包括粉刷墙面、铺设地板、装修厨房和盥洗室。以上提到的这些事情其实都是装修项目分解下来的任务。为了方便大家理解，我们把装修项目的任务用表格的形式列出来（见表 3—2），整个流程就一目了然了。

表 3—2　　任务列表

时　间	任　务
2005/8/1～2005/8/4	考察装修公司
2005/8/5	决定装修公司
2005/8/6～2005/8/9	装修公司设计装修方案
2005/8/10	决定装修方案
2005/8/11～2005/8/17	粉刷墙壁（其中 11 日～15 日粉刷南卧室，16 日～17 日粉刷北卧室）
2005/8/11～2005/8/16	装修厨房、盥洗室
2005/8/18～2005/8/31	铺地板（其中 18 日～25 日铺设南卧室，26 日～31 日铺设北卧室）

3.5.2.3.2　打开甘特图视图

接下来我们开始使用Project。在启动Project以后，点击“文件”菜单，选择“新建”（见图3—20），进入如图3—21所示页面，再点击“空白项目”，即进入如图3—22所示甘特图视图页面。

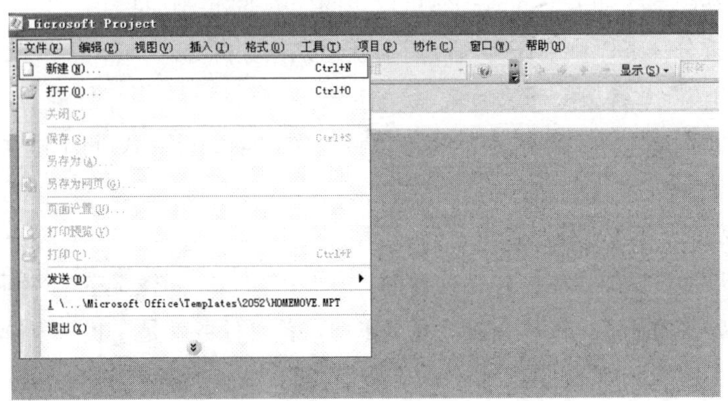

图 3—20

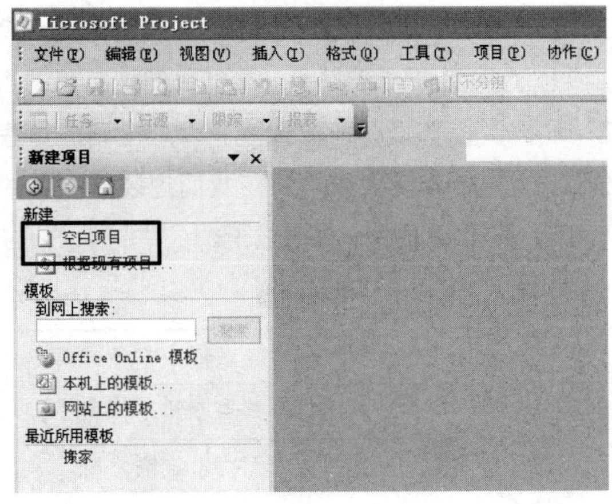

图 3—21

3.5.2.3.3　设定工作时间类型

在输入各项任务之前，必须要设定工作时间类型。什么是工作时间类型？为什么要设定它呢？很多人都向银行申请过信用卡，我们知道，银行在收到递交的申请资料后，需要用几天时间来审核（这里假定为4天）。如果我们在周一

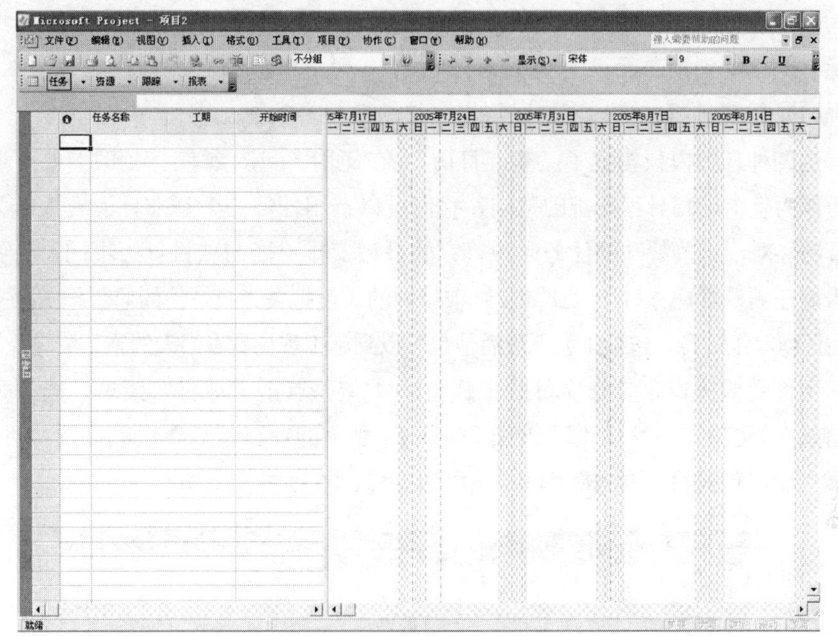

图 3—22

递交申请，那么周五就能拿到卡；如果周四递交申请，则要等到下一周的周三才能拿到卡。为什么呢？因为银行周六与周日是不办公的，所以在计算时间的时候要把周六与周日除去。

现在回到装修这个项目。我们都知道房屋装修的时间安排大多是不间断的，也就是说正规的装修公司能一周七天为客户装修，以此尽量缩短工期，及早接下一个项目。所以装修公司的工作时间类型，肯定与银行的不一样。

在 Project 中给出了以下四种最基本的工作时间类型，或者称之为日历模板：

（1）标准日历。该日历是 Project 的默认日历。它反映传统的工作日程，即从周一到周五，每天从上午 8:00 到下午 5:00 工作，其间有一个小时的休息时间（前面提到的银行信用卡审核任务，就应采用这种日历）。

（2）24 小时日历。该日历反映完全没有非工作时间的日程。当需要将资源和任务的日程在全天范围内排成不同的班次，或任务的资源需要不停地工作时，可以使用该日历（比如，我们如果遇到紧急情况，可以在任何时候拨打“110”报警电话，公安局对于“110”报警电话的接听安排就是按照 24 小时日历的）。

(3) 夜班日历。该日历反映夜班的日程，即从周一晚上到周六早上，每天从晚上 11:00 到第二天早上 8:00，其中 3:00 到 4:00 为非工作时间。

(4) 行政日历。该日历指以特定安排的日程为基准。

这四种日历模板构成了“基准日历”。在使用 Project 编制计划时，要有项目日历作为整个计划日程安排的基础，我们可以选用任何一个基准日历模板作为项目日历。对于某些特殊的任务来说，它的日程安排可能与项目日历不同，需要单独为该任务设置任务日历（比如装修项目中的质量把关人员，他的监督把关任务可以在任何时候进行，包括工人下班后他也可以到施工现场看看当天的施工情况）。

下面我们来设定装修项目的工作时间类型。点击“项目”菜单，选择“项目信息”（见图 3—23），即弹出如图 3—24 所示的项目信息对话框，在“日历”选择栏中我们选择“标准”日历（这也是系统默认的）。

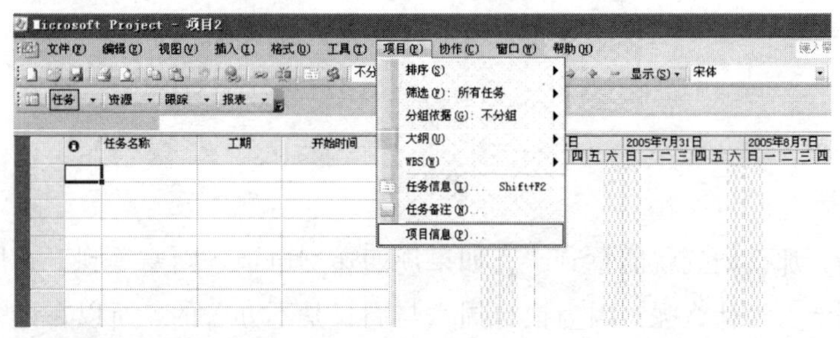

图 3—23

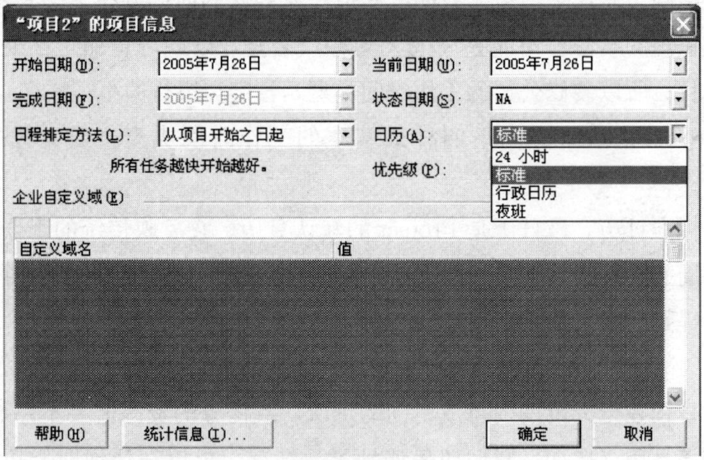

图 3—24

接下来，我们要修改项目工作时间，也就是要把工作时间调整为一周7天。点击“工具”菜单，选择“更改工作时间”（见图3—25），即弹出如图3—26所示的更改工作时间对话框，在对话框中我们可以看到，周六与周日都是灰色，说明了此时的工作时间是每周5天，周六、周日为休息日。

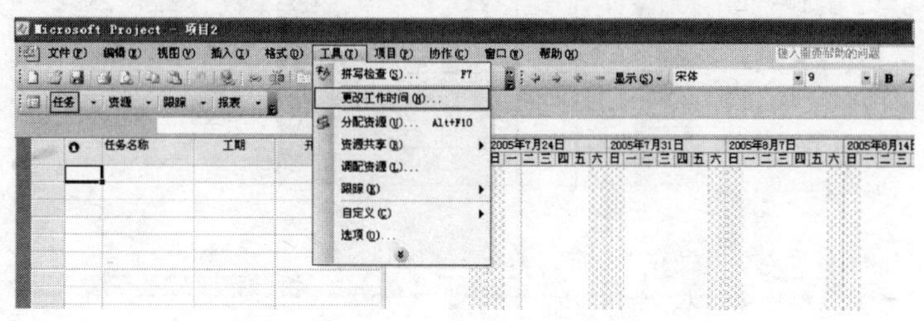

图 3—25

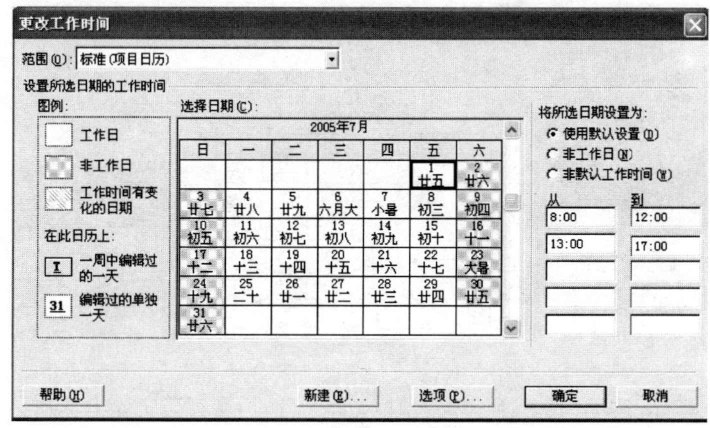

图 3—26

在图3—26中点击“日”和“六”，就能选中当月所有的周日和周六（同样，可以单点击某一天），如图3—27所示。注意右边的“将所选日期设置为”选项，此时是“使用默认设置”，下面的方框中也没有任何内容，这说明此时系统认为周日和周六是不工作的。我们在“将所选日期设置为”选项中选中“非默认工作时间”，则进入如图3—28所示页面，此时下面的方框中出现了工作时间，而且左边的日历中，周日和周六也从灰色也变成了白色。这样，系统的设置就改成了一周工作7天。

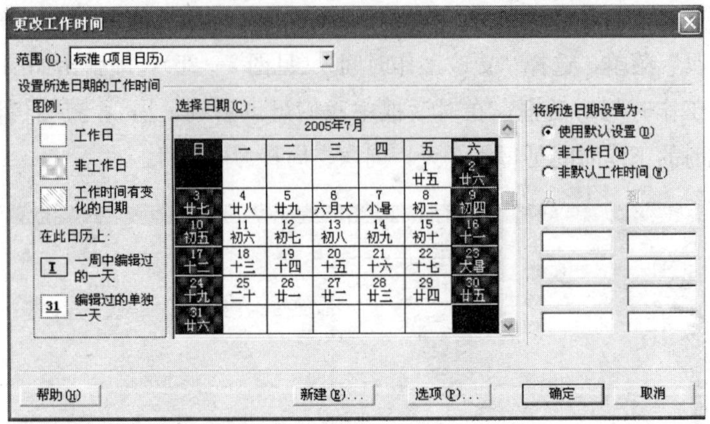

图 3—27

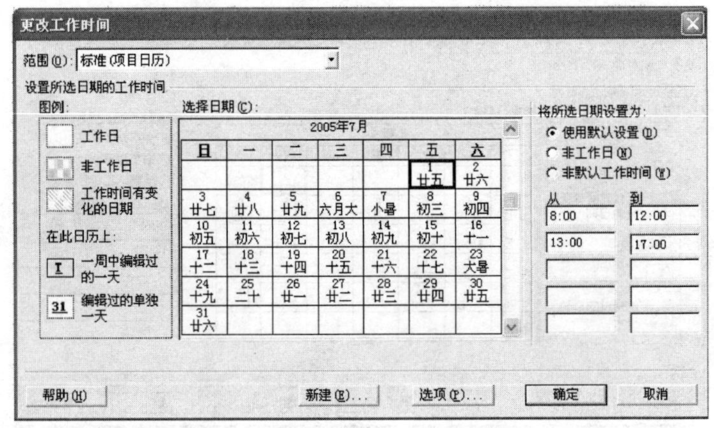

图 3—28

3.5.2.3.4 调整任务间的关系

在图 3—28 中点击“确定”按钮，即回到甘特图视图（见图 3—22），此时就能输入各项任务了。在甘特图视图左边的“任务名称”栏里输入任务的名称，同时再填入计划好的开始时间和结束时间。此时，在“工期”一栏中，系统就会自动为我们计算好该任务的工期。其实原理很简单，我们给出了开始时间和完成时间，工期自然也就知道了。同样道理，如果我们输入“工期”和“开始时间”，系统能给出“完成时间”；如果我们给出“工期”和“完成时间”，系统给出“开始时间”（此时此刻，我们应该开始体验到项目管理软件带来的好处了吧。这些软件能做到很高程度的自动化，只要有足够的信息，软件就能自动为我们做很多事情）。输入所有的任务后，甘特图如图 3—29 所示。

Microsoft Project - 装潢

	任务名称	工期	开始时间	完成时间
1	考察装修公司	4 工作日	2005年8月1日	2005年8月4日
2	决定装修公司	1 工作日	2005年8月5日	2005年8月5日
3	选择装修方案	4 工作日	2005年8月6日	2005年8月9日
4	决定装修方案	1 工作日	2005年8月10日	2005年8月10日
5	粉刷墙壁	7 工作日	2005年8月11日	2005年8月17日
6	粉刷南卧室	5 工作日	2005年8月11日	2005年8月15日
7	粉刷北卧室	2 工作日	2005年8月16日	2005年8月17日
8	装修厨房，盥洗室	6 工作日	2005年8月11日	2005年8月16日
9	铺地板	14 工作日	2005年8月18日	2005年8月31日
10	铺设南卧室	8 工作日	2005年8月18日	2005年8月25日
11	铺设北卧室	6 工作日	2005年8月26日	2005年8月31日

图 3—29

如果我们细心一点就会发现，在项目中“粉刷南卧室”任务和“粉刷北卧室”任务是“粉刷墙壁”任务的子任务，这个特点必须在甘特图中表现出来。Project 用“级别”的概念来加以区分，也就是说某个任务的级别要比它的子任务级别高。现在我们就把“粉刷南卧室”和“粉刷北卧室”调整成“粉刷墙壁”的子任务。选中“粉刷南卧室”和“粉刷北卧室”，然后点击工具栏中的按钮（见图 3—30，它表示降级），或者点击“项目”菜单，选择“大纲”→“降级”（见图 3—31），两种操作结果都一样。操作成功以后，我们就能看见在甘特图中“粉刷南卧室”和“粉刷北卧室”已经被调整为“粉刷墙壁”的子任务了，如图 3—32 所示。

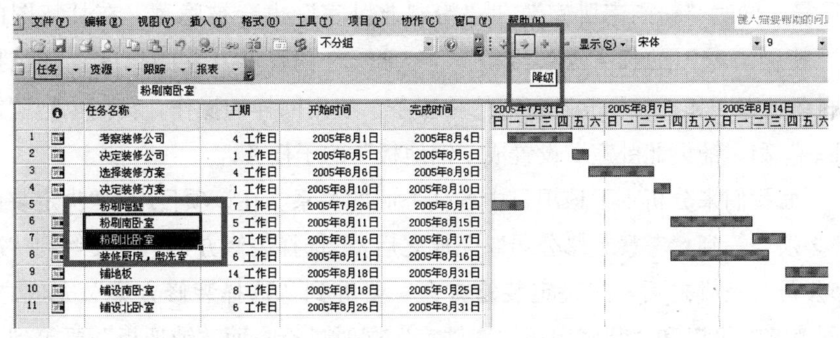

图 3—30

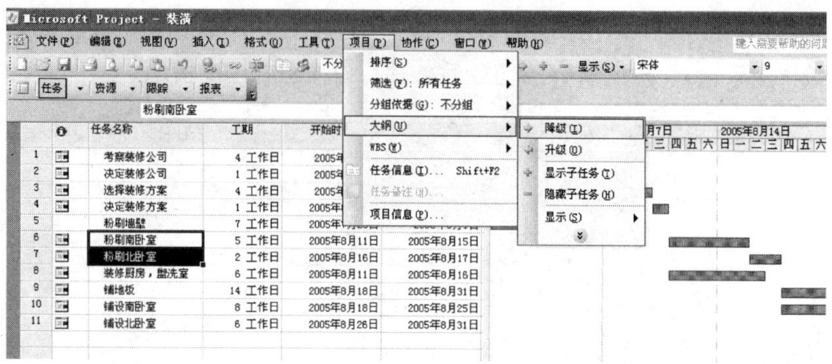

图 3—31

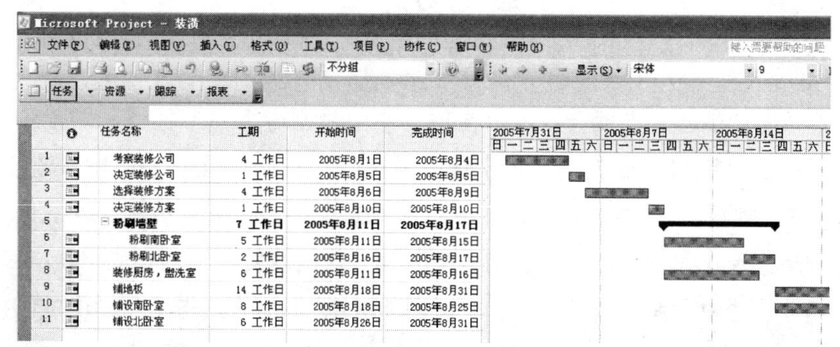

图 3—32

在图 3—32 中，我们可以看到“粉刷南卧室”和“粉刷北卧室”的位置缩进了一段，在“粉刷墙壁”前有个“－”号，点击这个“－”号，它会变成“＋”号，同时“粉刷南卧室”和“粉刷北卧室”也会被隐藏。在甘特图的右边，“粉刷墙壁”的长方条也变成了 的形状，它的长度正好包括了“粉刷南卧室”和“粉刷北卧室”的长方条。使用同样的操作，我们也把“铺设南卧室”和“铺设北卧室”设置成“铺地板”的子任务。

下面我们来分析一下该项目中各任务间的关系。在该项目中，“决定装修公司”必须要等到“考察装修公司”完成之后，“选择装修方案”也要等到“决定装修公司”完成之后，“决定装修方案”要等到“选择装修方案”完成之后；“粉刷墙壁”可以和“装修厨房、盥洗室”同时进行；而“铺地板”要等到“粉刷墙壁”结束以后（如果两者同时进行或先“铺地板”的话，“粉刷墙壁”时涂料很可能弄脏新地板）。所以在该项目中，各项任务之间的关系基本上是“完成—开始”关系。

在甘特图视图中，每个任务之后都有一个输入项，叫做“前置任务”，如图3—33所示。

图 3—33

在这个视图中，我们可以输入每项任务的前置任务，比如“决定装修公司”的前置任务是“考察装修公司”。而“考察装修公司”在甘特图中的序号为“1”（Project会为每个任务分配一个序号，出现在任务名称的左边），所以在“决定装修公司”任务的“前置任务”栏里输入“1”，此时我们再注意后边的条状图，可以发现从“考察装修公司”的长方条的尾部自动引出了一个箭头指向“决定装修公司”任务长方条的头部，如图3—34所示，这是由系统自动完成的。

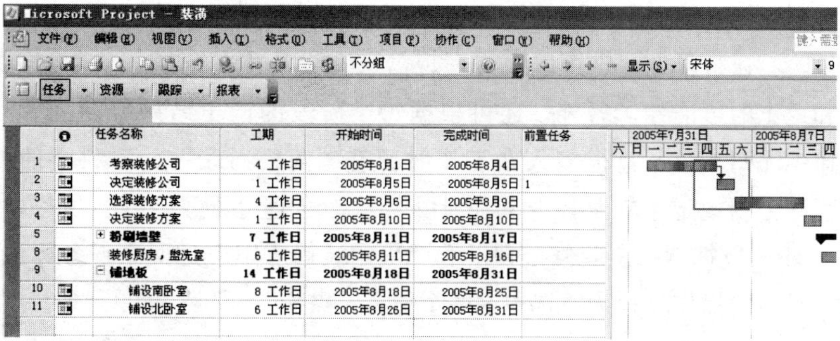

图 3—34

按照这样的操作依次安排各项任务间的关系，得到图3—35。

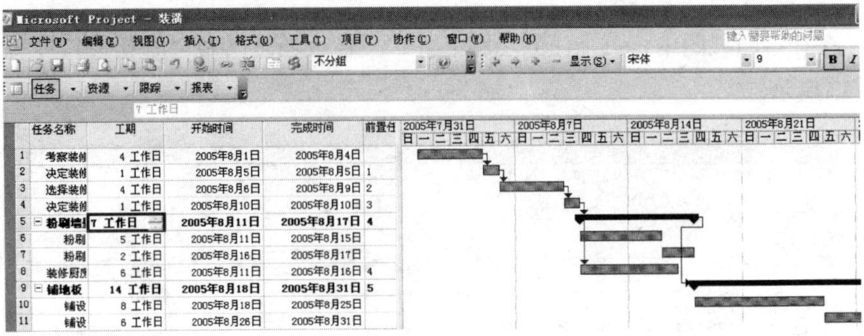

	任务名称	工期	开始时间	完成时间	前置任
1	考察装修	4 工作日	2005年8月1日	2005年8月4日	
2	决定装修	1 工作日	2005年8月5日	2005年8月5日	1
3	选择装修	4 工作日	2005年8月6日	2005年8月9日	2
4	决定装修	1 工作日	2005年8月10日	2005年8月10日	3
5	**粉刷墙**	**7 工作日**	**2005年8月11日**	**2005年8月17日**	**4**
6	粉刷	5 工作日	2005年8月11日	2005年8月15日	
7	粉刷	2 工作日	2005年8月16日	2005年8月17日	
8	装修厨房	6 工作日	2005年8月11日	2005年8月16日	4
9	**铺地板**	**14 工作日**	**2005年8月18日**	**2005年8月31日**	**5**
10	铺设	8 工作日	2005年8月18日	2005年8月25日	
11	铺设	6 工作日	2005年8月26日	2005年8月31日	

图 3—35

3.5.2.3.5　设立“里程碑”

在这个项目中，“决定装修公司”和“决定装修方案”这两个任务需要的时间很短，都只需 1 天时间。这两个任务更多的是起一种“承上启下”的作用。也就是说，它们是对前一阶段工作的总结和验收，只有前一阶段的任务合格了，才能开始下一阶段的任务。比如“决定装修方案”，它是对前一阶段“考察装修方案”的验收，只有从备选的方案中选定一个方案后，才能开始下一阶段的施工，否则盲目施工，会造成项目的失败。在项目管理中，我们称这类“承上启下”的任务为“里程碑”。里程碑是完成阶段性工作的标志，里程碑的设立有重大意义：第一，对一些复杂的项目，需要逐步逼近目标，里程碑产出的中间“交付物”是每一步逼近的结果，是可控制的对象。如果没有里程碑，中途想了解项目进行得怎么样了是很困难的。第二，里程碑可以降低风险。通过早期评审可以提前发现需求和设计中的问题，从而降低后期修改和返工的可能性。另外，还可根据每个阶段的产出结果分期确认收入，避免血本无归。第三，很多人在工作时都有“前松后紧”的不科学的习惯，而里程碑强制规定了在某段时间做什么，从而合理分配了工作。所以，我们要在 Project 里把“决定装修公司”和“决定装修方案”这两个任务标记成里程碑。具体的操作过程为：选中这两个任务，点击“项目”菜单，选择“任务信息”（见图 3—36），在随后弹出的多任务信息对话框中，选择“高级”标签，然后选中左下方的“标记为里程碑”（见图 3—37），单击“确定”按钮后，即回到甘特图视图，如图 3—38 所示。

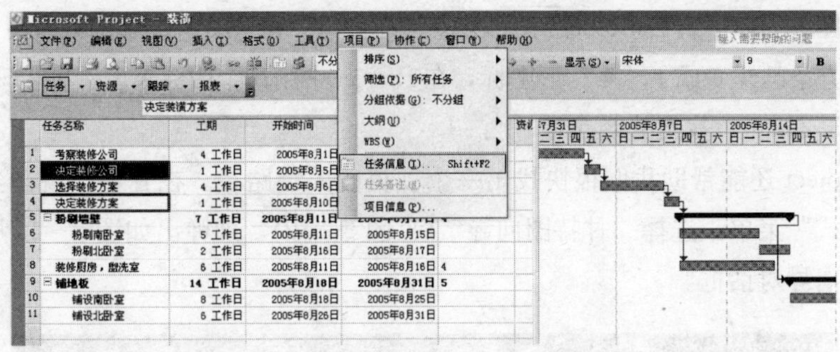

图 3—36

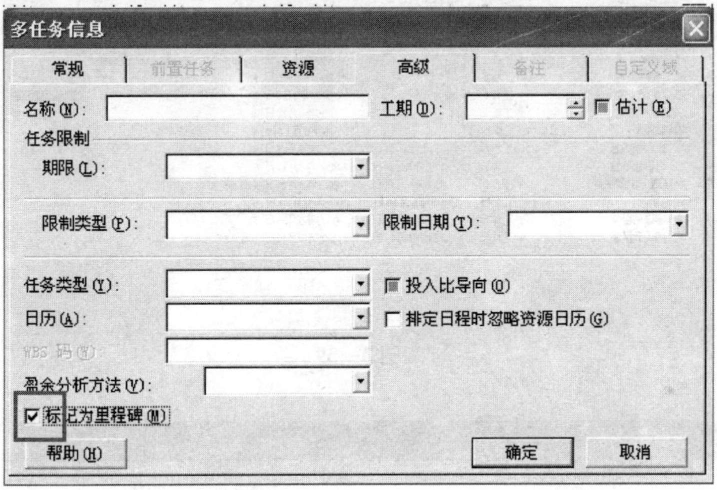

多任务信息

常规 | 前置任务 | 资源 | 高级 | 备注 | 自定义域

名称(N): 工期(D): 估计(E)

任务限制

期限(L):

限制类型(P): 限制日期(T):

任务类型(Y): 投入比导向(O)

日历(A): 排定日程时忽略资源日历(G)

WBS 码(W):

盈余分析方法(V):

☑ 标记为里程碑(M)

帮助(H) 确定 取消

图 3—37

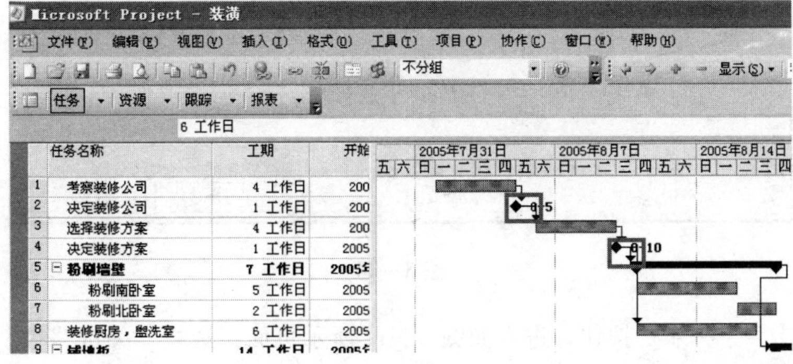

图 3—38

从图 3—38 中我们可以看到，“决定装修公司”和“决定装修方案”两个任务后的长方条已经变成了“◆”形图标，在 Project 中用这个图标来表示里程碑。

3.5.2.3.6　找出关键路径

Project 还能帮助我们很快找出一个项目的关键路径。在甘特图视图上，点击“格式”菜单，选择“甘特图向导”（见图 3—39），即弹出如图 3—40 所示的甘特图向导对话框。

图 3—39

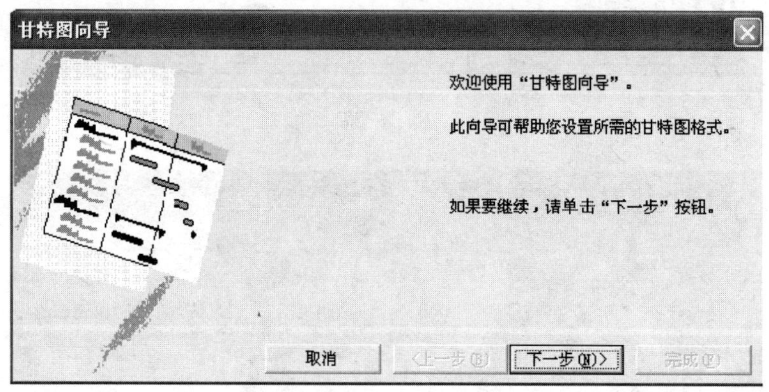

图 3—40

点击“下一步”按钮，进入如图 3—41 所示页面，选择“关键路径”选项，点击“下一步”按钮，进入如图 3—42 所示页面。

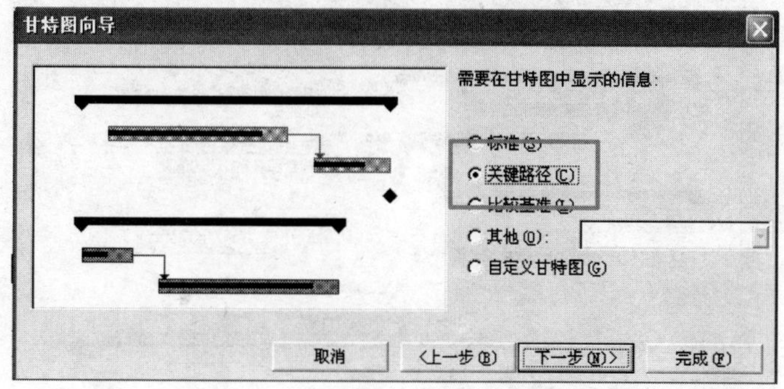

图 3—41

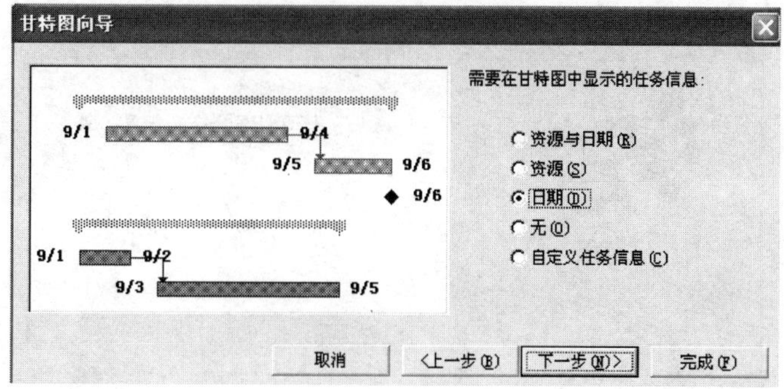

图 3—42

选择“日期”选项，点击“下一步”按钮，进入如图 3—43 所示页面。

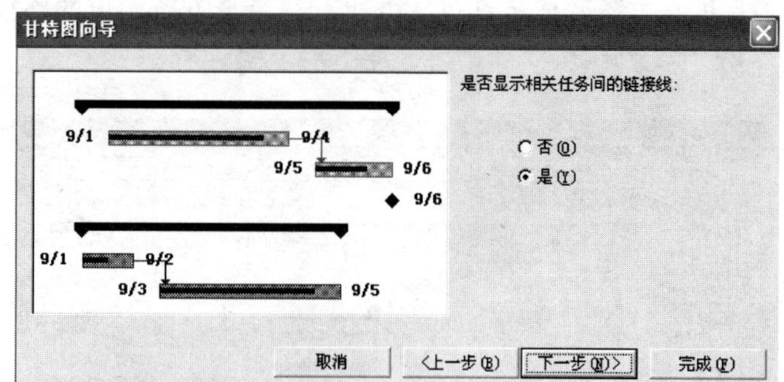

图 3—43

选择“是”选项，点击“下一步”按钮，进入如图 3—44 所示页面。

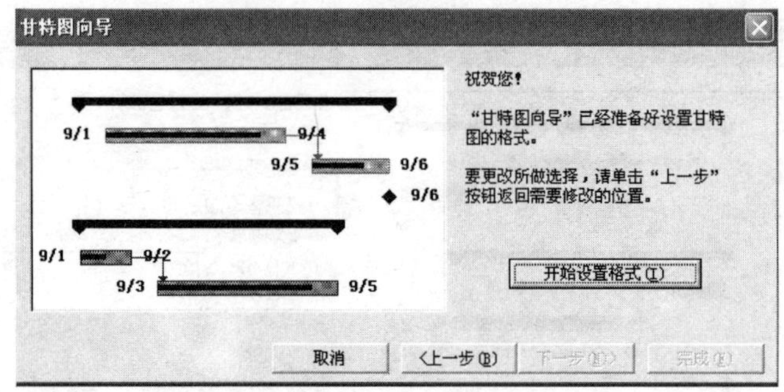

图 3—44

点击“开始设置格式”按钮，进入如图 3—45 所示页面。

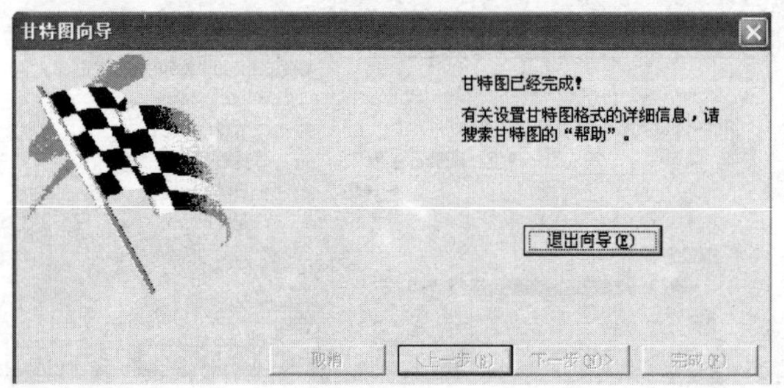

图 3—45

点击“退出向导”按钮，即得到如图 3—46 所示的新的甘特图。在图 3—46 中，一些任务后的长方条变成了红色。由所有红色长方条构成的路径就是该项目的关键路径。

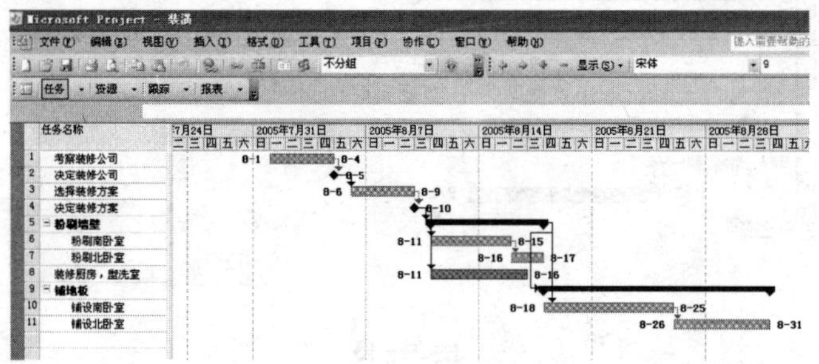

图 3—46

导入案例解析

A公司的电子订舱项目确实是一个好项目，它所带来的好处已经被公司的管理层所认识。至于在实施过程中出现的问题，则是因为公司的管理人员在实施项目前没有做好项目计划。改进公司的业务流程，其实是一个很复杂的过程，公司的管理人员事先没有把这样一个大的项目细化，而是一股脑往前推，肯定会造成混乱。前面说过，这个项目的实施分两条线，公司内部是一条线，公司外部的客户是另一条线。就公司内部这条线的实施来说，管理层虽及时配置了新的硬件和软件，但他们忽略了一点：新的硬件和软件必须要与公司原来的系统和流程进行“磨合”，亦即要对新配置的软、硬件进行调试。调试需要一段时间，在调试的过程中，必然会出现很多问题，所以在这段时间内公司原来的业务流程就不能停。而A公司的管理人员一开始就抛开原来的流程，直接使用新系统，没有进行调试，这肯定是行不通的。对于外部客户来说，他们的认识水平与技术能力也各不一样。有些客户的观念可能比较陈旧，习惯于传统的业务方式，不太容易接受新技术，说服他们需要一定的时间。另一些客户可能条件有限，在硬件和软件上不能达到发送电子信息的能力，而要求他们使用新的技术也需要一段时间，让他们对其系统加以改进与升级。而A公司的管理人员从一开始就要求客户配合使用新的业务流程，不给他们缓冲的时间，所以这是导致该项目出现问题的另一个原因。当公司的管理层认识到这些原因以后，重新调整了部署，做了以下详细的项目计划：

(1) 首先，公司内部配置新的软、硬件系统，对新的系统进行模拟业务的仿真调试，以发现问题，解决问题。与此同时，公司正常的业务还是按照老的流程来做。

(2) 在公司进行内部系统调试的时候，广泛地与客户联络，向他们介绍新流程的优势，同时指导客户建立他们的系统来配合新的业务流程。

(3) 在公司新的系统调制完成以后，即投入运行，鼓励客户使用新的流程。但同时，不摒弃老的流程，为客户向新流程的转变留出一段过渡时间。

(4) 经过一段过渡时间，当客户都习惯新流程时，停止老的流程，完全使用新流程。

本章小结

本章首先分析了项目计划在实现项目目标过程中的作用，以及项目计划所包含的内容，然后阐述了如何利用工作分解结构对项目进行分解，以及如何利用网络图对项目的各项任务进行组织，最后以项目管理软件 Project 为例，详细介绍了甘特图的制作过程。

思考与练习

1. 为什么要制定项目计划？
2. 什么是工作分解结构？
3. 任务之间有哪些约束条件和依赖关系？
4. 网络图有哪几种形式？
5. 什么是虚活动？
6. 简述甘特图的特征。
7. 简述建立里程碑的意义。
8. 阅读以下材料，并回答问题：

张斌和徐燕是一对恋人。张斌在上海一家 IT 企业担任部门经理，徐燕在一家外贸公司做人事工作。今年情人节的时候，张斌向徐燕求婚，徐燕激动地答应了，他们决定在 5 月份举行婚礼。筹备婚礼是一件令人兴奋而又烦琐的事情。首先，要把这个好消息告诉双方的父母以及亲朋好友。张斌是上海人，亲戚、同学、朋友基本都在上海。而徐燕的家在北京，除了上海公司的同事和朋友外，亲戚、同学都在北京，所以他们的婚礼会举办两场。在上海先举办一场，邀请张斌的亲朋好友以及徐燕的同事。然后去北京举行婚礼。考虑到“五一”期间是举办婚礼的高峰时期，所以要尽早订饭店，同时还要把邀请的宾客名单落实下来，并通知大家。两人都认为结婚是人生最重要的事情，所以婚礼一定要隆重。在上海的婚礼会邀请专业的婚庆公司来筹划，婚礼也会由专业的司仪来主持，同时男女傧相也是少不了的。张斌决定请他的大学室友李敏来做他的男傧相，而徐燕则邀请她的同事琳芳做她的女傧相。婚礼上的喜糖要有特色，而婚庆公司提供的种类太一般了，所以他俩决定自己购买喜糖。同时，考虑到徐燕一直在上海工作，所以北京的婚礼相对于上海的婚礼会简单一点，只是请大家吃一顿饭而已。当然，婚纱照也是少不了的。上海有很多家不错的婚纱摄影店，他们决定这几天先去看一看。

婚礼举办完以后还要去度蜜月，他俩决定以旅行的方式来享受蜜月。张斌从小就有一个愿望，要游遍祖国的大好河山，所以他建议蜜月去游览国内的名山大川。而徐燕却对欧洲的异域风情很感兴趣。当然不同的目的地，费用也是不同的。所以，他俩也需要到旅行社咨询一下。

结婚还有一个重头戏是准备新房。好在张斌的父母已有一套空房子，所以他俩不需要去买房。但要把空房子变成新房，也有很多事情要做。第一是要装修，现在社会上的装修公司林林总总，资质良莠不齐，价钱也各不一样。张斌和徐燕决定好好比较一下，挑一家信誉、资质好的装修公司，毕竟装修房子是很重要的事情。他俩对新房的家具没什么特别的要求，但有一点，必须要环保。最近报纸上登载了很多因家具用料不好而对使用者的健康造成危害的案例，所以在挑选家具的时候，环保是第一考虑因素。

问题：

（1）列出张斌和徐燕结婚要涉及的基本事项。

（2）列出从现在起到举行婚礼那天所有应该进行的活动。

（3）设计一个网络图来表示所有活动之间的联系。

电子商务项目的执行

通过本章的学习，你应该能够：

1. 了解项目执行的过程；
2. 了解在项目执行过程中如何进行信息分发；
3. 了解项目经理的职能；
4. 掌握计划实施的方法和技术；
5. 掌握电子商务项目跟踪和控制的内容。

国信证券财务信息管理系统的实施

国信证券有限责任公司是一家大型综合类证券公司，注册地在广东省深圳市，注册资本20亿元人民币。公司股东由深圳国际信托投资公司、深圳市投资管理公司、深圳市机场股份有限公司、云南红塔实业有限责任公司、中国第一汽车集团公司和北京城建股份有限公司等6家公司组成，全部为极具实力的大型企业。国信证券有限责任公司是中国证券市场的拓荒者之一，公司前身为1989年9月成立的深圳国际信托投资公司证券业务部，是中国改革开放后最早设立的券商之一。

从1995年开始，国信证券就已经开始在总部和各证券营业部使用安易财务软件，包括账务、报表、固定资产等几个基本模块。后来虽历经几次升级，但系统范围和功能一直没有大的改变，数据库平台仍然是FOX系列，功能和平台都达不到基本财务、业务核算、集团管理一体化的预计目标。

国信证券业务的快速发展，对公司整体的财务核算和管理提出了更高要求，需要强有力的管理手段作为支撑。公司为实现对财务和业务的事前预测、事中核算和事后分析，强化财务核算和金融业务管理、资金管理，防范和规避金融风险，准备借助以财务核算为中心、完善各种证券业务核算、强化集团管理的科学有效的财务信息管理系统，提高集团的总体财务管理水平，完善管理机制。

从1998年起，国信证券就以严谨务实的态度进行了财务管理信息系统的选型工作，组建了包括财务部、电脑部人员在内的选型项目小组，对包括ORACLE、SAP、浪潮通软、用友、金蝶在内的国内外多家财务软件厂商及其产品和方案进行了广泛、细致、长期的考察。同时考察了浪潮通软当时正在实施过程中的国泰证券项目，对该项目的系统应用情况进行了详细深入的了解。1999年底，选型项目小组认为目前还没有一家软件厂商能够提供较成熟的金融证券行业解决方案，决定暂停项目选型工作，但继续关注相关动态。尽管选型工作搁浅，但国信证券对浪潮通软分行业发展的运作模式表示了极大的赞赏。

在以后的时间里，双方一直保持着密切的联系，并多次就金融证券行业集团财务管理信息系统的若干问题进行深入探讨。在此期间，浪潮通软金融行业解决方案不断完善，市场占有率不断提高，并先后在华泰证券、长江证券、中信证券等大中型券商中实施，用户反映良好。2000年10月，国信证券项目选型工作重新开始，在对各软件厂商及其产品进行详细了解的基础上，最终选择了浪潮通软的产品。

为确保项目的顺利实施，控制项目风险，国信证券项目小组专门就系统的应用/维护、项目实施管理等内容进行了为期一周的封闭式培训，并与浪潮通软的项目负责人就项目实施过程中的调研、二次开发、试点、推广、维护等各个阶段的人员组织、风险控制、信息交流等问题进行了细致的安排。在此基础上，项目小组制定了详细的实施计划，项目正式启动。

该项目从一开始就组建了包括国信证券财务部、电脑部、浪潮通软金融事业部实施和二次开发人员在内的联合项目组。同时参与项目的还有浪潮通软财务产品部的人员。在项目组和相关人员的努力下，到2001年7月，基本上完成了国信证券财务信息管理系统的实施工作。

4.1 项目执行概述

项目执行是使项目从项目计划走向实现的过程。在项目执行开始后，项目中相关的活动越来越明确，相关的工作也将逐步展开，相关资源会被提交并且分配给相应的活动，最后生成项目的产品或者服务。项目执行和项目计划是互相渗透、不可分割的活动。项目计划是用来指导项目执行的；项目执行的目的就是实施项目计划。项目执行的过程如图4—1所示。

4.1.1 项目执行的依据

项目执行的依据有以下五种：

(1) 项目计划。是制定项目计划过程的输出。我们在制定项目计划过程中所制定的所有计划，包括范围管理计划、进度管理计划、质量管理计划、风险管理计划等，加上费用基线和进度基线，都将在项目执行过程中用来指导、监督和管理项目的进展。

(2) 详细依据。包括不包含在项目计划中的来自其他计划编制过程的输出；

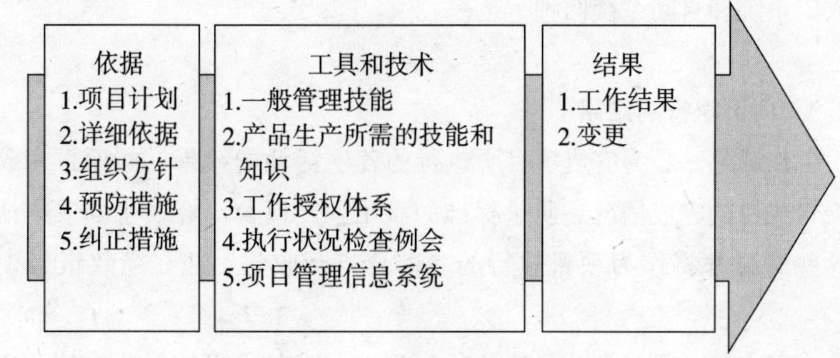

图4—1 项目执行过程示意图

在项目计划制定过程中产生的辅助信息和文档、技术文档；有关标准以及早期的项目开发计划编制中的规范。

（3）组织方针。是指在项目执行过程中应考虑组织的任何与项目有关的正式或非正式的政策。项目经理应该理解组织方针，以便顺利地执行项目。

（4）预防措施。是指降低项目风险的各项措施。

（5）纠正措施。是指为了确保项目始终按计划实施所采取的任何措施。纠正措施是各种控制过程的输出，是确保对项目进行有效管理的反馈循环的关键。

4.1.2 项目执行的工具与方法

（1）一般管理技能。对项目团队成员，尤其是项目经理来说，掌握领导、谈判、沟通等管理技能将会积极推动项目计划的实施。

（2）产品生产所需的技能和知识。只有对项目产品生产所需的技能和知识有适当的了解，项目团队才能够按照预定计划生产出项目产品或提供工作成果。

（3）工作授权体系。是批准项目工作的一个正式程序，用来确保按照适当的时间、合适的顺序完成工作。

（4）执行状况检查例会。是一种定期的正式交换项目信息的方式，使项目的进展情况能及时、有效地得到交流。项目经理通常应以书面的形式把会议时间和地点通知与会者，在会议举行前应公布一份议程。与会的项目团队成员应如实向项目经理汇报项目的进展情况。

（5）项目管理信息系统。包括用于收集、综合和分发项目管理过程输出的工具和技术。项目管理信息系统常用来支持项目从启动到收尾的各个方面，通常分为人工系统和自动系统两种。

4.1.3 项目执行的结果

(1) 工作结果。是为完成项目所执行的各项活动的结果，如项目完成的日期、可交付成果的完成情况、质量标准的满足程度以及已经发生的成本情况等信息。这些信息都将作为项目执行的一部分进行收集，并在绩效报告中反映出来。

(2) 变更申请。是指在项目执行的过程中，随时提出的一些申请，如变更项目成本预算或进度估算等。

4.2 电子商务项目的信息分发与团队管理

4.2.1 项目信息的分发

所谓项目信息分发就是把项目的有关信息及时、准确地分发给项目的相关利益者。

4.2.1.1 信息分发的方法

(1) 人员沟通。即通过人员交流的方式分发信息。信息发布者负责将信息及时、准确、清楚、完整地表达出来，接收者应正确无误地理解信息。例如，对于一个电子商务项目，管理人员是主要的信息发布者，而信息的接收者是项目的相关利益者。

(2) 建立项目信息检索系统。即在项目组织中建立一套信息共享系统（如公开文件、电子数据库、项目管理软件），项目相关利益者可以通过输入信息主题词在信息系统中进行检索的方式而得到相关信息。

(3) 建立项目信息分发系统。即采用定期或非定期的、制度性的、经常性的形式分发有关信息，如项目定期或临时会议、复印文件、电子邮件、视频会议等。

4.2.1.2 信息分发的结果

(1) 项目记录。项目记录在项目管理过程中是必不可少的，它包括项目说明、需求记录、设计记录、版本管理记录、测试用例记录，以及相应部分的计划记录、计划变更记录、会议记录和实际的需求、设计、开发、测试情况记录等。

（2）项目进度报告。项目进度报告是记录观测检查的结果、描述项目各项工作的进展情况和取得的主要成果等的简单的书面报告。绝大多数项目进度报告的内容只包括发生在本报告期间的主要事件，而不是项目开工以来的累计进展。其主要内容包括项目实施概况、管理概况、资源供应进度、项目有关成本、项目进度、工作范围、报告期间取得的主要成果和达到的关键性目标（里程碑）、同各项基准计划的比较结果、本报告期间发生的问题及改进措施、前期遗留问题没有解决的原因、在下一个报告期内期望达到的目标等。该报告可以由项目组织成员向项目经理提供，再由项目经理向项目的上级管理者和项目业主（客户）提供。通过项目进度报告的信息发布和沟通，可以培养客户对电子商务项目的价值和战略重要性的认同感；可以保持信息的一致性和清晰性，形成双向交流，增强项目进度的透明度，确保各项目利益相关者了解项目的进展情况。

（3）工作总结报告。工作总结报告是指一个项目或者项目某个阶段结束时的工作总结。项目总结工作是对项目合同、设计方案内容与目标的确认和验证。项目总结的目的和意义在于总结经验教训，阐述项目结果的准确性和成功性，评估项目团队，为绩效考核积累数据，以及考查是否达到阶段性目标等。项目总结工作的重点是确保能够为其他项目提供可利用的经验。

项目经理应该尽可能要求项目团队的所有成员提交工作总结报告。因为每个人都会根据自己的知识、经验和能力，就所承担的不同工作，提出不同的问题和建议，这样能确保从不同侧面来总结项目，更好地为下一阶段的工作或以后的项目提供有价值的参考。

（4）项目说明。是指项目组织向项目利益相关者或政府有关部门提供的关于项目各个方面情况的报告。

4.2.2 项目执行中的团队管理

电子商务项目是一个很复杂的系统，各项工作的关联性很强，它要求项目成员具有很强的团队合作精神。尤其是一个存在着很大风险的电子商务项目，对项目成员的协作精神要求更高，项目成员不仅要能够划定并更新自己分内的任务，而且还要通过资源共享去深化与其他工作的关联。

项目经理在项目执行中的作用至关重要，一个好的项目经理是电子商务项目获得成功的关键。项目经理应该花费心思来构思自己所要带领的团队该是什么样子，自己该如何“激活”这个团队，采用什么方法可以增强项目成员之间的团结协作，增强项目组织的凝聚力。另外，在电子商务项目的实施过程中，还不可避免地存在着职能部门与项目团队的冲突、知识员工的个性化与团队运行模式的冲突等。项目经理必须考虑这些问题，在项目的执行过程中要加强项目团队建设，与项目相关利益者经常保持联系和有效的沟通，及时监督项目的进度情况，预测和预防问题的发生，控制项目因各种情况导致的变动，做好项目的安排、协调和指挥工作。具体来说，项目经理的职能主要有以下几项：

(1) 确定共同目标。以项目整体目标为基础，确定项目团队及每位团队成员应该达到的目标。团队成员都必须非常清楚自己要做什么、产品会是什么模样、基本的产品策略是什么、什么时候必须完成。凡是与共同目标相冲突的看法都必须转化为一致。

(2) 分配角色，共同工作。以项目最终实施工作的内容为基础，为每位成员委派任务，明晰各成员在项目团队中的职位、角色。为了保证项目的各项工作能够有条不紊、高效率地进行，要使各项目成员明确其工作职责、担当的角色（如主要负责、辅助协作、审核批准、咨询顾问等）以及合作对象。同时，还要努力营造出和谐的气氛，以发挥每个成员的主观能动性、创造性，使项目团队能高效率地完成工作。

(3) 注意人员的组成比例。为了保证项目的进度，就一定要注意项目成员的组成比例。事实上项目组的工程师或技术人员的比例并不是越高越好。在不同的项目中，人员组合会稍有不同，但基本原则是，平均每一位品保人员所支援的开发人员不超过两位：前者是考查并监督项目的状况是否达到预期水准，后者则专心写程序和查找程序错误。注意人员的组成比例，可以帮助（但不保证）团队的运作取得平衡。例如，在一个电子商务软件开发项目小组中，通常有6位开发人员，2位～3位品保人员，1位项目经理，2位技术文档撰写人。

(4) 运用特色监督小组。为保证复杂的电子商务项目能按时保质地完成，在项目的实施中可运用特色监督小组。团队组织像一个二维矩阵，传统的组织模式为经，特色监督小组为纬。例如在上述电子商务软件开发项目小组中，有经理、品保、开发、文档撰写4种角色，可以各派代表参加特色监督小组，并给这个小组充分授权，赋予责任，融入任务。在横向的特色监督小组中，没有什么人可以推诿责任，因为特色监督小组的每一位成员都是管理者，大家相互负责，因此，每位小组成员有责任自己解决问题，克服障碍。

（5）对团队成员进行必要的调整。当由于种种原因，导致项目的工作范围发生变化或者项目成员实在不能胜任所分配的工作时，要根据实际情况，对团队成员进行必要的调整，甚至当机立断，决定招聘或解聘项目成员。

为了协调各项计划工作的开展，保证项目在计划的范围内顺利实施，项目经理必须对项目的各项计划进行综合管理。

4.3 电子商务项目的跟踪管理

为了保证项目能够按照预先制定的计划执行，必须在项目实施全过程对项目加以跟踪和控制。项目的跟踪和控制是两个管理项目实施的性质不同但又密切相关的活动。项目跟踪是项目控制的前提和条件，项目控制是项目跟踪的目的和服务对象，两者互为依托。跟踪工作做得不好，控制工作难以取得理想成效；控制工作做得不好，跟踪工作也难以有效率。

电子商务项目跟踪管理的基本目标，是了解目前正在进行什么工作，以及电子商务项目正朝着什么方向发展。有效的项目跟踪能够及早地发现问题、解决问题。否则所做的工作就会很被动，计划就不能被很好地执行。

4.3.1 项目跟踪概述

项目跟踪是指项目管理者通过建立完善的项目管理信息系统，在项目实施的全过程中，对有关项目进展的情况以及影响项目实施的内外部因素，进行及时的、连续的、系统的、准确的记录和报告的一系列活动和过程。其根本目的是为项目管理者提供项目计划执行的有关情况。

4.3.1.1 项目跟踪的工作内容

（1）对项目计划的执行情况进行监督。这是为了确保项目的实际实施工作按照预先制定的计划要求进行。由于项目的一次性和独特性，尤其是电子商务项目的特殊性，项目计划的许多条件是基于假设判断得来的，其不确定性程度很大，实际情况肯定会同所做的这些假设判断有所偏差，几乎没有一个项目是完全按照项目初始计划完成的，所以，项目跟踪的这项职能实际已经逐步弱化。

（2）对影响项目目标实现的内外部诸因素的发展情况和趋势进行测量和预测。随着科技的进步、项目管理水平的提高，项目管理中的定量、可测量成分越来越多，所获取的信息也越来越丰富、准确和及时，这一切使得对项目未来发展趋势做出准确判断的可能性大大增加，从而有利于增加项目成功的概率。因此，现阶段电子商务项目跟踪工作的重点就是收集影响项目目标实现的内外部诸因素的发展情况的信息，并对跟踪收集到的信息进行及时的加工处理，以便对项目未来的发展趋势做出科学的预测。

4.3.1.2　影响项目实施和目标实现的客观因素

影响项目实施和目标实现的客观因素包括外部因素和内部因素两类：

（1）外部因素。影响项目实施的外部因素主要是指来自项目系统外部、不为项目所控制的因素，包括国家政策、法律法规、市场价格、利率、汇率、项目所在地的自然条件和人文环境等情况。对于这类因素，跟踪的主要目的是大量收集其发展变化的情况，尽早做出预测，从而采取相应的措施，以减少其对项目实施造成的损害。

（2）内部因素。影响项目实施的内部因素主要是指来自项目系统内部、大多数情况下可以被项目所控制的因素，包括项目实施的进度、花费的成本、产品的质量、资金的来源与运用、人事安排等情况。对于这类因素，跟踪的主要目的是大量收集信息，找出实施情况与计划之间的偏差，并分析其原因，从而为项目的控制提供依据。内部因素中最为关键的是对项目目标的实现产生重大影响的进度、成本、质量这三大因素。

4.3.2　建立电子商务项目跟踪系统

许多电子商务项目案例表明，导致项目失败的主要原因不是项目的时间进度没有安排好，也不是成本预算没有做好（几乎每一位项目经理都会制定出优秀的进度计划和预算计划），而是在项目的实施阶段，项目管理者由于所掌握的信息匮乏或失真（某些项目成员出于个人目的，隐瞒失误，汇报虚假信息），不能及时注意到项目的偏差或问题的严重性，无法及时采取纠偏措施，从而致使项目实施大大偏离了项目计划。

因此，及时向项目管理者及其他相关利益者提供关于项目进展的有关信息，有利于管理者掌握同时进行的各项工作的执行情况、工作中存在的隐患，以及需要协调的问题；有利于其掌握各项目成员的工作之间，以及成员个体工作同项目整体执行之间的关系；有利于管理者和项目成员对项目目标的认识达成一致；有利于促进项目成员之间的沟通交流，降低因某项工作的变更而导致混乱的风险；有利于对计划不当、难以落实的工作做出最快的决策和行动；有利于项目的高层管理者俯揽全局、运筹帷幄；有利于保证项目业主（客户）以及其他人员了解项目实施的动态，特别是项目的成本、工作进度和交付成果的有关情况。可见，建立一个快捷、有效的项目管理信息系统，对于项目管理者正确地把握项目实施动态，保证项目沿着正确的方向前进，以及提高客户的满意度等都是非常重要的。因此，项目管理信息系统是项目跟踪控制系统的主体。

项目管理信息系统是为了收集、分析、存储和报告描述项目完成情况的信息而建立的一套信息处理流程。该系统包含三个最基本的要素：信息的收集、输入；信息的加工、处理、存储；信息的报告、输出。项目管理信息系统的工作流程如图 4—2 所示。

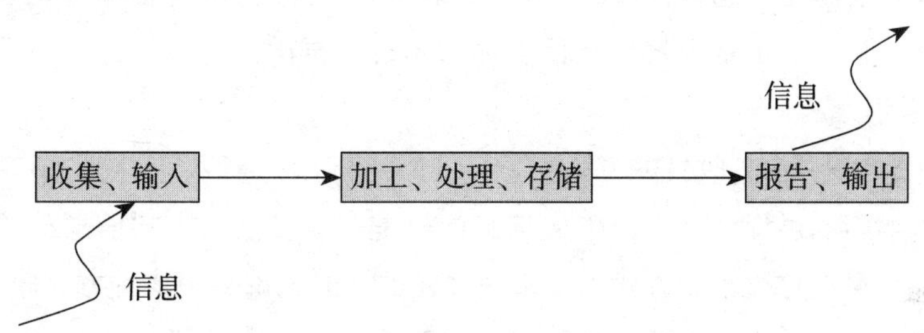

图 4—2　项目管理信息系统工作流程

4.3.2.1　信息的收集、输入过程

信息的收集、输入过程就是收集描述项目完成情况的原始数据，并将其输入信息系统。为提高系统的运作效率，必须要明确以下三个问题，即信息收集对象、信息收集的时间和信息收集方式。

4.3.2.1.1　信息收集对象

在项目的实施期间，凡是可能对项目实施和目标实现产生影响的因素都是收集对象。但是在有限的资源条件下，信息系统应该集中对对项目影响最大的且影响程度最深的因素进行连续跟踪收集。在信息系统中收集的信息主要有以下两种：

（1）实际执行情况的信息。包括：

● 项目投入的有关信息。包括资金、原材料、设备、消耗工时、各阶段成本以及总成本等。

● 采购活动的有关信息。包括采购量、供应量、库存量以及供应商的有关情况等。

● 实施活动的有关信息。包括工期进度、采用的技术、成员的努力情况、出现的各种问题等。

● 项目产出的有关信息。包括项目产品的数量、质量以及收入和利润等情况。

(2) 有关项目范围、项目计划和预算变更的信息。

4.3.2.1.2 信息收集的时间

信息收集的速度当然是越快越好，最好是在情况刚开始发生变化时就抓紧信息收集工作。要做到快速准确地收集信息，首先需要事先确定符合项目特点的信息收集标准；其次，需要信息收集者具有敏锐的观察力和判断力，能够随时随地跟踪项目实施出现的各种情况，并对其能否对项目成功产生影响做出准确而迅速的判断，从而决定是否将该条信息输入系统；再次，需要信息系统具有先进的跟踪观测设备。

4.3.2.1.3 信息收集的方式

项目实施的过程就是不断生成信息的过程，项目活动中的信息载体丰富多样，因此项目信息收集的方式也是多种多样的。但无论采用何种方式收集信息，最关键要保证两点：一是保证信息收集的可靠性，也就是要保证通过该种方法收集到的信息客观、准确、真实；二是保证信息收集的经济性，也就是要保证通过该种方法收集信息花费少、成本低廉。本着这两点原则，在项目实施过程当中，可以采用以下几种方法收集信息：

(1) 发生概率统计法。即对某一跟踪事项在某一阶段的发生次数进行统计，以此收集需要的信息。这种方法主要用于统计安全运营天数、发生故障次数等信息。

(2) 原始数据记录法。即对项目中实际资源投入量和项目产出技术指标进行统计，以此获取信息。如记录某项工作投入的工时数、资金量、原材料用量等实物指标。

(3) 经验法。通常在收集难以量化的信息时，多采用此方法。这种方法受主观因素影响程度较大，因此应该邀请多人同时评判，尽量消除因个人主观偏见带来的不公正性。

（4）间接替代法。当某些跟踪对象的信息较难或者是无法直接获得时，可以寻找一个替代对象，间接获得需要的信息。例如，要获取项目成员之间的沟通效果信息，可以用成员对项目变更的反应速度这一指标来替代。为了提高此方法收集信息的准确度，尽量要使所选择的替代对象比较容易测量，而且同跟踪对象的相关程度较高。

（5）询问法。这种方法常用来测定团队成员间的合作质量，收集项目有关人员思想状况的信息。如通过交谈、询问来判断团队成员的士气、上级主管部门的态度（支持或反对）、项目业主/客户的满意程度等。

在信息收集活动中，除了要明确以上三个问题之外，还要具体安排负责信息收集工作的责任人以及如何将收集到的信息输入系统。所有这些因素都会影响到所收集数据的及时性和准确性，进而会影响对项目实施情况跟踪的效果和质量。

4.3.2.2　信息的加工、处理、储存过程

需要的信息被输入到项目管理信息系统之后，经过汇总处理，进行实际完成情况同计划完成情况的比较，为出现的问题提出合理的解决方法，并对项目的未来发展趋势进行科学的预测，以便及时发现潜在的问题，建立适当的预警机制，并采取相应的预防措施。

4.3.2.3　信息的报告、输出过程

将经整理、分析后输出的信息结果以项目进展报告的形式提交给项目管理者以及其他有关人员，为其决策、行动提供帮助。

4.3.2.3.1　项目进展报告的内容

（1）项目进展简介。即列出有关重要事项。对每一事项，说明近期的成绩、完成的里程碑以及其他一些对项目有重大影响的事件。

（2）项目近期趋势。指出从现在到下次报告期间将要发生的事件，同时对每个将要发生的事件进行简单的说明，并提供下一期的里程碑图表。

（3）预算情况。一般用清晰、直观的图表反映项目近期的预算执行情况，并对重大的偏差做出解释。

（4）困难与危机。困难是指力所不能及的事情，危机是指对项目造成重大险情的事。在指出困难和危机的同时，可向高层管理人员提出需要支持的要求。

4.3.2.3.2　项目进展报告的形式

根据发布时间的不同，项目进展报告可分为日常报告、例外报告和特别分析报告三种形式。日常报告是为了报告有规律的信息，可以按照里程碑时间安排报告时间，或者根据资源利用期限发出日常报告，也可以每周甚至每日提供报告。例外报告主要是为项目管理决策提供信息。特别分析报告常用于宣传项目，主要是对研究成果或项目实施中发生的一些问题进行特别评述。

根据发布内容的不同，项目进展报告可分为项目关键点检查报告、项目执行状态报告、任务完成报告、重大突发性事件的报告、项目变更申请报告、项目进度报告和项目管理报告等。根据表现形式的不同，项目进展报告可分为口头报告、文字报告和图表报告。

具体采用哪种形式的项目进展报告，需根据具体的项目要求而定。一般来说，项目进展报告可以采取定期报告和不定期报告相结合的形式，这样既有利于有规律地比较实际实施情况同预定计划的偏差，又有利于及时向管理者汇报项目实施过程中所发生的重大问题，便于及时采取解决措施。定期报告的间隔时间可以依项目的复杂程度和其生命周期的长短来确定，一般来讲，项目越复杂，周期越短，报告的间隔时间就应该越短。例如，项目周期仅为半个月，则报告间隔时间可能为一天；项目要运行两年，则报告间隔时间可能是一个月。

4.4 电子商务项目的控制

4.4.1 项目的进度控制

所谓项目进度控制就是经常监督每项工作进度的执行状况，比较实际状态和计划之间的差异，及时发现和纠正偏差，并做出必要的调整，使项目向有利的方向发展，以保证项目按计划进度执行，使预定目标按时在预算范围内实现。在项目进度控制中，要考虑影响项目进度变化的因素、项目进度变更对其他部分的影响、进度变更时应采取的实际措施。

4.4.1.1 影响项目进度的因素

一般说来，影响项目进度的因素主要有：(1) 项目组织的沟通和协调工作不力；(2) 忽视项目外部组织的影响；(3) 项目组织的工作方式不恰当；(4) 不能充分发挥项目组成员的作用。

这些问题对于项目的实施进度有很大的负面影响，是进行项目进度控制中必须要解决的问题。

4.4.1.2　进度控制的类型

按照不同管理层次对进度控制的要求，可把进度控制分为以下三类：

(1) 项目总进度控制。即项目经理等高层管理人员对项目中各里程碑事件的进度进行控制。

(2) 项目主进度控制。主要是项目组织中各部门对项目中每一主要事件的进度进行控制。在多级项目中，这些事件可能就是各个分项目。通过控制项目主进度，使其按计划进行，就能保证项目总进度的如期完成。

(3) 项目详细进度控制。主要是各作业部门对各具体作业进度进行控制。这是进度控制的基础，只有详细进度得到较强的控制，才能保证实际进度按计划进行，最终保证项目的总进度，使项目目标得以顺利实现。

4.4.1.3　进度控制的依据

(1) 项目进度。

(2) 项目进展报告。项目进展报告反映了项目执行的详细信息，包括项目进展情况、趋势预测、预算执行情况、困难和危机等。

(3) 变更请求。变更请求可以是正式的，也可以是非正式的，包括口头的、书面的、直接的、间接的、计划内的、计划外的等。

(4) 进度管理计划。

4.4.1.4　项目进度控制的方法和工具

(1) 进度变更控制系统。进度变更控制系统描述了项目进度变更的过程，它包括文书工作、处理过程和改进措施。进度变更控制应该与整个系统的变更控制相协调。

(2) 进度度量。进度控制的一项主要工作是判断进度是否发生了变化，比如在非关键路径上的工作延迟可能不影响项目的进展情况，然而在关键路径上的工作延迟势必导致整个进度的变更。

(3) 补充计划。项目的执行很少能够完全按照原有计划进行，补充计划就是为了反映由于各种情况的变更导致的计划变更。

(4) 项目管理软件。目前项目管理软件正被广泛地应用于项目管理工作中，在项目管理软件中输入活动列表、估算的活动工期、活动之间的逻辑关系、参与活动的人力资源和成本后，项目管理软件可以自动进行项目工期和成本计算，平衡资源分配，并可迅速地解决进度交叉问题，同时可以显示打印进度表。项目管理软件除了具备项目进度制定功能外，还具有较强的跟踪项目计划、记录实际完成情况的能力，并能及时给出实际和潜在的影响分析。

(5) 可视化图表。包括里程碑图、甘特图、实际进度前锋线、费用成本曲线、资源负荷图、项目成本记录和工作绩效图等。

4.4.1.5 进度计划的实施

(1) 检查各类计划。在贯彻执行各项进度计划时，应首先检查计划本身是否协调一致，计划目标是否层层分解，并相互衔接。在此基础上，组成一个计划实施的保证体系，以任务书的形式下达给项目实施者，以保证实施。

(2) 计划全面交底。进度计划的实施是项目全体工作人员的共同行动，应在计划实施前进行计划交底工作，使相关人员明确计划目标、各自的责任和各项任务、实施方案和措施，从而使管理层和实施层步调一致，将计划变为项目人员的自觉行动。

(3) 调度各项工作。调度工作是实现项目工期目标的重要手段，其主要任务是掌握项目计划实施情况，协调各方面关系，采取措施解决各种矛盾，加强薄弱环节，实现动态平衡，保证完成计划和实现进度目标。调度是通过监督、协调、调度会议等方式实现的。

(4) 检查执行情况。检查可以在执行过程中的检查点进行，也可以在特定的时点进行。检查的目的是比较实际情况与计划的差异，以确定当前的状态。比较正式的检查方式有例会、周报、汇报；非正式的方式包括口头询问、非工作时间进行交流等。

例会是一种简单而有效的方式，以检查和确认为主。在例会中，首先要检查任务是否完成，若没有完成其原因是什么，还需要多长时间才能完成等。在确认了当前状态后，再讨论该如何调整工作或计划，并落实到具体的行动方案上。例会的结果要形成会议纪要，并保存起来，作为下一次会议的参考和依据。为了检查方便，还要注意尽量让任务的工期小于检查周期，这样在例会上才能比较确切地判断任务的完成情况。

4.4.1.6 项目进度动态监测

在项目实施过程中，为了收集反映项目进度实际状况的信息，以便对项目进展情况进行分析，掌握项目进展动态，应对项目进展状态进行观测。这一过程就是项目进度动态监测。

对于项目进展状态的观测，通常采用日常观测和定期观测的方法进行，并将观测的结果用项目进展报告的形式加以描述。

（1）日常观测。即在项目的实施过程中，对进度计划中所包含的每一项工作的实际开始时间、实际完成时间、实际持续时间、目前的状况等进行不断的观测和记录，以此作为进度控制的依据。

（2）定期观测。即随着项目的进展，每隔一段时间对项目进度计划的执行情况进行一次较为全面、系统的观测、检查。间隔时间因项目对进度计划执行要求程度的不同而不同。工作内容包括：检查关键工作的进度和关键路径的变化情况，以便采取措施保证计划工期的实现；检查非关键工作的进度，以便发掘潜力，调整或优化资源，以保证关键工作按计划实施；检查项目范围、进度计划和预算变更的信息。

项目进度观测、检查的结果通常以项目进展报告的形式向有关部门和人员报告。项目进展的报告期应根据项目的复杂程度和时间期限以及项目进度的监测方式等因素来确定，一般可考虑与定期观测的间隔周期相一致。在电子商务项目实施过程中，常常会面临应用技术、业务需求等方面的变化，这也增加了项目控制的难度。因此，项目组织在各项资源（资金、人力等）允许的前提下，可以适当地缩短报告期，以便及早发现问题。尤其是当项目已经偏离轨道时，就更应该增加项目报告的频率，直至项目回到轨道上来。

4.4.1.7 项目进度的偏差影响分析

将项目的实际进度与计划进度进行比较，找出进度偏差，并弄清其对项目工期影响的程度，进而找出相应对策，作为项目进度更新的依据。

分析进度偏差影响的方法有多种，下面只结合网络计划中的两种比较分析法，来分析项目进度偏差的影响。

4.4.1.7.1 实际进度前锋线比较法

即根据前锋线与工作箭线交点的位置判断项目实际进度与计划进度的偏差以及对项目的影响。

如果该工作是关键工作，则无论其进度是提前还是拖后，偏差值是大还是小，都将会对后续工作及总工期产生影响，因此必须进行计划更新。

如果该工作是非关键工作，则需根据偏差值与总时差和自由时差的大小关系，确定其对后续工作和总工期的影响。一般非关键工作的提前不会造成项目工期的提前。非关键工作如果拖后，且工作的进度偏差大于总时差，则必将影响后续工作和总工期，应采取相应的调整措施；如果工作进度偏差小于或等于总时差，则对总工期无影响，但对后续工作是否有影响还需要将其与自由时差相比才能做出判断，若该工作的进度偏差大于该工作的自由时差，则会对后续工作产生影响，如果该工作的进度偏差小于或等于该工作的自由时差，则对后续工作无影响，进度计划可不做调整更新。

4.4.1.7.2　列表比较法

当采用无时间坐标网络计划时，也可以采用列表比较法来分析项目进度偏差的影响。列表比较法的步骤是：记录检查时正在进行的工作的名称和已进行的天数；列表计算工作最迟完成时间和工作时差；根据原有总时差和尚有总时差判断实际进度与计划进度的偏差。

如果工作尚有总时差与原有总时差相等，则说明该工作的实际进度与计划进度一致；如果工作尚有总时差小于原有总时差，但仍有正值，则说明该工作的实际进度比计划进度拖后，产生偏差值为二者之差，但不影响总工期；如果尚有总时差为负值，则说明对总工期有影响，应当调整。

4.4.2　项目的成本控制

项目成本控制就是按照事先拟定的计划，将项目实施过程中发生的各种实际成本与预算成本进行对比、检查，并采取相应的纠正措施，尽量使项目的实际成本控制在计划和预算范围内的管理过程。因此，成本预算是成本控制的基础。电子商务项目中由于成本、质量和进度三者密不可分，因此费用管理系统绝不能脱离质量管理和进度管理独立存在，要在成本、质量和进度三者之间进行综合平衡。

4.4.2.1　成本控制的主要内容

成本控制的关键是要经常、及时地分析实际的成本情况，尽早发现成本差异和成本执行的无效率，以便在情况变化之前及时采取纠正措施，实现有效的成本管理。否则，一旦项目成本失控，要在预算内完成项目是非常困难的。成本控制的主要内容如下：

（1）以工作包为单位，监控成本的执行情况，确定实际成本与预算成本之间的偏差，查找出产生偏差的原因。

（2）对发生成本偏差的工作包实施管理，有针对性地采取纠正措施，必要时可以根据实际情况对项目成本基准计划进行适当的调整和修改。

（3）确认所有发生的变化都被准确记录在成本基准计划（费用线）中；避免不正确的、不合适的或者无效的变更反映在成本基准计划中。

（4）在进行成本控制的同时，注意与其他控制过程（范围控制、进度控制和质量控制等）相协调。防止因单纯控制成本而可能引起项目范围、进度和质量方面的问题，甚至导致不可接受的项目风险。

4.4.2.2　成本控制的依据

（1）项目各项工作的成本预算。在项目的实施过程中，通常以项目各项工作的成本预算为标准对各项工作的实际成本进行监控。项目各项工作的成本预算是进行成本控制的基础性文件。

（2）成本基准计划。成本基准计划是按时间分段的费用预算计划（费用线），可用来测量和监督项目成本的实际发生情况，并能够很好地将成本与进度联系起来，是按时间对项目成本支出进行控制的重要依据。

（3）改变的请求。是指项目的相关利益者提出的有关改变项目工作内容和成本的请求，改变可能是增加成本或者减少成本。改变的请求可能是口头的或者书面的，也可能是直接的或者非直接的，还可能是正式的或者是非正式的。有关项目的任何变动都必须经过项目业主（客户）的同意，以便获得他们的资金支持。

4.4.2.3　成本控制的方法和技术

项目成本控制的基本程序是：各部门定期上报其费用报告，由控制部门先对其进行费用审核（这样可以保证各种支出的合法性），然后将已经发生的费用与预算相比较，分析其是否超支，最后采取相应的措施加以弥补。项目成本控制所采用的方法主要有以下几种：

（1）成本改变控制系统。主要通过建立项目成本改变控制体系，对项目成本进行控制。系统通常说明项目成本基准线被改变的基本步骤，主要包括三个部分：提出成本改变请求、核准成本改变请求和改变项目成本预算。提出成本改变请求的可以是项目业主（客户）、项目管理者、项目经理等项目相关利益者。所提出的项目成本改变请求呈交给项目经理或其他项目成本管理人员后，这些成本管理者根据严格的项目成本改变控制流程，对这些改变请求进行一系列的评估，以确定该项目改变所需的成本代价和时间代价，然后再将改变请求的分析结果报告给项目业主（客户），由他们最终判断是否接受这些代价，核准改变请求。改变请求被批准后，需要对相关工作的成本预算进行调整，同时对成本基准线进行相应的修改。须注意的是，成本改变控制系统及其成本改变的结果，应该与其他变更控制系统及其变更结果相协调。

（2）附加的计划。项目在实施中会遇到种种不确定因素，很少有项目能够准确地按照预定的计划执行。可采用附加计划的方法对项目可能遇到的各种意外事件进行合理预测，并对项目的成本做出新的估计和调整措施。

（3）实施的度量。实施的度量主要是帮助分析各种变化产生的原因。挣值分析法是一种最常用于分析实施的度量的方法，它对于成本的控制特别有用，主要用来衡量目标实施与目标期望之间的差异，而成本控制的一个重要工作就是确定导致误差的原因以及弥补、纠正所出现的误差。

（4）计算工具。可借助相关的项目管理软件和电子表格软件来跟踪检查实际成本与计划成本之间的偏差，并预测项目成本改变的影响和成本的发展趋势，以此作为采用纠正措施的依据，从而实现对项目成本的有效监督和控制。

4.4.3 项目的质量控制

项目质量控制是项目控制的重要组成部分。质量控制是指使项目的质量目标得以实现，确保最终产品满足要求的一系列活动，包括监控项目的交付物和执行过程，将项目的实施结果与事先制定的质量标准进行比较，找出二者之间存在的差距，并分析形成这一差距的原因。质量控制通常是由项目参与各方组织实施的，它贯穿于项目质量形成过程的各个环节。质量控制的工作内容包括了专业技术和管理技术两方面。

4.4.3.1 质量控制的作用

（1）保证项目业主取得与其花费相当并符合要求的项目成果。

（2）为项目经理管理项目质量提供公正的评价。

（3）及时发现和纠正项目在实施过程中出现的问题，以避免或减少这些问题带来的损失。

（4）掌握项目检查和实验记录等有关资料，以便证明项目是按有关规定、规程进行的。

提高质量是电子商务项目的主要目标。但由于电子商务项目的开发是一种高科技创作活动，很难像传统工业项目那样通过执行严格的操作规范来保证其项目产品的质量。因此，对一个电子商务项目来说，必须了解其质量因素，如正确性、可靠性、易用性、灵活性、可复用性和可理解性等，在进行系统设计和程序设计时就要将这些质量因素考虑在内，并坚持质量控制要以预防为主并与检验把关相结合的原则，对质量活动的成果进行分阶段验证，以便及时发现问题，查明原因，采取措施，防止类似问题重复发生，并使问题尽量在早期得到解决，以减少经济损失。

4.4.3.2 质量控制的依据

（1）项目质量实施结果。包括项目实施过程中的结果和项目产出物的最终结果。

（2）项目质量计划。

（3）项目操作描述。要按项目具体的质量要求和质量标准对项目进行操作的描述。

（4）检查表格。

4.4.3.3 质量控制的方法与技术

4.4.3.3.1 质量检查

包括对项目的度量、考查和测试。质量检查并不是要等到项目结束时才执行唯一的一次，而是应该在每个实践环节都要执行。对应于进度表，在到达每个里程碑时执行质量检查比较合理。具体来说质量检查包括以下几种：

（1）开工前检查。目的是检查是否具备开工条件，开工后能否连续正常工作，能否保证项目质量。

（2）工序交接检查。对于电子商务项目来说，主要是对工序和程序进行检查。对项目质量有重大影响的程序，在自检、互检的基础上，还要组织专职人员进行程序检查。

（3）分项工作完工检查。每一项分项工作完工后，都应进行检查，要在检查合格并签署验收记录后，才允许进行后一个分项项目。

（4）巡视检查。质量检查人员应经常深入现场，对项目实施操作质量进行巡视检查，必要时还应进行追踪检查。

质量检查工作完成后，还应对所检查的内容做出评审，看是否合格、能给多少分，同时对质量好或差的原因进行分析，然后根据检查结果提出建议，以便项目实现各项质量目标。

4.4.3.3.2　流程图法

流程图通常被用于项目质量控制的过程中，其主要目的是确定以及分析问题产生的原因。

4.4.3.3.3　因果分析图法

因果分析图又叫特性要因图（有人按其形状称之为鱼刺图，见图4—3），是一种寻找质量问题产生原因的有效工具。

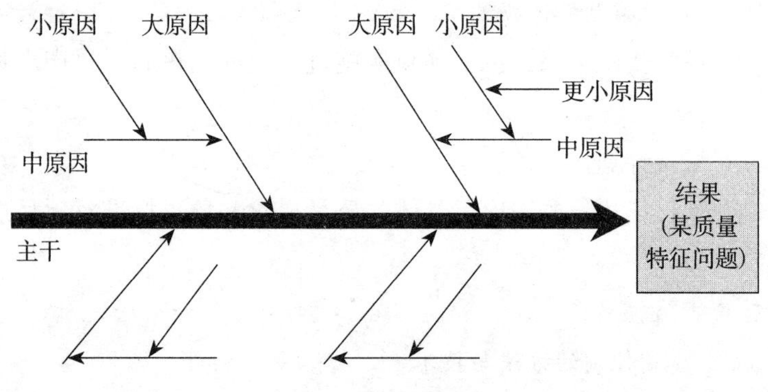

图4—3　因果分析图

从图4—3中可以看出，因果分析图的“果”，是大黑箭头所指的方框中的质量特性，即质量问题，“因”则是分布在大黑箭头两边的各个方向的小箭头。

绘制因果分析图时，先要召开与质量特性有关的人员参加的技术民主会，共同讨论，边谈边记，画出草图。分析原因时要从大到小，从粗到细，寻根究底，直到找到可以采取的措施为止。主要原因要采取投票或举手表决的办法确定。一般每人只准提两到三个主要问题，票数量多的为主要问题。画好草图后还要到现场进行核对，漏掉的因素的要补上，已经采取措施改进了的要取消。

4.4.3.3.4　排列图法

排列图法又称帕累托图法，是用来寻找影响项目质量主要因素的一种常用方法。如图4—4所示，排列图一般有两个纵坐标，左边的纵坐标表示某种因素发生的频数（次数），右边的纵坐标表示某种因素发生的累计频率。图中的横坐标表示影响项目质量的各个因素或项目，曲线表示各种影响因素的累计百分数。

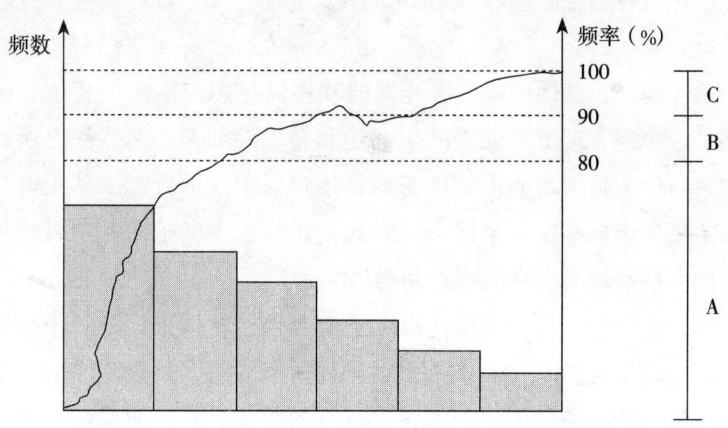

图 4—4　排列图法

绘制排列图的具体步骤如下：

(1) 收集一定时间内影响项目质量的各因素数据，统计各因素的频数，并计算其频率和累计频率。

(2) 按影响质量的各个因素发生的频率大小，从左向右依次排列在横坐标上，各种影响因素在横坐标上的宽度一致，以直方柱的高度表示各因素出现的频数。

(3) 将计算的各因素的累计频率逐一标注在相应的坐标点上，然后将各点连成累计频率曲线。

一般根据累计百分数将影响因素分为3类：累计百分数在0%～80%的为A类，此区间内的因素为主要影响因素；累计百分数在80%～90%的为B类，此区间内的影响因素为次要因素，累计百分数在90%～100%的为C类，此区间的因素为一般因素，不作为解决的重点。

4.4.3.3.5　调查分析法

调查分析法又称调查表法，是利用表格的形式进行数据收集和统计的一种方法。表格的形式应便于统计和分析，具体可根据实际情况自行设计。

4.4.3.4 质量因素的控制

电子商务项目的质量因素很多，其中最主要的就是电子商务项目软件的功能性、可靠性与容错性、易使用性、效率、可维修性、可移植性、可理解性与简洁性等。

（1）功能性。功能性反映了所开发的软件满足用户需求的程度，即用户要求的功能是否全部实现了，软件的正确性和精确性如何。功能性之所以排在质量因素的第一位，是因为如果软件不满足用户需求，运行起来不正确或者不精确，就会给用户造成不便甚至损失。因此，开发一个电子商务项目软件，程序员要为正确和精确地实现功能要求而竭尽全力。

（2）可靠性和容错性。可靠性对电子商务项目软件来说是一个很重要的质量要求，是指在规定的时间和条件下，软件所能维持其性能水平的程度。可靠性除了能够反映软件满足用户需求正常运行的程度外，还能反映在故障发生时能继续运行的程度。可靠性本来是硬件领域的术语。比如某个电子仪器，一开始工作很正常，但由于工作中器件的物理性质会发生变化（如发热等），慢慢地系统就会失常。所以，一个设计完全正确的硬件系统，在工作中未必就是可靠的。软件在运行时不会发生物理性质的变化，人们常以为如果软件的某个功能是正确的，那么它一直都是正确的。但是目前还无法对软件的可靠性进行彻底地测试，无法根除软件中潜在的错误。平时软件运行得好好的，但说不准哪一天就不正常了，因此把可靠性引入软件领域是很有意义的。

容错性首先承认软件功能存在不正确与不精确的因素，为了防止潜在的不正确与不精确因素引发灾难，系统为此设计了安全措施。在一些高风险的软件系统，如电子商务项目的金融系统中，容错性设计就非常重要。

（3）易使用性。易使用性是指对于一个软件，用户在学习和操作时所做努力的程度。“用户”可能是操作软件的最终用户，也可能是那些要使用源代码的程序员。对于一个软件来说，用户易使用性反映了与用户的友善程度，即用户在使用本软件时是否方便。软件的易使用性应由用户来评价。

（4）效率。是指在指定的条件下，用软件实现某种功能所需的计算机资源（包括时间）的有效程度。效率反映了在完成功能要求时，有没有浪费资源。这里，“资源”这个术语有比较广泛的含义，它包括了内存、外存的使用，通道能力及处理时间等。用户都希望软件的运行速度高些（高性能），并且占用资源少些（高效率）。程序员可以通过优化算法、数据结构和代码组织来提高软件系统的性能与效率。

（5）可维修性。是指在一个可运行软件中，为了适应用户需求和环境改变，或软件运行出错时，进行相应修改所做努力的程度。可维修性反映了在用户需求改变或软件环境发生变更时，对软件系统进行相应修改的容易程度。一个易于维护的软件系统也是一个易理解、易测试和易修改的软件，可进行纠正或增加新的功能，或允许在不同软件环境上进行操作。

（6）可移植性。是指软件从一个计算机系统或环境转移到另一个计算机系统或环境的容易程度。

（7）可理解性与简洁性。可理解性是对用户而言的。开发人员只有思路清晰，才可能写出让别人能理解的程序。编程时还要注意不可滥用技巧，应该用自然、简洁的方式编程。

4.4.3.5 质量控制结果

在项目的实施中，可以通过质量控制来不断地改进项目质量，以达到项目质量要求。在进行项目质量控制检查时，应该对项目质量进行记录。当经检验的工作符合质量标准时，就应该做出接受认可的决定；当经检验的工作不符合质量要求时，就应做出拒绝接受的决定。被拒绝接受的工作需要返工，而返工造成的后果可能推延进度，可能增加成本，可能造成不良影响。质量控制的目标就是要使返工最少或不返工。进行质量控制时，还需要把项目的实测值与质量要求进行比较，并采取相应的纠正和预防措施进行过程调整。在有些情况下，过程调整需要按照总体变更控制的程序处理。

进行质量管理是需要付出一定代价的，应注意平衡与进度和成本的关系。

导入案例解析

该项目在实施过程中遇到了一些重点和难点问题，但由于在项目实施前做了大量的准备工作，同时在实施过程中也采取了有效的管理办法，所以保证了项目的成功实施。具体有以下几点：

（1）广域网下数据集中应用模式。为方便总部对下属单位财务数据实施监控、综合分析和系统维护，国信证券采用的是广域网下的数据集中应用模式。

即20个营业部的60套账全部放在总部的服务器上，并安装远程终端服务器，各分支机构采用远程DDN登录远程终端服务器进行业务处理。项目组和相关部门的技术人员进行了深入的讨论和实验，先后对系统的某些功能结构、运行环境、通讯带宽等环节进行了调整和改进，最终使系统得以顺利实施，并积累了一套广域网数据集中模式下的系统实施经验。

(2) 与业务系统的数据接口实现原始业务数据的共享。由于为金融证券行业提供的解决方案中涉及与交易系统的数据接口，以实现与业务系统的数据共享，所以在系统实施过程中，不可避免地要与柜台交易系统、网上银行等业务系统的软件供应商等第三方打交道。为此项目组成员作了大量的系统外开发工作，先后整理出了上海和深圳证券交易所的法人清算接口数据、各银行（工行、建行、招行、中行、农行）的银证转账接口数据、金证柜台清算接口数据，顺利完成了业务系统与财务信息管理系统的对接，大大提高了系统间原始业务数据的利用效率，扩展了系统覆盖面，增强了系统对财务和业务数据的监控能力。

(3) 与OA系统的数据接口实现管理与决策的支持。国信证券这种数据集中的应用模式也为以后总部对集团财务数据的进一步应用（如数据仓库、决策支持等）打下了良好的基础。例如，根据浪潮通软提供的数据结构，目前国信证券电脑部已经可以利用Notes系统对相关的财务数据进行挖掘提炼，形成了一部分报表，应用于决策支持和内部管理。这意味着财务信息管理系统真正地与业务系统、OA系统相结合，从业务、核算、管理、决策等各个环节实现企业信息系统的一体化，体现浪潮通软金融行业解决方案的完整性。

(4) 新系统开发加强对资金的实时监控。本项目包含新系统（网上对账系统）的开发。由于国信证券采用广域网下的数据集中模式，系统所有数据集中在公司总部，营业部通过DDN专线远程登录，这为总部与营业部之间的对账工作打下了良好的系统基础。鉴于此，结合金融行业的风险控制需求，该系统在结构和流程设计上采用了数据集中模式下的网上实时对账方式。与传统的对账工作不同，系统要求总部在每天录入或修改每一笔凭证后，营业部都可以实时地读取到最新对账单数据，及时地对账，并将对账结果反馈到总部，确保总部与营业部的资金头寸保持一致。本系统与总部的综合查询系统相结合，真正实现了对财务资金的集中管理、实时监控，与简单的数据集中有着本质的区别。

(5) 历史数据的转换保持系统、数据的一致性。由于国信证券很早就使用了安易财务软件，为保持系统数据的连续性，方便财务和审计人员的使用，需要将历史数据转换到浪潮通软 V6.3 版本中。由于浪潮通软公司财务产品部以前没有成型的转换程序，所以数据转换工作全部要靠项目组的技术人员现场编写 SQL 来实现。经过近半个月的分析和测试，技术人员整理出了一套完整的数据转换方案，并全部以 SQL 实现，国信证券所有单位 20 多套账的历史数据目前已全部转换到浪潮通软网络版系统中，经测试无误，财务和审计人员可以使用一套系统对历史和当前财务数据进行查询。相关的数据转换方案已提交给财务产品部整理完善，在这方面，该项目也为以后类似的数据转换工作提炼出了相关的工具。

为了解决广域网上的应用速度问题，项目组经研究同时采取了三种策略：一是对财务产品部分功能进行了优化；二是提升总部与营业部的通讯带宽（DDN 通讯由 64K 扩至 256K）；三是向 SYBASE 公司技术人员咨询如何对服务器配置进行优化。在浪潮通软公司财务产品部开发人员、项目组技术人员和 SYBASE 公司技术人员的共同努力之下，系统运行速度有了大幅度提高，国信证券各营业部的财务人员感到非常满意，项目实施工作得以继续进行。

本章小结

本章在简要介绍了项目执行的依据、项目执行的工具与方法之后，详细阐述了信息分发、团队管理、跟踪管理、项目控制等内容，其中重点介绍了电子商务项目执行过程中的项目控制，包括项目的进度控制、成本控制、质量控制等。

思考与练习

1. 项目执行包含哪些内容？
2. 试分析项目计划、跟踪与控制三者之间的关系？
3. 项目控制包含哪些内容？
4. 如何进行电子商务项目的质量控制？
5. 影响项目进度的因素主要有哪些？

电子商务项目收尾

通过本章的学习，你应该能够：

1. 理解收尾工作的重要性；
2. 了解项目验收的前期准备工作；
3. 了解电子商务项目质量验收的方法；
4. 了解电子商务项目费用决算的程序和方法；
5. 掌握最终用户培训工作的内容；
6. 了解项目后评价的内容、意义及特点。

如何让项目圆满结束？

A公司是一家中型IT系统集成公司，有多年的行业系统集成经验。通过多年的经验积累和管理探索，建立了一套项目管理流程。在一次大型项目的招投标中，公司任命James为投标项目的负责人来组织和管理整个投标过程。James接到项目任务后，得知必须在15天内完成，随即召集了商务部、售前技术部、销售部、客服部和质量部等相关部门，进行了一次项目内部启动说明会，并对各部门的分工和进度计划进行了部署。

然而，在投标前三天进行投标文件评审时，发现技术方案中所配置的设备在以前项目的使用中是有问题的，必须更换。James和方案编制人员经过加班加点，终于修改完成。但到了正式评标会上，James又遇到了一点麻烦，原来授权代表的声明和投标方案中写的不一致，结果影响了评标分数。不过还好，项目最终还是拿了下来，并和用户签订了合同。根据公司流程，James把项目移交给了售后实施部门，由他们具体负责项目的执行和验收。

售后实施部门的Bob被任命为实施项目经理，负责项目的实施和验收工作。Bob发现由于自己在项目前期没有尽早介入，许多项目前期的事情都不是很清楚，导致后续跟进速度较慢，影响项目的进度。同时，Bob还发现，售前工程师在设计方案时没有很好地了解用户需求，也没有形成书面的需求分析调研报告。在接手项目后，自己又必须重新了解用户需求，编制实施方案，这样无形中增加了实施难度和实施成本。等到这一切理出了头绪，在商务下单订货过程中又出现问题，由于商务人员的工作失误，导致少采购了几台设备，并且由于设备模块配置功能错误而不能符合要求。

在A公司中，由于售前和售后是两个独立的部门，在项目执行中以及项目执行完毕后，没有一套明确而完善的项目总结和闭环的问题分析和关闭流程，导致在许多项目中重复出现相同或类似的错误或失误（包括技术方面和商务方面）。

基于以上原因，A公司领导要求系统集成部门负责人Paul就此问题提出合理的改进办法，同时编制一份各个项目可以参考的项目总结模板，希望将项目完成后各部门不同阶段的总结反馈给相关部门和人员，形成一个闭环的流程，以避免和减少类似问题的重复发生。经过调查和分析公司的多个项目后，Paul认识到了做好项目总结工作的重要性。并且，在与项目经理和项目组成员沟通后，Paul发现要做好项目总结工作，首先就应该在项目启动时对其加以明确规定，比如项目评价的标准、总结的方式以及参加人员等。

最终用户认可项目交付成果的时候，也就是项目收尾的时候。收尾阶段是电子商务项目生命周期的最后阶段，用户的成功验收，是将项目组的劳动转化成商业效益的关键的一步。在实际项目管理中，项目收尾工作往往不被大家重视。有时因为项目任务繁重，项目组为了按时完成任务忙于埋头赶工，或有一大堆的问题急需解决，项目经理甚至就把该项工作给忽略了。

项目收尾工作的目的是要确认项目实施的结果是否达到了预期的要求，项目收尾是项目成功的必要条件和过程，并且良好的收尾工作将会大大降低项目的维护成本。项目收尾工作一般包括项目相关文件的准备、项目的范围验收、项目的质量验收、最终用户培训及项目的后评价等主要工作。本章主要介绍项目收尾时的必要活动和需要注意的事项，为项目收尾工作提供指导。

5.1 项目收尾工作的重要性

项目收尾工作是使一个项目成功的重要管理手段，它和项目的其他工作和任务一样，应该纳入项目计划并按计划落实。项目收尾工作的重要性主要体现在下述几个方面。

5.1.1 收尾是项目的重要评审点

项目经理正是通过事先安排好的项目收尾工作，收集项目的最新信息和数据，并将这些数据与项目计划进行比较，来判定自己手头的项目的当前绩效，了解进度是提前了还是落后了，费用是有节余还是超支了，质量是否符合要求，项目工作是否都是按计划在进行，客户对项目工作是否满意等。同时，项目经理也是通过项目收尾工作来预测项目的完工绩效，及时发现项目存在或潜在的问题，以便尽早采取纠正措施。

5.1.2 收尾是与客户进行沟通的好时机

一个阶段的项目工作完成后，与客户一道就前一段时间的工作进行总结是十分必要的。一方面可以及时了解客户对项目工作的满意程度，另一方面，有些因工作繁忙而未能及时让客户签署的文件，这时也尽可能找客户给予签字确认。这样可以避免因为时间拖得太久而出现找不到一个合适的客户来签字的情况。只有经双方签字确认的文件才是最有用的东西。否则，当双方出现纠纷时，就很难得到客观的结果了。

5.1.3 收尾是收集、整理、保存项目记录最好的时机

在一个项目的工作刚刚完成时，项目成员手头都保留了所有的工作记录，收集起来非常容易。但如果时间久了，有些项目成员可能去了其他项目组，有些可能离职了，到那时再去收集可能就晚了，有些记录可能就永远也找不到了。因此，收尾阶段是收集、整理、保存项目记录的最好时机。作为一个好的项目经理，一定要学会如何收集、整理和保存项目记录。较为有效的办法是，事先列一个项目记录存档清单，标明在项目每一个阶段哪些工作记录需要收集、整理和保存，由谁提供，什么时候提供，文档记录的格式和要求，等等。同时，告知相关项目成员，除了完成项目工作以外，还应及时提供准确的工作记录。有些要求移交给客户的文件、记录，项目经理最好让客户签收，同时自己一定要留一份备案。一些项目往往历时几年，项目经理也可能经历了好几任的变化，客户的工程主管也可能换了好几位，这个时候靠什么来管理项目？当然就是白纸黑字的项目记录。

5.1.4 收尾为项目结束提供最基本的数据

项目收尾阶段，能向项目的利益各方提供最真实、最准确的数据资料，而只有获得了这些最基本的数据，在项目结束时，才能客观评定项目的最终绩效，总结的经验教训才有借鉴的价值。

5.2 电子商务项目验收

5.2.1 项目验收的前期准备

根据美国项目管理协会的定义，项目收尾包括合同收尾和管理收尾两部分。合同收尾就是针对合同，和客户一项项地核对，检查项目的各项工作是否达到了合同的要求，以确定是否可以结束该项目，也就是我们通常所讲的验收。管理收尾是对于项目组织内部而言的，具体包括以下几项工作：把做好的项目记录进行归档；对外宣称项目已经结束；转入维护期，把相关的产品说明转到维护组；总结经验教训。

在项目的收尾工作中，验收是一个极其重要的工作。要顺利地进行项目的验收，必须要做好一些前期准备工作。

5.2.1.1 项目的相关文档准备

项目文档是项目整个生命期的详细记录，是项目成果的重要体现形式。项目文档既是项目评价和验收的标准，也是项目交接、维护和后评价的重要原始依据。提交给验收方的项目文档必须是真实的资料，项目验收方只有在对资料验收合格后，才能开始项目的竣工验收工作。表5—1列出了项目生命期中的各种文档。

表5—1　　项目生命期中的文档种类

阶段	主要文档
启动阶段	战略分析报告、需求分析报告、可行性研究报告、设计方案、（立项）决策报告、项目章程等
计划阶段	总体计划书（含项目背景材料、项目目标、项目工作分解结构以及进度、成本、资源、采购计划等）
实施控制阶段	采购招标书、采购合同、供应商资料、各种变更文件、现场会议纪要、备忘录、质量检测记录、项目绩效进展报告等
收尾阶段	质量验收报告、项目文件验收报告、项目验收确认报告、后评价资料等

5.2.1.2 编写验收计划

在项目验收计划中一般包括以下几个方面的内容：

（1）目的。对验收活动进行指导。

（2）范围。指明本次验收活动针对的范围。

（3）职责。对公司及客户方在验收活动中的职责进行详细说明，如客户需要提供的环境支持等。

（4）验收准备。主要说明验收前应准备的工件，如软件、硬件、操作手册、验收报告等。

（5）验收标准。在进行验收前一定要与客户明确项目验收标准，并予以文档化。

（6）验收进度安排。明确具体的验收时间安排、验收内容、验收人员组成等。

（7）验收报告的提交方式及提交时间。验收通过后，由客户方提供正式的验收报告，并由双方负责人签字确认。验收报告是项目成功收尾的重要标志。

5.2.2 项目的范围验收

项目范围的验收依据是合同中规定的项目工作内容和实际的工作成果。项目范围验收的目的主要有两个：一是确定项目是否已经形成了项目原定的目标成果，也就是项目的绩效是否符合要求；二是确定项目的工作范围是否有大的变更或变化。完成项目的范围验收后，项目各干系人（开发方、用户方等）应该签署正式的书面文件予以确认。

项目的范围，简言之就是项目的大小。由项目的范围可以决定项目小组的规模会有多大、完成任务的时间和商业上的要求是什么等这些最重要的因素。项目范围验收往往可以根据如下方面来进行：

（1）工作成果。即项目计划实施后的结果。以电子商务网站建设项目为例，工作成果的确认可以从以下问题着手：

- 付款验证？
- 是否支持虚拟贸易和仓库？
- 如何完成产品交付？
- 安全等级？
- 后台集成？
- 实时目录？
- 退货管理？

- 在线订单记录?
- 支持哪种检索机制?
- 商品如何编组?
- 定制价格或者折扣?
- 顾客的记录储存?
- 在线事务记录储存?
- 产品目录?

(2) 成果文档。进行项目范围验收时，项目小组必须向客户提供说明项目(或项目阶段)成果的文档，如项目计划、技术要求说明书、技术文件、图纸等，供其审查。

项目范围验收完成后，参加项目范围验收的项目小组和客户方人员应在事先准备好的文件上签字，表示已正式认可并验收全部或阶段性成果。一般情况下，这种认可和验收可以附有条件。如对软件开发项目的移交和验收，可规定以后发现软件有问题时仍然可以找该软件项目开发人员解决。

5.2.3 项目的质量验收

项目质量验收是考查和评价项目成功与否的重要方面，是依据项目计划阶段制定的质量计划中的范围划分、指标要求和相关合同中的质量条款，遵循相关的质量评定标准，对项目的质量进行认可评定和办理验收交接手续的过程。

在项目概念阶段，必须在平衡进度、成本与质量三要素之间的制约关系的基础上，对项目的质量目标与要求做出总体性、原则性的规定和决策。

在项目规划阶段，必须根据概念阶段决策的质量目标进行分解，在相应的设计文件上指出达到质量目标的途径和方法，同时指明项目验收时质量验收评定的范围、标准与依据、质量事故处理的程序和奖励措施等。

在项目实施阶段，质量控制关键是过程控制。质量保证与控制的过程就是根据项目规划阶段规定的质量验收范围和评定标准、依据，及时进行随工检验，也就是说在下一个工作开始之前，对每一个刚完成的工作进行及时的质量检验和记录，并分发给质量保证体系中的所有单位。

在项目收尾阶段，质量验收要以项目规划阶段制定的“项目完工质量验收评定的范围、标准与依据”为准，要以项目产品能发挥最大的功效、为客户带来最大的满意为标准。收尾阶段项目验收的结果将产生质量验收评定报告。

总之，项目概念阶段的质量目标决策是项目规划设计阶段质量验收范围与标准设计的依据和前提，项目规划阶段给出的质量验收范围与适用标准是项目实施阶段每个工作实体质量控制和评定的依据，项目实施阶段的单个工作的质量验收结果是项目收尾阶段项目质量最终验收评定的依据。

对于电子商务项目来说，应重视项目移交后运行阶段的服务工作，以确保客户在接收项目后真正获得期望的效益。

项目质量验收的方法依项目类型的不同而不同。对于一般电子商务项目，通常采用文件审阅、实物观测、性能测试等方法；而对于大型电子商务项目，除采用一般项目的验收方法外，还要进行系统试运行等验收。

5.2.4 电子商务系统的验收

验收电子商务系统通常采用以下三个标准：

（1）可伸缩性（Scalability）。一般以平台每天能承受多少人或者多少次点击次数作为参考。

（2）可靠性（Reliability）。是指在规定的时间和条件下，软件所能维持其性能水平的程度。

（3）响应速度（Responsiveness）。通常用系统把信息返回给终端用户所花费的时间来衡量。

除以上三个标准外，在评价电子商务系统时还需要考虑其他一些因素。例如平台性能，即系统基础配置的底层（包括硬件和软件）的安全性、强壮性和可恢复性等。电子商务系统正常运行的前提是保障安全，而要应付业务量剧增的情况，则要具备优异的强壮性。要全面评价一个电子商务系统，还需要通过与客户的沟通来确定对电子商务系统具体规格的定义，因为不同的行业实施电子商务的侧重点不同。因此，要能准确地评价一个电子商务系统，离不开对项目的要求和范围的了解。

当然不同的电子商务应用，对电子商务系统的要求也不同。一般说来，对于 B2B 应用来说，对系统的可靠性与强壮性的要求更高；而对 B2C 应用来说，则对系统的响应速度有更高的要求。因为 B2B 关注的是整个系统能否长时间、不间断地正常运行，而 B2C 看重的是每笔交易能否在几秒钟内完成。

5.2.5 电子商务方案的验收

目前对于电子商务解决方案的验收还没有一个统一的标准。评估一个电子商务方案的有效性会根据具体的行业、应用的类型等使用一些新的参数，例如，“粘稠度”是专指电子商务网站在聚集用户方面的一个参数。但是对于一些用于评估整个商业流程有效性的参数则还是会沿用已有的。例如市场份额，也可以具体用于电子商务方案验收。此外，传统的经济效益评估指标（例如净收入和每股收益）也不可被忽视。正如把电子商务策略整合到整个商业策略非常重要一样，在电子商务方案的验收中，把商业评估指标整合起来同样也是非常重要的。所用的指标必须能评估达到商业策略目标的程度，必须能捕捉到电子商务和传统分销渠道之间的相互影响。例如，在设计必须通过“接触和感觉”才能了解商品性能与质量这一类商品交易的电子商务系统时，如果设计中考虑了把样品从网站送到传统商场，那么，网络分销渠道与传统的实体分销渠道就会相互影响。因此，要评价电子商务方案的有效性，就必须制定出合理的评估指标，否则就难以确定电子商务方案的有效性。

5.2.6 外包型项目的验收

随着当今技术和市场环境的变化，越来越多的企业选择将软件项目外包，同时也有更多成熟的大型软件企业加入到软件项目的承包队伍中。外包的软件项目越来越多，如何对这些外包的项目进行验收测试日益成为项目管理中的一个关键问题。

5.2.6.1 用户验收测试的总体思路

用户验收测试是软件开发结束后，用户对软件产品投入实际应用以前进行的最后一次质量检验活动。它要检验开发的软件产品是否符合预期的各项要求，用户能否接受。由于它不只是检验软件某个方面的质量，而是要进行全面的质量检验，并且要决定软件是否合格，因此验收测试是一项严格的正式测试活动，需要根据事先制定的计划进行。

用户验收测试可以分为两个大的部分，即软件配置审核和可执行程序测试。其中，软件配置审核包括文档审核、源代码审核、配置脚本审核、测试程序或脚本审核。

须注意的是，在开发方将软件提交用户方进行验收测试之前，必须保证开发方本身已经对软件的各方面进行了足够的正式测试（当然，这里的“足够”，本身是很难准确定量的）。用户在按照合同接收并清点开发方的提交物（包括以前已经提交的）时，要查看开发方提供的各种审核报告和测试报告内容是否齐全，再加上平时对开发方工作情况的了解，基本可以初步判断开发方是否已经进行了足够的正式测试。

用户验收测试的每一个相对独立的部分，都应该有目标（本步骤的目的）、启动标准（着手本步骤必须满足的条件）、活动（构成本步骤的具体活动）、完成标准（完成本步骤要满足的条件）和度量（应该收集的产品与过程数据）。在实际验收测试过程中，收集度量数据不是一件容易的事情。

5.2.6.2　软件配置审核

对于一个外包的软件项目而言，软件承包方通常要提供如下相关的软件配置内容：

（1）可执行程序、源程序、配置脚本、测试程序或脚本。

（2）主要的开发类文档：《需求分析说明书》、《概要设计说明书》、《详细设计说明书》、《数据库设计说明书》、《测试计划》、《测试报告》、《程序维护手册》、《程序员开发手册》、《用户操作手册》、《项目总结报告》。

（3）主要的管理类文档：《项目计划书》、《质量控制计划》、《配置管理计划》、《用户培训计划》、《质量总结报告》、《评审报告》、《会议记录》、《开发进度月报》。

在开发类文档中，容易被忽视的文档有《程序维护手册》和《程序员开发手册》。《程序维护手册》的主要内容包括系统说明（包括程序说明）、操作环境、维护过程、源代码清单等，编写目的是为将来的维护、修改和再次开发工作提供有用的技术信息；《程序员开发手册》的主要内容包括系统目标、开发环境使用说明、测试环境使用说明、编码规范及相应的流程等，实际上就是程序员的培训手册。

无论项目的规模大小，软件承包方都必须提供上述文档内容，只是可以根据实际情况进行重新组织。对上述的提交物，最好在合同中规定的阶段提交，以免发生纠纷。

通常，正式的审核过程分为五个步骤：计划、预备会议（可选）、准备阶段、审核会议和问题追踪。预备会议是对审核内容进行介绍并讨论。准备阶段就是各责任人事先审核并记录发现的问题。审核会议是最终确定工作产品中包含的错误和缺陷。

审核要达到的基本目标是：根据共同制定的审核表，尽可能地发现被审核内容中存在的问题，并最终予以解决。在根据相应的审核表进行文档审核和源代码审核时，还要注意文档与源代码的一致性。

在实际的验收测试执行过程中，常常会发现文档审核是最困难的工作，一方面由于市场需求等方面的压力使这项工作常常被弱化或推迟，造成持续时间变长，加大了文档审核的难度；另一方面，文档审核中不易把握的地方非常多，每个项目都有一些特别的地方，而且也很难找到可以参考的资料。

5.2.6.3　可执行程序的测试

在文档审核、源代码审核、配置脚本审核、测试程序或脚本审核都顺利完成后，就可以进行验收测试的最后一个步骤——可执行程序的测试，它包括功能、性能等方面的测试，每种测试也都包括目标、启动标准、活动、完成标准和度量等五部分。须注意的是，不能直接使用开发方提供的可执行程序进行测试，而要按照开发方提供的编译步骤，从源代码重新生成可执行程序。

在真正进行用户验收测试之前，一般应该已经完成了以下工作（也可以根据实际情况有选择地采用或增加）：

(1) 软件开发已经完成，并全部解决了已知的软件缺陷；

(2) 验收测试计划已经过评审并批准，并且置于文档控制之下；

(3) 对软件需求说明书的审查已经完成；

(4) 对概要设计、详细设计的审查已经完成；

(5) 对所有关键模块的代码审查已经完成；

(6) 对单元、集成、系统测试计划和报告的审查已经完成；

(7) 所有的测试脚本已完成，并至少执行过一次，且通过评审；

(8) 使用配置管理工具且代码置于配置控制之下；

(9) 软件问题处理流程已经就绪；

(10) 已经制定、评审并批准验收测试完成标准。

具体的测试内容通常包括：安装（升级）、启动与关机、功能测试（正例、重要算法、边界、时序、反例、错误处理）、性能测试（正常的负载、容量变化）、压力测试（临界的负载、容量变化）、配置测试、平台测试、安全性测试、恢复测试（在出现掉电、硬件故障或切换、网络故障等情况时，系统是否能够正常运行）、可靠性测试等。

一般情况下性能测试和压力测试是在一起进行的，通常还需要辅助工具的支持。在进行性能测试和压力测试时，测试范围必须限定在那些使用频度高、时间要求苛刻的软件功能子集中。由于开发方已经事先进行过性能测试和压力测试，因此可以直接使用开发方的辅助工具。也可以通过购买或自己开发的方式来获得辅助工具。

如果执行了所有的测试案例、测试程序或脚本，用户验收测试中发现的所有软件问题都已解决，而且所有的软件配置均已更新和审核，可以反映出软件在用户验收测试中所发生的变化，用户验收测试就完成了。

5.3 电子商务项目的费用决算与审计

费用决算是指项目从筹建开始到项目结束交付使用为止的全部费用的确定。项目费用决算的依据主要是合同、合同的变更。

5.3.1 费用决算

5.3.1.1 费用决算的程序

(1) 根据待开发软件的特征、所选用硬件的特征、用户环境特征及以往同类或相近项目的基础数据，进行软件规模测算。

(2) 由系统软件的成本构成，结合成本影响因素、环境因素以及以往同类或相近项目数据分析，进行软件成本测算。

(3) 系统软件成本测算的风险分析。这是基于系统软件成本测算的不确定性、成本测算的理论和测算技术的不成熟性而提出的工作程序。系统软件成本测算的风险因素应包括：

- 对目标系统的功能需要、开发队伍、开发环境等情况了解的正确性；
- 所运用历史数据及模型参数的可靠性；
- 系统分析中的逻辑模型的抽象程度、业务处理流程的复杂程度及软件的可度量程度；
- 软件新技术、替代技术的出现和应用对成本测算方法的影响；

● 用户在系统软件开发中的参与程度、开发队伍的素质及所采用开发模式对开发成本的影响；

● 对系统软件开发队伍复杂因素的认识程度；

● 系统软件开发人员及其组成比例的稳定性；

● 系统软件开发和维护经费、时间要求等方面的变更等非技术性因素所带来的风险等。

在系统软件价值评估中实施上述程序进行成本测算时，除了应坚持资产评估操作程序中规定的各项原则外，还应遵循真实性与预见性原则、透明性与适应性原则和可操作性与规定性原则。

5.3.1.2 费用决算方法

5.3.1.2.1 精确量化计算技术

(1) 套餐法。也称页面法，主要是针对电子商务网站开发项目的一种费用评价方法。即通过指定明确的页面数、图像数、链接数、功能等来确定网站开发的费用。

(2) 时间法。即按照每小时成本计算费用。这种方法经常会遭到客户的质疑和拒绝，实行起来比较困难。

(3) 项目评估法。即将整个项目拆成一个一个的小的工作，通过评估工作的技能难度，计算完成时间，再根据每小时成本计价。

5.3.1.2.2 软件项目的价值与工作量计算

一般来说，在评判一个软件项目的价值与工作量时，会涉及两类因素：软件工具无法评判的因素与软件工具可以评判的因素。其中，软件工具无法评判的因素主要包括软件的有效收益或经济寿命期、市场竞争力与占有率等。一般静态软件分析工具可以评判的因素有以下两方面：

(1) 系统大小。主要指可执行程序或机器语言指令的字节数、高级语言语句的行数、新编写指令的百分比、模块数目、存储空间大小等。需要注意的是，系统大小是不能简单地用语句的行数来计算的，否则误差会太大。因为其中有空白行与说明语句行，还有说明语句与有效代码共用行。有太多说明行的程序，计算工作量的误差就比较大，但是，说明语句占的比例太少，则该软件就比较难理解和维护。一般而言，说明语句应占15%～30%的比例，但不同的软件应该有不同的标准。此外，还有人主张使用模块数目而不是语句数目来计算工作量，并规定每个模块的复杂度（含有分支语句的数目）不能超过某个数目，如30。

(2) 系统的可测试性、可移植性、可维护性，以及是否模块化、复杂度如何、模块间的耦合情况如何等。

5.3.1.3 费用决算的结果

决算的结果形成项目决算书，经项目各参与方共同签字后作为项目验收的核心文件。决算书由以下两部分组成：

(1) 文字说明。主要包括工程概况，设计概算，实施计划和执行情况，各项技术经济指标的完成情况，项目的成本和投资效益分析，项目实施过程中的主要经验、存在的问题、解决意见等。

(2) 决算报表。分大中型项目和小型项目两种。大中型项目的决算表包括竣工项目概况表、财务决算表、交付使用财产总表、交付使用财产明细表；小型项目决算表将上述内容简化为小型项目决算总表和交付使用财产明细表。

5.3.2 费用审计

费用审计可贯穿在项目的全过程中，包括项目计划时期的审计、实施过程中的审计、项目结束时的审计。

5.3.2.1 项目计划时期的费用审计

主要进行成本估算和成本计划的审计。审查的主要内容包括：成本估算采用了哪种方法；成本计划采用了什么方法，是粗线条还是细线条，能否满足控制成本的要求；不可预见费用的数量是否合理等。

5.3.2.2 项目实施过程中的费用审计

(1) 成本报告的审计。包括审核成本报告的内容是否全面，报告格式是否规范；核查报告与实际发生成本的吻合情况；结合进度报告和质量报告判断成本报告的真实性。

(2) 实施成本的审计。主要工作包括：审查成本的超出或节约的情况，查明发生成本与计划成本的偏差幅度及其原因；审查发生的成本是否合理，有无因管理不善造成成本上升和乱摊成本的问题；审查成本控制方法、程序是否有效，是否有严密的规章制度；审查有无擅自改变项目范围的问题。若存在成本失控问题，应查明原因，提出整改建议。

5.3.2.3 项目结束时的费用审计

主要进行项目成本审计。具体做法是：对照项目预算审核实际成本的发生情况，看是超支还是节约。如果超支，要查明是因成本控制不力还是因擅自扩大项目范围或乱摊成本所致；如果节约，则要查明是否缩小了项目范围或降低了实施标准。

5.4 最终用户培训

最终用户培训是指由客户方的关键用户结合本企业的生产特点，对本企业的具体业务人员进行软件产品的系统操作培训，使其能够熟练掌握日常业务在系统上线后的操作过程。咨询实施顾问应对培训工作予以相应的指导。

5.4.1 最终用户培训工作的内容

5.4.1.1 制定最终用户培训计划

对于电子商务项目来说，要针对企业最终用户（系统操作人员）的计算机操作水平制定相应的培训计划。比如，如果最终用户对计算机操作不熟练的话，可事先组织专人对其进行计算机基础知识和操作培训，涉及课程如“WIN2000操作系统的应用”、“OFFICE文档的编辑、打印”、“收发邮件”、“上网操作”等。同时，还要根据最终用户承担的工作的不同，分部门、分岗位进行系统日常业务操作的培训，如采购组培训、销售组培训、应收应付组培训、总账组培训等。另外，还要进行其他相关内部支持体系的培训，使工作人员了解如何正确地操作系统，出了问题怎么办，找谁解决，该注意哪些事项等。在用户培训计划中应该做好培训时间和培训地点的选择。

（1）培训时间的选择。应根据企业的经营运作情况，选择一段相对空闲的时间做集中培训，避免最终用户因业务繁忙而缺课，如财务部门月底和月初要进行结账、出报表和报税等工作，因此对财务部门的培训应尽量避开这段时间，避免边学习边工作。

（2）培训地点的选择。最终用户培训一定要选择一个专门的培训教室或会议室来进行，空间要合适，避免太拥挤；要有练习用机、投影仪、白板等教具。切忌在最终用户的工作位置上进行培训。

5.4.1.2 培训授课教师

一般选择由客户方的关键用户（项目组成员）担任授课教师，这样既可以加深他们对于产品及本企业内部的业务人员的素质的了解，同时也可以减轻咨询实施顾问的工作量。为了让客户方的关键用户能够当好培训教师，有必要的话还需要对他们进行进一步的培训（即培训授课教师），包括进一步产品培训、授课方法培训、演讲能力培训等。

5.4.1.3　审定教材和练习题

培训教材和练习题包含的内容一定要全，要覆盖企业的标准业务流程、相关系统的基本概念、意外问题的处理流程、内部支持体系的流程等。练习题一定要有针对性，切不可和企业的日常业务毫不相干。

5.4.1.4　培训最终用户

在进行最终用户培训时，首先应进行业务流程的分析，在最终用户理解了业务流程之后，再进行软件操作培训，这样可以达到事半功倍的效果。

每次参加培训的人数最好控制在40人以内，一个培训教师或咨询实施顾问辅导的人数最多不超过10个。如果参加培训的人数较多，而顾问和关键用户力量有限，建议分批进行培训。

有些企业本身业务人员很少，无所谓关键用户还是最终用户，比如财务部就一个会计和一个出纳，按照会计制度，出纳是不能制作凭证的，因此财务部绝大部分工作都必须由会计承担，一个人既是关键用户又是最终用户。在这种情况下，可以将最终用户培训和关键用户培训结合起来一并进行。

5.4.1.5　培训考核

一般在培训结束之后，还应该对参加培训的人员进行考核，以帮助企业筛选业务骨干。最后，应向客户高层提交一份最终用户的培训总结报告。

最终用户经过一次培训，不可能掌握所有内容，要在以后的实际工作中，由关键用户（内部支持体系）对最终用户进行指导和规范，使其逐渐熟悉和掌握系统的日常操作。

5.4.2　培训工作中的角色与责任安排

培训工作的主角应该是客户方的关键用户（项目组成员），由他们来承担最终用户的培训工作。同时，可以请第三方咨询实施顾问对培训工作进行指导，帮助客户制定培训计划、培训关键用户成为授课教师、帮客户做好培训前的准备工作、拟定考核方法和题目、提交培训总结报告等。具体的角色与责任安排如下：

(1) ××项目经理：制定培训计划；确认培训总结报告。

(2) 咨询实施顾问：培训关键用户成为授课教师；提交培训总结报告；拟定考核方法和题目。

(3) 客户项目经理：协调并落实最终用户培训工作；确认培训计划；确认培训总结报告。

(4) 客户项目组成员：进行培训；准备分岗位操作手册及练习题；负责培训考勤和工作考核。

5.5 项目的后评价

5.5.1 项目后评价的内容

项目后评价通常在项目竣工以后项目运作阶段和项目结束之间进行。其内容包括项目竣工验收、项目效益后评价和项目管理后评价。

项目的竣工验收是投资由建设转入生产、使用、运营的标志，是全面考核和检查项目实践工作是否符合设计要求和达到要求质量的环节，是项目业主、合同商向投资者汇报建设成果和交付新增固定资产的过程。在这阶段进行的工作将为以后开展的项目效益后评价和项目管理后评价奠定基础。项目竣工验收还包括竣工决算及技术资料的整理和移交等工作。

项目效益后评价是相对于项目前评价而言的。项目前评价通常是在项目的立项阶段（概念及论证阶段）进行的。它通过预测、论证和评价，从正反两方面提出意见和建议，为项目决策者提供项目取舍及实施方案的多方面参考，并通过客观、准确地将与项目有关的资金、资源、技术、信息、市场、财务、经济、社会等方面的基本数据资料完整地汇集并提供给项目决策者，使其能够实事求是地作出科学正确的决策。而项目效益后评价是指项目竣工后对项目投资经济效果的再评价。它以项目建成运行后的实际数据资料为基础，重新计算项目的各项经济指标，然后将它们同项目前评价时预测的有关的经济指标（如净现值、内部收益率、投资回收期等）进行纵向对比，评价和分析其偏差情况及其原因，从而为提高项目的实际投资效果和制定有关的投资计划服务，为以后相关项目的决策提供借鉴。

项目管理后评价是以项目竣工验收和项目效益后评价为基础，在结合其他相关资料的基础上，对项目整个生命周期中各阶段的管理工作进行评价。其目的是通过对项目各阶段管理工作的实际情况进行分析研究，全面总结项目管理经验，为今后改进项目管理服务。

具体来说，项目后评价的主要评价项包括：

（1）是否实现设计目标；

（2）系统开发过程是否合理；

（3）新建系统是否能使管理有所创新；

（4）新建系统是否使组织体系发生根本性改观；

（5）新建系统是否能使组织沟通顺畅，提高团队凝聚力；

（6）组织员工的工作效率和质量是否得到提高；

（7）是否缩短了组织与市场和客户之间的距离；

（8）系统是否成为组织核心竞争力的重要组成部分，是否成为组织实现战略目标、获得竞争优势的工具；

（9）系统是否降低了企业的成本，提高了企业的效益等。

5.5.2 项目后评价的意义

首先，项目后评价是全面提高项目决策、管理以及建设水平的必要和有效手段。后评价是在项目投资完成以后，对项目目的、执行过程，以及效益、作用和影响所进行的全面系统的分析，通过总结正反两方面的经验教训，能使项目的决策者、管理者和建设者学习到更加科学合理的方法和策略，使其提高决策、管理和建设水平。

其次，项目后评价是增强项目决策者、管理者和建设者工作者责任心的重要手段。在项目后评价中，通过对项目投资活动中存在的问题及其原因进行分析，可以发现项目决策者、管理者和建设者在工作中存在的问题，从而有利于增强他们的工作责任心。

再次，项目后评价主要是为投资决策服务的。虽然后评价对完善已建项目、改进再建项目和指导待建项目有重要的意义，但更重要的是为投资决策服务，即通过后评价建议的反馈，完善和调整相关方针、政策和管理程序，提高决策者的能力和水平，进而达到提高和改善投资效益的目的。

5.5.3 项目后评价的特点

（1）现实性。项目后评价是以项目建成运行后的实际情况为基础的，项目后评价中所用的数据是项目运行中的实际数据。这一点和项目立项阶段的项目评价是不同的，后者是预测性评价，所用的数据均为预测数据。

（2）客观性。项目后评价的客观性要求在评价时，应抱有实事求是的态度，在发现问题、分析原因和做出结论时，避免出现避重就轻的情况，始终保持客观、负责的态度对待评价工作，做到一碗水端平。

（3）全面性。项目后评价是对项目立项决策、设计施工、生产运营等进行的系统评价，这种评价不仅涉及项目生命周期的各个阶段，而且还涉及项目的方方面面，包括经济效益、社会影响、环境影响等，因此是比较系统、全面的技术经济活动。

（4）反馈性。项目后评价的结果要反馈到决策部门，作为新项目立项和评估的基础，以及调整投资计划和政策的依据，这是后评价的最终目标。因此，后评价结论的扩散和反馈机制、手段和方法成为决定后评价成败的重要因素。

5.5.4 项目后评价的实施

项目后评价工作主要通过项目的后评估会议来实现。

（1）内部的项目后评估会议。在项目结束后，内部后评估会议应尽快举行，并且提前宣布会议议题，便于与会人员做好准备。会议中每个项目成员都应该畅所欲言，阐述他们对项目工作绩效的认识、对团队管理工作的意见和建议，以及未来应该做哪些改进工作等。会议结束后，项目经理要提炼出会议中反映的一些主要问题，为项目团队会议做好准备。

（2）最终用户的评价反馈。项目团队必须重视最终用户对项目的评估意见，项目结束后应与最终用户举行项目后评估会议。会议参与者应该包括项目经理、项目团队关键成员、用户的主要代表等。

项目后评估会议后，项目经理应该为管理层人员准备一份简要的项目后评价报告，作为项目绩效和建议的总结。

导入案例解析

说起项目总结，大家都认为它很重要。然而，在实际工作中，却很少把它与进度、成本等给予同等对待，总认为它是一项可有可无的工作。因而，在项目实施过程中，项目干系人就很少会注意经验教训的总结，即使在项目运作中碰得头破血流，也只是抱怨运气、环境或者团队配合不好，很少进行系统的分析总结，或者不知道怎样进行总结，以至于同样的问题不断出现。

在导入案例中，A公司在项目中重复出现相同的错误或失误，从而导致项目进度延误、项目执行成本较高，甚至客户满意度下降等问题。这也是系统集成公司或软件公司经常遇到的问题。

项目中出现问题后，如何通过有效的项目总结做到亡羊补牢，避免在下一个项目中再出现类似的问题？关键就是要通过有效的总结从而在项目运作过程形成一个闭环的反馈机制，最终减少和避免问题的发生。

事实上，项目总结工作应作为现有项目或将来项目持续改进工作的一项重要内容，同时也可以作为对项目合同、设计方案内容与目标的确认和验证。项目总结的目的和意义在于总结经验教训、防止犯同样的错误、评估项目团队、为绩效考核积累数据以及考查是否达到阶段性目标等。总结项目经验和教训，也会对其他项目和公司的项目管理体系建设和项目文化起到不可或缺的作用。完善的项目汇报和总结体系对项目的延续性是很重要的，如项目完成后项目的售后维护、设备保修等。项目管理机构应在项目结束前对项目进行正式评审，其重点是确保能够为其他项目提供经验，另外还有可能引申出用户新的需求从而进一步拓展市场。

那么，进行项目总结所需的信息应来自哪些方面呢？在项目实施中，项目经理有时会发现，以前项目中的总结信息很零散，每个部门只从本部门出发，总结自己的问题，而没有其他部门或人员的参加。而实际上，总结信息应该来自项目的各个方面，包括来自项目组、客户及其他项目干系人的反馈及项目管理信息系统中的信息。同时，使用这些信息以前，应确保收集这些信息的系统、组织和流程能够正常运行，并且应建立项目信息的收集、发布、存储、更新及检索系统，确保有效地利用项目中的各种信息资源。

从管理的观点来说，在项目生命周期的每个阶段都应该进行评估总结，以确定是否实现了此阶段的目标，项目是否可以进展到下一个阶段。总之，项目的不同阶段都应该有完善的项目总结。

在编写项目总结报告时，应该首先明确编写目的，同时也应简述项目概况、项目背景和项目进展情况。因为既然叫项目，就有其独有性、时间性，这样项

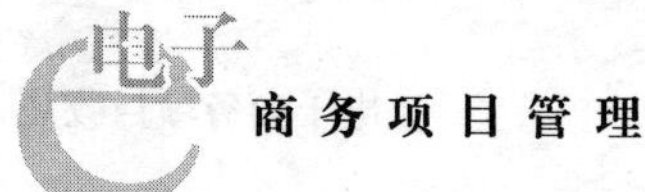

目总结的内容才能够更具有针对性、时效性和持续改进的意义。

最后，Paul根据美国项目管理协会的项目管理框架，把项目总结的框架提纲分成以下十二个方面：

(1) 项目进度；

(2) 项目质量；

(3) 项目成本；

(4) 项目风险；

(5) 项目资源；

(6) 项目范围；

(7) 项目沟通；

(8) 项目采购；

(9) 项目文档；

(10) 项目评价；

(11) 亟待解决问题；

(12) 经验教训及建议。

Paul总结出的项目总结模板和项目总结流程在A公司得到推广和使用，再加上公司领导层的重视，以前在A公司项目中重复发生的问题得到了有效的控制。

本章小结

本章主要围绕两个方面的内容进行理论与实践分析：一是项目验收。包括项目验收的重要性、项目验收的前期准备、项目的范围验收、项目的质量验收、项目费用决算与审计等，并以外包型软件项目验收为例探讨了项目验收的依据、项目验收的组织、项目验收的程序等内容。二是项目后评价。包括项目后评价的主要内容、项目后评价的意义、项目后评价的特点、项目后评价的实施方法等。

本章对进行正常收尾的项目提供过程指导，对于非正常收尾项目，可以依据项目的实际情况采用更灵活的方式进行收尾。所谓非正常收尾包括：某些项目只有商务操作，没有部署、试运行；某些项目由于多种原因中途停止；某些项目回款达到一定的比例，开发已经结束，不需进一步投入资源进行验收；等等。

思考与练习

1. 如何理解项目收尾工作在项目管理中的重要性？
2. 如何编制一份项目验收计划？
3. 针对电子商务系统谈谈如何实施最终用户培训工作。
4. 电子商务项目的后评价包括哪些内容？

电子商务项目管理软件

学习目标

通过本章的学习，你应该能够：

1. 了解项目管理软件的作用；

2. 了解电子商务项目管理软件的功能特点、基本操作方法；

3. 以电子商务项目的生命周期为线索，掌握 Project 2003 的应用。

导入案例

机会与风险同在的项目

项目背景：我国西部××省在商务营销活动中受地理、交通等条件限制，药品及医疗器械的交易仍以传统交易模式为主，手段落后，商家之间的信息难以共享，缺乏有效的沟通渠道，因此迫切需要建立基于电子商务的医疗用品网络交易平台。在该省省政府的支持下，有关部门决定立项实施。

项目目标：项目要求在研究适合××省医药行业的电子商务模式的基础上，建立跨平台、可重构、构件化的医药电子商务系统平台，建立与企业内部信息系统的接口标准，建立电子商务的安全认证体系，并进行企业的应用示范，从而推动××省医药产业的发展。

项目分析：该项目的主体内容是建立一个B2B（Business to Business）电子商务系统平台，面向全省的医疗用品生产厂家、批发商、零售商和医院，用户可以在平台上发布需求、供应和招标信息，也可以进行网上交流、合同商讨及签订，并争取在以后将用户扩展到全国。

这个项目，对于集成商来说，大部分技术是未曾使用过的。由于项目复杂度较高，涉及的专业知识也较多，因而风险非常大。

项目结果：集成商B公司按时完成了项目，无论是客户还是B公司，都对项目的结果表示满意，项目成员也对能参与这个项目而感到高兴。

B公司是如何成功完成这个充满风险的项目的呢？他们的秘诀是有效地利用了项目管理软件。

在现实生活中，项目无处不在，人们要完成的很多任务都是以项目来计划并实施的，因此对项目实施的驾驭能力直接决定了人们完成任务的质量。

在计算机普及以前，人们缺少一种有力的项目管理工具。传统的项目管理是依靠人们手工来完成的，存在着管理不易规范、容易受到各种人为因素的干扰等弊端。随着计算机技术的迅速发展和普及，计算机已被广泛地应用于管理领域，从20世纪50年代初至70年代末，以开发和推广应用网络计划技术为特征，项目管理进入一个学科化的时代，在此之后出现的项目管理软件也大多以网络计划为主线。依靠项目管理软件来代替传统的手工管理，具有极高的计划性和可靠性，使得管理水平大大提高了。

6.1 项目管理软件的基本工作原理

项目管理软件（Project Management Software）是专门用来辅助计划与控制项目成本、进度等的计算机应用系统，它往往综合集成多种项目管理技术，使参与项目的所有成员协同工作，从而提高项目管理的效率与效益。例如，Microsoft Project 系列软件的理论基础是国际上公认的关键路径法（CPM）和计划评审技术（PERT）。在项目管理过程中，可以通过这个软件生成的图、表或文件，使所有参加项目工作的人员对项目的认识达成一致，从而能够协同工作，出色地完成项目。

从原理上讲，项目管理软件首先应为所有与项目相关的人提供服务以便于其工作，同时应提供其进行工作交流的功能。其次，为管理好一个项目，项目管理软件应该能反映该项目目前的项目质量、项目进度、项目资金；提供项目计划、团队管理、项目控制、项目评审等功能。再次，由于每类项目的文档都不尽相同，项目管理软件应提供灵活的文档管理。最后，由于各企业都有其自身的特点，都有自己管理项目的方法，即便是同一企业对于不同的项目管理方式也可能不同，所以项目管理软件应能提供灵活的功能组合或灵活的权限管理，以便于各企业根据自身的情况灵活运用，而不是根据软件改变自己的管理方式。为此，一个好的项目管理软件中通常会集成多种项目管理技术。

6.1.1 项目管理软件中集成的基本技术

要正确地使用项目管理软件，首先必须了解项目管理软件中集成的有关项目管理技术。目前，项目管理软件中集成的基本技术有如下几种。

6.1.1.1 蒙托卡罗分析技术

蒙托卡罗分析技术也叫蒙托卡罗模拟，是项目风险管理不确定性分析技术。为了计算项目可能的结果分布，要对项目执行进行许多次模拟计算。由于项目中许多因素是变化的，通常不能用一个固定的值来描述。例如，在一个电子商务项目中，开发某个子程序到底需要多长时间，一般来说，不能用一个定值（例如20天）来描述，但是根据经验，往往可以给出一个范围，例如17天～23天。这就产生了一个问题：如果在一个项目中有多个因素都具有不确定性，那么应该如何计算结果呢？这正是蒙托卡罗分析技术所要解决的问题。

该技术的主要内容包括描述不确定性风险因素的方法、如何建立项目模型，以及抽样技术、数据分析技术、敏感性分析等。

6.1.1.2 决策树技术

决策树技术也是项目风险管理技术之一，它是在从多种方案中进行选择时使用的。每个决策（事件）都可能引出两个或多个决策（事件），导致不同的结果，把这种决策分支画成图形很像一棵树的枝干，故称决策树等。

该技术的主要内容包括如何构造决策树、决策点、方案枝、状态点、概率枝、单级（阶）决策树、多级（阶）决策树等。

6.1.1.3 项目进展评价技术

由于项目是由许多任务组成的，所以在项目进行到一定阶段后就会发现，有些任务工期缩短了，有些加长了；有些任务超出了预算，有些低于预算。如何从整体上评价进展呢？这就是项目进展技术要解决的问题。

该技术的主要内容包括流逝时间评价法、工期评价法、工时评价法等。

6.1.1.4 关键线路法技术

关键线路法也称关键路径法，是项目时间管理中的技术，用来预测项目持续时间。这里所谓关键线路是指在一个项目网络图中，决定项目的最早完成日期的工作序列。当某些工作超前或者拖后完成时，关键线路将会发生变化。关键线路法技术就是把完成任务需要进行的工作进行分解，估计每个任务的工期，然后在任务间建立相关性，形成一个“网络”，通过网络计算，找到最长的路径（主要矛盾），再进行优化。关键线路法的核心是计算时差，通过分析工作序列（线路），确定哪些活动的进度安排灵活性最小。项目最早完成日期一般用正推计算法得到；最晚日期则是从一个特定的完成日期开始，用逆推计算法得到的。

该技术的主要内容包括项目目标确定与时间、成本、资源的综合权衡，以及工作分解结构建立、工期估算影响因素、正向计算、反向计算、时差计算等。

6.1.1.5 计划评审技术

计划评审技术是一种面向事件的网络分析技术，用来估算当单个的工作持续时间存在着较高程度的不确定性时的项目持续时间。计划评审技术利用活动的逻辑关系和活动持续时间的三个权重估计值（最乐观值、最可能值和最悲观值）来计算项目的各种时间参数。

6.1.1.6 任务分解技术

任务分解技术是确定项目范围的一种主要技术，也是进行成本、资源估算的基础。

该技术的主要内容包括：分解原则、工作分解结构（WBS）、组织分解结构（OBS）、成本分解结构（CBS）、产品分解结构（PBS）。

6.1.1.7 关键因素分析技术

关键因素分析是质量管理中使用的技术，也称为帕累托法则，它是可以延伸到所能触及的每个管理领域的经济法则。关键因素分析技术把质量问题进行归类统计，分析每种引起质量问题的因素所造成的不良质量成本，然后找到影响最大的几个予以解决。

在项目管理中，通常运用关键因素分析技术，根据帕累托图确定质量控制目标是否已实现。

6.1.1.8 估算技术

估算技术主要是使用代码行、功能点、人工量等技术估算电子商务软件开发项目的时间、人工量、成本等，是属于软件开发项目中使用的一项管理技术。

代码行（LOC）指源代码的总行数，是源代码程序长度的常用度量标准。功能点（FP）度量是在需求分析阶段基于系统功能的一种规模估算方法，该方法通过研究初始应用需求确定各种外部输入数、外部输出数、外部查询数、内部逻辑文件和外部接口文件数目，从而确定功能点数量。人工量是指为了完成一项工作或其他项目元素所要求的劳动力的单位数量，通常以工作人时、工作人日或工作人周表示。

估算技术的主要内容包括：用代码行估算开发的最短工期、高效工期、正常工期的原理和方法；用功能点估算的原理和方法；用人工量估算的原理和方法；自底向上估算法；各种估算方法比较。

6.1.1.9 项目管理可视化技术

项目管理可视化技术包括把项目的进度、成本、风险、质量等进行可视化处理的方法。该技术给项目团队的沟通、项目控制带来了很大的便利。

6.1.2 项目管理软件的一般工作流程

项目管理的三要素是范围、时间和费用，这三个要素之间的关系依不同项目而异，通常会有一个要素对项目起决定性的影响。一般项目管理要做的事主要是围绕这三要素进行计划、组织和控制，电子商务项目管理也不例外。但是，如何才能计划、组织和控制好一个电子商务项目呢?

一般来说，每个项目都有一个从定义目标开始直至最终完成项目的过程，这个过程称为项目周期。一个项目周期通常包括定义项目目标、制定项目计划、发布项目计划、跟踪项目进度并调整计划、完成项目并存档等几个阶段。电子商务项目涉及的领域相对比较广，综合性也比较强，用传统的项目管理方法通常难以奏效，这就要求项目经理既要有系统的项目管理理论知识和丰富的项目管理经验，同时还要能有效地运用项目管理软件工具，优化工作流程，使项目管理工作事半功倍。

不同的项目管理软件，其工作流程实现的具体细节可能会有所不同，但通常都会包含项目周期的几个主要阶段。以 Microsoft Project 2003 为例，其进行项目管理的一般工作流程如下：

(1) 创建项目计划。包括创建项目文件、创建项目任务、安排任务工期、创建任务链接等。

(2) 资源与成本管理。包括为任务分配资源、用视图查看资源、分配项目成本。

(3) 项目管理。包括用视图（甘特图、日历、网络图等）查看项目、资源与投入比导向安排、项目资源的特定分配、项目日程排定控制等。

(4) 项目的控制与优化。包括解决项目中的资源冲突、任务限制、日程分析、缩短项目工期、减少项目费用等。

(5) 项目的跟踪。包括跟踪项目进度、跟踪实际成本、跟踪项目资源状况等。

(6) 项目进度报表。包括报表的定制与打印。

6.2 项目管理软件的功能与选择准则

项目管理技术的发展与计算机技术的发展密不可分，随着计算机性能的迅速提高，大量的项目管理软件涌现出来，它们可以用于各种商业活动，提供便于操作的图形界面，帮助用户制定任务、管理资源、进行成本预算、跟踪项目进度等。目前，市场上大约有120多种项目管理软件工具。根据它们的功能和价格水平，大致可以划分为两类：一类是供专业项目管理人士使用的高档项目管理软件。这类软件功能强大，价格也比较昂贵，如Primavera公司的P3、Gores技术公司的Artemis、ABT公司的WorkBench、Welcom公司的Open-Plan等。另一类是低档项目管理软件，应用于一些中小型项目。这类软件虽功能不很齐全，但价格较便宜，如Symantec公司的Time Line、Scitor公司的Project Scheduler、Primavera公司的SureTrak、Microsoft公司的Project系列产品等。

6.2.1 常用项目管理软件工具简介

下面简要介绍一些目前较流行的、适用于电子商务项目管理的软件工具。

6.2.1.1 Microsoft Project 系列产品

这是Microsoft公司推出的一款功能强大而灵活的通用项目规划与管理工具，可用于控制简单或复杂的项目，适用于IT行业、钢铁冶金、石油、煤炭、铁路、公路、航空航天、水利、市政、民用建筑及科学研究等各个领域的项目。它能够帮助用户建立项目计划并对项目进行管理，且在执行过程中追踪所有活动，使用户能实时掌握项目进度的完成情况、实际成本与预算的差异、资源的使用情况等信息。从最初的1.0版到最新的2003版，Microsoft Project产品的发展是一个不断进步和被广大用户接受的过程。Microsoft Project 2003版的应用方法将在本章6.3中详细介绍。

6.2.1.2 Primavera Project Planner

Primavera Project Planner（简称P3）是美国Primavera公司的产品，是基于广义网络计划技术理论编制的、国际上流行的高档项目管理软件，适用于任何工程项目，能有效地控制大型复杂项目，并可以同时管理多个工程。P3软件提供各种资源平衡技术，可模拟实际资源消耗曲线，支持工程各个部门之间通过局域网或Internet进行信息交换，使项目管理者能随时掌握工程进度。P3还支持ODBC，可以与Windows程序交换数据，通过与其他系列产品的结合支持数据采集、数据存储和风险分析，已成为项目管理的行业标准。

6.2.1.3 SureTrak Project Manager

SureTrak Project Manager是Primavera公司推出的另一个高度视觉导向的程序，适用于管理中小型项目。它利用SureTrak的图形处理方式，使项目经理能够简便、快速地建立工程进度，并实时跟踪和提供40多种标准报表，可任意选取、输出所需要的信息。

6.2.1.4 Project Management Workbench

Project Management Workbench（简称PMW）是ABT公司的产品，该软件可以管理复杂的项目。它在Windows操作系统下运行，提供对项目建模、分析和控制的图形化手段，具有项目管理所需的各种功能。

6.2.1.5 Project Scheduler

Project Scheduler是Scitor公司的产品，它可以帮助用户管理电子商务项目中的各种活动。Project Scheduler的资源优先设置和资源平衡算法非常实用，数据可以通过工作分解结构、组织分解结构、资源分解结构进行调整和汇总，并提供统一的资源跟踪工作表，允许用户根据一个周期的数据来评价资源成本和利用率。

6.2.1.6 Time Line

Time Line是Symantec公司的产品，它除了具有项目管理的所有功能外，还具有报表功能和极强的与SQL数据库连接的功能，是有经验的项目管理经理的首选。

6.2.1.7 HotPM

HotPM是华炎软件公司的产品，是基于Web的项目沟通软件，所有需要获取计划安排或上报完成情况的项目参与者，只要通过浏览器就可从项目数据库中获得计划安排或上报进度，使得项目管理不再受距离、异步、速率等的限制，为项目参与者营造了一种“近距离、同步、高效”的工作环境。HotPM的主要功能将在本章6.4中详细介绍。

6.2.2 项目管理软件的主要功能

上述项目管理软件各具特色、各有所长，分别适用于解决不同行业或领域的项目管理问题。总体来看，这些软件都具备以下几个功能。

6.2.2.1 成本预算和控制

利用项目管理软件，用户只要输入任务、工期，并把资源的使用成本、人员工资等一次性分配到各任务包，即可得到该项目的完整成本预算。在项目实施过程中，可随时对单个资源或整个项目的实际成本及预算成本进行分析、比较。

6.2.2.2 排定项目日程

用户对每项任务排定起始日期、预计工期，明确各任务的先后顺序以及可使用的资源后，项目管理软件就可以根据任务信息和资源信息排定项目日程，并随任务和资源的变更而调整日程。

6.2.2.3 监督和跟踪项目

大多数项目管理软件都可以跟踪多种活动，如任务的完成情况和费用、消耗的资源、工作分配等情况。通常的做法是用户定义一个基准计划，在实际执行过程中，软件根据输入的当前资源的使用状况或工程的完成情况，自动产生多种报表和图表，如资源使用状况表、任务分配状况表、进度图表等。另外，大多数项目管理软件还可以对自定义时间段进行跟踪。

6.2.2.4 生成报表

与人工操作相比，项目管理软件的一个突出功能是能快速、简便地生成多种报表和图表，如甘特图、网络图、资源图表、日历等。

6.2.2.5 方便资料交换

许多项目管理软件允许用户从其他应用程序中获取资料，这些应用程序包括 Excel、Access、Lotus 或各种 ODBC 兼容数据库。一些项目管理软件还允许通过电子邮件发送项目信息，项目人员可通过电子邮件获取最新的项目计划、当前任务完成情况以及各种工作报表等。

6.2.2.6 处理多个项目或子项目

有些项目很大而且很复杂，将其作为一个大文件进行浏览和操作一般难度较大，而将其分解成子项目后，可以分别查看每个子项目，更便于管理。另外，有时项目经理或成员可能同时参加多个项目的工作，需要在多个项目中分配工作时间。通常项目管理软件将不同的项目存放在不同的文件中，这些文件可以相互连接。也可以用一个大文件存储多个项目，便于组织、查看和使用相关数据。

6.2.2.7 排序和筛选

大多数项目管理软件都提供排序和筛选功能。通过排序，用户可以按所需顺序（如按字母顺序）浏览信息；通过筛选，用户可以获得指定的信息。

6.2.2.8　安全功能

一些项目管理软件具有安全管理机制，允许为项目管理文件以及文件中的基本信息设置密码，限制对项目文件或文件中某些数据项的访问，防止项目信息被非法盗取。

6.2.2.9　假设分析

假设分析是项目管理软件提供的一个非常实用的功能，用户可以利用该功能探讨各种情况下的结果。例如，假设某任务延长一周，则系统就能计算出该延时对整个项目的影响。这样，项目经理可以根据各种情况的不同结果进行优化，更好地控制项目的发展。

6.2.3　选择项目管理软件的一般准则

在为企业选择项目管理软件时，除了要考虑软件的功能外，还需要考虑许多其他因素，因此有必要建立一套选择标准，供项目管理者参考。选择项目管理软件时应考虑以下几个方面的内容。

6.2.3.1　产品功能

选择软件时首先要考虑系统是否具备项目组织所需要的各种功能。可根据预先起草的“所需功能列表”判断系统具备的功能在所列功能中所占的比率。例如，程序是否包含工作分析结构以及甘特图和网络图？资源平衡或均衡算法怎样？系统能否排序和筛选信息、监控预算、生成定制的日程表，并协助进行跟踪和控制？它能否检查出资源配置不当并有助于解决？

6.2.3.2　成本与容量

主要是考虑系统由几类成本组成，包括购买产品的费用、技术支持费用、延期许可费用、将来升级的开销、技术升级的费用、培训费用、首次演示的费用、在企业内安装首次演示工具的费用等。同时，还应考虑系统能否处理预计进行的项目数量、预计需要的资源数以及预计同时管理的项目数量。

6.2.3.3　技术可行性与相容性

主要是对在企业技术框架内找出具有该软件相关知识的人员的容易程度、使用该管理工具的能力以及对实施费用的评价，其中重要的一项内容是估计企业中已经具备操作该软件知识的人员数量。

6.2.3.4 操作简易性和联机帮助功能

操作简易性主要应考虑系统的“观看”和“感觉”效果、菜单结构、可用的快捷键、彩色显示、每次显示的信息容量、数据输入的简易性、现存数据修改的简易性、报表绘制的简易性、打印输出的质量、屏幕显示的一致性，以及新学人员熟悉系统操作的难易程度、有经验用户使用该工具需付出的努力程度等。

不同项目管理软件的文件编制和联机帮助功能质量各不相同，有时差别较大。因此选择软件时，要考虑用户手册的可读性，用户手册里概念的逻辑表达，手册和联机帮助的详细程度，举例说明的数量、质量，对高级性能的说明水平等。

6.2.3.5 与其他系统的兼容能力

如果工作环境数据储存在各个地方，比如储存在数据库、电子数据表里，就要特别注意项目管理软件的兼容统一能力。有些系统只能与少数几种常见的软件包进行最基本的统一，有些却可以与分布数据库甚至对象异构数据库进行高级的综合统一。另外，也要高度重视项目管理软件通过电子信箱向文字处理及图形软件包转入信息的能力。

6.2.3.6 供应商的支持与市场占有率

主要是对供应商所售产品以及在售出产品后对企业的支持能力和愿意支持程度的评价，包括工具在市场上的流行程度、供应商的稳定性、本地是否有供应商的服务、是否有在线帮助支持等。另外，要特别注意供应商的信誉。

6.2.3.7 报表功能

目前，各种项目管理软件系统提供的报表种类和数量是不同的。有些系统仅提供基本的计划、进度计划和成本报表，而有些则有非常广泛的设置，对各个任务、资源、实际成本、承付款项、工作进程以及其他一些内容均提供报表。另外，有些系统更便于定制化。对报表功能应给予高度的重视，尽量选择能生成内容广泛、有说服力的报表的软件。

6.2.3.8 安装要求及其他因素

主要是考虑所选择的项目管理软件运行时对计算机硬件和软件的要求，如存储器、硬盘空间容量、处理速度和能力、图形显示类型、打印设置以及操作系统等。此外，还应考虑所选系统的价值体系与企业文化的适合性，以及在企业内部面临的局限性、安全性能等方面的度量标准。

实际应用中可以根据上述原则制定一个简单易行的评价体系，用高、中、低三个级别来评价所选的工具（“高”是最有希望的评价），也可以采用数字评价（比如1～3级，级别“1”是最好的）的方式。通常，一个具有几个评定级别的简单评价体系会比一个具有复杂级别的评价体系更易使用。

6.3 Microsoft Project 2003的使用

6.3.1 如何选择合适的Microsoft Project 2003版本

目前，项目管理软件Microsoft Project 2003（以下简称“Project 2003”）有多种版本在市场上流行，它们能够灵活地满足管理工作和管理人员的需要。对于从事项目施工的企业来说，使用它编制施工计划是一个理想的选择；对于建设单位而言，也可以使用它安排项目投资分配，检查承包方项目进展报告的真实性，从而有效地控制项目进展；对于项目监理来说，它是一个不可多得的进行进度控制的工具；对于电子商务项目，它可以帮助用户规划和优化项目实施过程的组织和控制，随时向用户提供各种数据。那么，应该如何选择合适的Project 2003产品呢？具体来说，需要考虑以下两个方面的问题。

6.3.1.1 Project 2003的新增特点

Project 2003与Project 2000及其以前版本的最大差别在于软件工作环境的变化。Project 2000及其以前版本，基本上还是一个单机的工作环境，适用于规模比较小的项目。虽然从Project 2002开始，可以通过Internet浏览器来对整个项目组进行沟通，但是，直到Project 2003才可以真正地把项目的客户、项目经理及其成员，乃至整个公司的相关项目管理人员都纳入到网络的环境下，实现真正的协同管理。

就功能而言，Project 2003与Project 2002相比，新增了以下特点：

（1）性能方面有了很大的提高。Project 2003在数据库底层做了很多的优化，使性能得到了加强，能够满足越来越多用户对Project的需要。

（2）增加了质量管理方面的功能。六西格玛（6σ）是在质量管理方面非常有效的管理方法，它已经形成了一套管理的流程，在Project 2003中把它做成了一个模板，只要按照模板中的步骤进行操作，整个过程就符合六西格玛的要求。

因为流程是标准的，所以由这个流程可得到一个标准的结果。

6.3.1.2　Project 2003 不同版本的特征

Microsoft Project 2003 系列产品包括 Project Standard 2003（标准版）、Project Professional 2003（专业版）、Project Server 2003（服务器版）和 Project Web Access，各版本均已正式发布了简体中文版本。

Project 2003 标准版提供了核心工具，适合所有的项目管理人员和项目成员使用，能协助企业经理人动态管理日程与资源、沟通项目状态、分析项目信息，以保证项目在预算计划内按时完成。通过更直观的工具，Project 2003 标准版和其他 Microsoft Office System 程序（例如 Microsoft Office PowerPoint 2003 和 Microsoft Office Visio 2003）的无缝集成能够有效呈现项目状态，让企业经理人与项目团队能及时获得最新信息，在预算内顺利达成项目目标。当用户仅是利用个人桌面计算机单独管理项目时，使用 Project 2003 标准版便可；当用户必须协同作业并且与团队分享数据时，则可搭配 Project 2003 服务器版使用。

Project 2003 专业版是专门针对有企业项目管理功能需求的组织所设计的新版个人桌面计算机应用软件，它囊括了 Project 2003 标准版的所有功能，并新增了许多企业级项目协作的功能。如果客户的需求会不断增长并且希望与他人协作，那么应该考虑使用 Project 2003 专业版。此外，Project 2003 专业版在与 Project 2003 服务器版和 Project Web Access 一同使用的时候，还能够提供企业项目管理（EPM）功能，例如提供有关资源可用性以及技能和项目状态的最新信息。

Project 2003 服务器版是为企业集中管理和分享项目信息而设计，可将企业全部标准化的项目与资源信息集中储存，以达到高效的项目信息共享、分析与管理的能力。通过 Project 2003 服务器版，团队成员与外面的合作伙伴可以快速获取最新信息，企业决策者则可以利用它进行项目的危机管理与运营决策。Project 2003 服务器版相当于 Project 2003 Central 的一个版本的升级，新版本中新增多项功能，包括加强的安全性以及与 Microsoft SharePoint TeamServices 的整合，让用户能针对项目、任务、独立事件等进行组织、储存与追踪，并可利用集中共享区的报表等项目相关信息。此外，Project 2003 服务器版含有客户端访问许可（CAL）的概念。CAL 是一项让使用者有权存取 Project 2003 服务器版服务的授权。具有 CAL 的使用者能通过被称为 Project 2003 Server WebAccess（可通过浏览器访问）的网络接口检查，并能更新 Project 2003 服务器版中的项目信息。

总的说来，它们之间最大的差异就在于，Project 2003 标准版着眼于个人生产力的提升，而 Project 2003 专业版和服务器版着眼于企业项目管理方案。

6.3.2 Project 2003 的安装与维护

6.3.2.1 Project 2003 的系统环境要求

6.3.2.1.1 Project 2003 标准版与专业版对系统配置的要求

Project 2003 标准版与专业版对计算机系统的基本配置要求如表 6—1 所示。

表 6—1　　Project 2003 标准版与专业版对系统配置的要求

部　件	要　求
计算机和处理器	配备了 Intel Pentium 233 MHz 或者更快处理器的计算机，建议采用 PentiumⅢ
内存	128 MB 内存，建议采用更多内存
硬盘	130 MB 可用硬盘空间（需要的硬盘空间根据配置的不同有所变化；定制安装可能需要更多或更少的硬盘空间）
操作系统	安装了 Service Pack 3 或者更高版本服务包的 Microsoft Windows 2000，或者 Windows XP 或更高版本
显示器	Super VGA（800 × 600）或具有更高分辨率的显示器
浏览器	安装了 SP3 或者更高版本服务包的 Microsoft Internet Explorer 5.01，安装了 Service Pack 2（SP2）或者更高版本服务包的 Internet Explorer 5.5，或者安装了 Service Pack 1（SP1）的 Internet Explorer 6。如果希望获得最佳体验，请使用 Internet Explorer 6

如果要使用某些特殊功能，则还需用其他产品或服务。例如，如果希望在数据库中存储项目，则需安装 SP3 或者更高版本的 Microsoft SQL Server 2000，或者 Oracle8.0、Oracle8i、Oracle9.2 及高版本的数据库管理系统；如果需要电子邮件功能，则必须安装符合 MAPI 规范的邮件系统和兼容 Windows 的网络。

6.3.2.1.2 Project 2003 服务器版对系统配置的要求

Project 2003 服务器版对处理器、内存和硬盘的要求高度依赖于在计算机上安装的服务数量以及服务器的负载水平。为了配合使用 Project Web Access 和 Project 2003 专业版，系统需要的基本配置如表 6—2 所示。

表 6—2　　Project 2003 服务器版对系统配置的要求

部　件	要　求
计算机和处理器	配备了 Intel PentiumⅢ或更快处理器的计算机
内存	最少 256 MB 内存（建议采用 512 MB 内存）
硬盘	80 MB 可用硬盘空间（需要的硬盘空间根据配置的不同有所变化；定制安装可能需要更多或更少的硬盘空间）
操作系统	安装了 SP3 或更高版本服务包的 Microsoft Windows 2000 Server，安装了 SP3 或者更高版本服务包的 Windows 2000 Advanced Server，或者 Microsoft Windows Server 2003 标准版或企业版
服务器	Microsoft Internet Information Services（IIS）5.0 或更高版本（Microsoft Windows Server 2003 使用 IIS 6.0）
数据库	安装了 SP3 的 Microsoft SQL Server 2000，或者更高版本
显示器	Super VGA（800 × 600）或更高分辨率的显示器

Project Web Access 是一个 Web 门户，用来访问存储在 Project 2003 服务器版中的信息。使用 Project Web Access 需要一个 Project 2003 服务器版客户端访问许可证（CAL）。

6.3.2.2　Project 2003 的安装

Project 2003 的安装很简单，只要按照安装程序的提示进行相应的操作即可。另外，Project 2003 提供了自定义的安装功能，用户可以根据需要灵活地选择需要安装的组件。下面以 Project 2003 专业版为例，介绍该系统的安装过程。

首先，启动计算机进入 Windows 操作系统，安装过程中应当关闭所有其他应用程序。将 Project 2003 专业版（中文版）安装光盘放入 CD-ROM 驱动器中，此时系统将会自动启动光盘上的安装程序。如果安装程序没有自动启动，可以进入 Windows 的“资源管理器”或是“我的电脑”，双击 Project 2003 专业版的安装程序“setup.exe”，同样可以进入 Project 2003 专业版的安装界面，如图 6—1 所示。

在随后出现的对话框中输入产品密钥（见图 6—2），然后单击“下一步”按钮，弹出如图 6—3 所示的用户信息对话框。

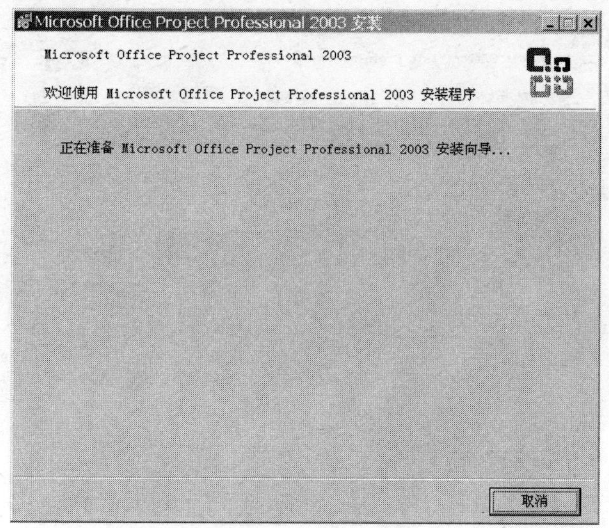

图 6—1　安装程序界面

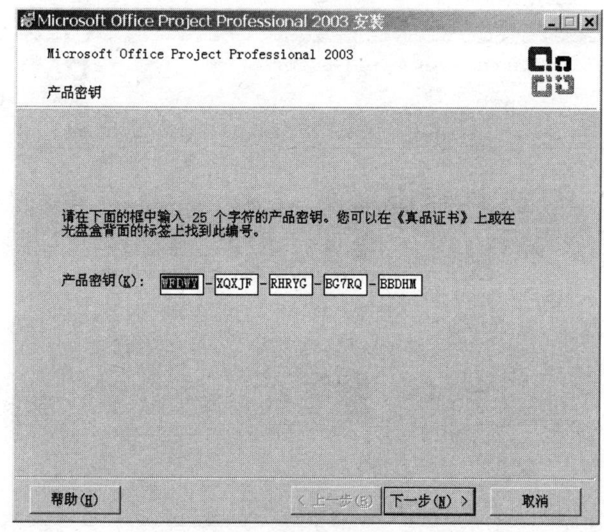

图 6—2　产品密钥对话框

在对话框中输入相关信息后，单击“下一步”按钮，弹出如图 6—4 所示“最终用户许可协议”对话框，选择“我接受《许可协议》中的条款”选项，单击“下一步”按钮，弹出如图 6—5 所示“安装类型”对话框。

在图 6—5 所示对话框中，用户可选择安装类型。软件中提供的安装类型

Microsoft Office Visio Professional 2003 安装

Microsoft Office Visio Professional 2003

用户信息

用户名(U): chenqingg

缩写(I):

单位(O): nbwl

Microsoft 致力于保护您的隐私。有关 Microsoft 如何帮助保护隐私及数据安全性的信息，请单击“帮助”按钮。

帮助(H) < 上一步(B) 下一步(N) > 取消

图 6—3　用户信息对话框

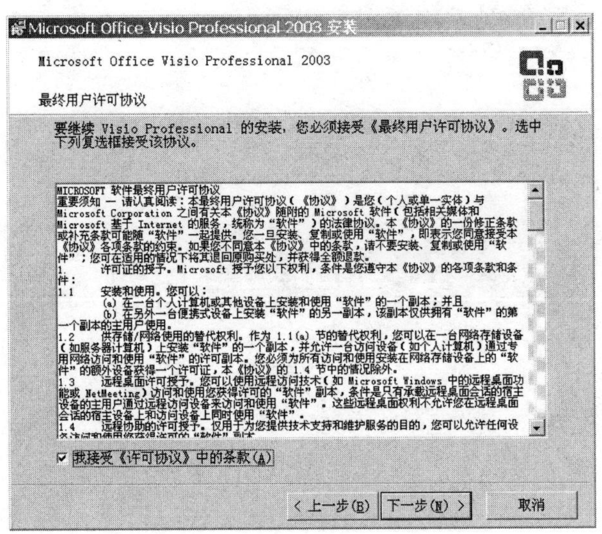

图 6—4　最终用户许可协议对话框

有：典型安装（这是 Microsoft 公司所推荐的标准安装类型，包含了典型用户使用的组件，安装程序自动安装 Project 2003 最常用的选项，安装成功后还可以随时添加和删除所需的组件）、完全安装（安装全部 Microsoft Office Visio Professional，包括所有可选组件和工具）、最小安装（仅安装 Microsoft Office Visio

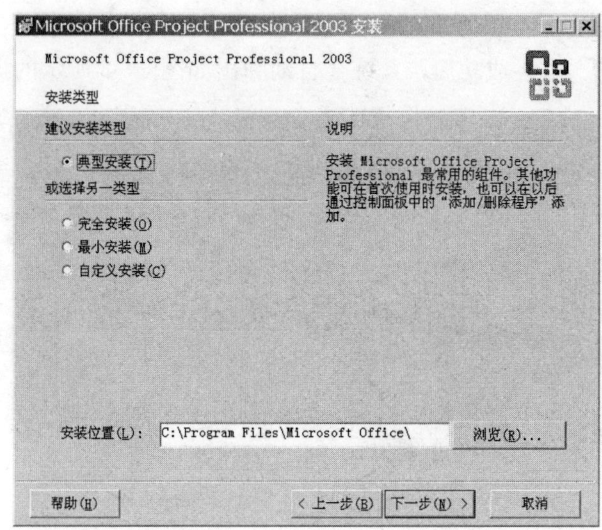

图 6—5 选择安装方式对话框

Professional 必需的最少组件，建议磁盘空间较少时使用)、自定义安装（用户选择了“自定义安装”后就可以选择安装任意组件或全部组件，建议高级用户使用此种安装类型)。选择“典型安装”后，单击“下一步”按钮，弹出如图 6—6 所示的提示硬盘空间信息的对话框。

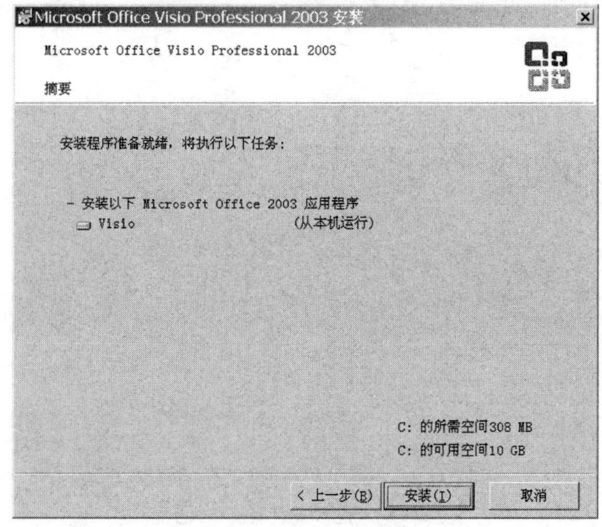

图 6—6 提示硬盘空间信息

单击“安装”按钮，系统开始安装。在安装过程中，会出现一个进度指示条（见图 6—7）。安装成功后，系统会自动弹出如图 6—8 所示的提示安装完成的对话框。

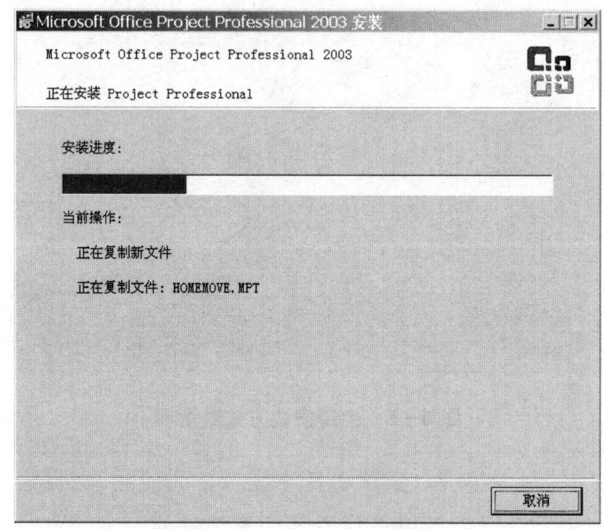

图 6—7　安装进度显示

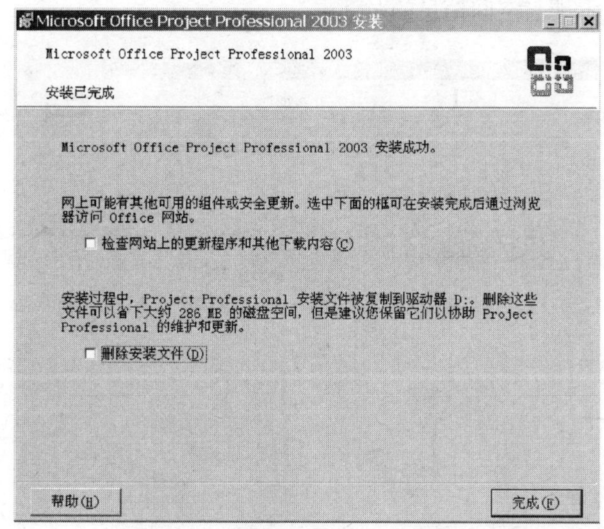

图 6—8　提示安装完成对话框

单击“完成”按钮，安装程序自动在 Windows 工具栏的开始程序菜单中建立一个 Microsoft Project 图标。至此，Project 2003 专业版安装结束。

6.3.2.3 Project 2003 的维护

仍以 Project 2003 专业版为例。在成功安装了 Project 2003 专业版后，用户若需修改当前的配置，添加或者删除某些组件，或是重新安装程序，则必须再次运行安装程序，以便进行相应的修改和恢复。与第一次安装一样，将安装光盘放入光驱中，启动安装程序，弹出如图 6—9 所示的维护模式选项对话框。

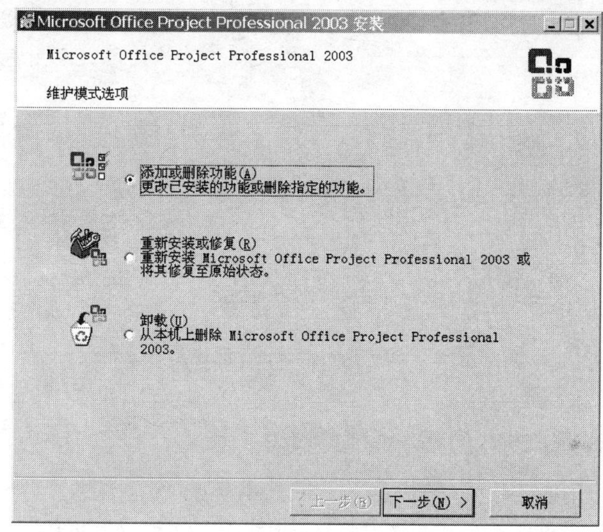

图 6—9 维护模式选项对话框

在该对话框中，有以下三个维护模式可供选择：

(1) 添加或删除功能：为当前的程序添加组件或者从中删除某些已经安装的组件。

(2) 修复功能：重复上一次的安装，以恢复丢失的文件夹设置。

(3) 卸载功能：删除以前安装的全部组件，卸载 Project 2003 专业版软件。

读者可以根据实际需要，点击单选按钮选中一项，再点击“下一步”按钮，然后根据系统提示进行操作，直至维护完成。

6.3.2.4 启动和退出 Project 2003 系统

(1) 启动系统。在 Windows 中执行“开始”→“程序”→“Microsoft Office”→“Microsoft Office Project 2003”菜单命令，即可启动 Project 2003。

(2) 退出系统。在已经启动的 Project 2003 工作环境中，执行“文件”→“退出”命令（见图 6—10），即可退出 Project 2003 系统。

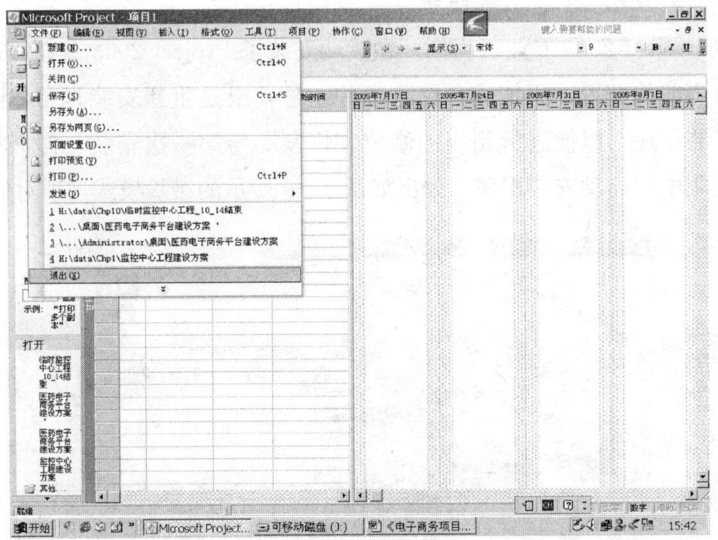

图 6—10 Project 2003 退出界面

6.3.3 Project 2003 的基本操作知识与技术

6.3.3.1 Project 2003 的用户界面与标准菜单

Project 2003 的基本用户界面窗口分成三个主区域（参见图 6—11），第一个区域由标准的 Windows 下拉菜单和操作按钮组成；第二个区域是任务窗格，在这里可以直接打开一些已建立的任务；第三个区域最大，有左右两个面板，以甘特图视图为例，该区域左边面板中是任务分配状态图，右边则是甘特图，这两个面板的尺寸可以根据需要随意改变，任务面板还可以显示一些附加信息，如任务周期、初始数据、完成数据、资源和操作阶段等。

Project 2003 用户界面窗口的顶部是一个标准的菜单栏，主要包括以下几项菜单：

(1) 文件。提供对文件的管理功能。“另存为”和“另存为 Web 页”项用于以各种格式保存文件。

(2) 编辑。提供标准的文字编辑功能。它还可以将任务链接到甘特图中，也可以断开链接，以便反映出任务间的关系。

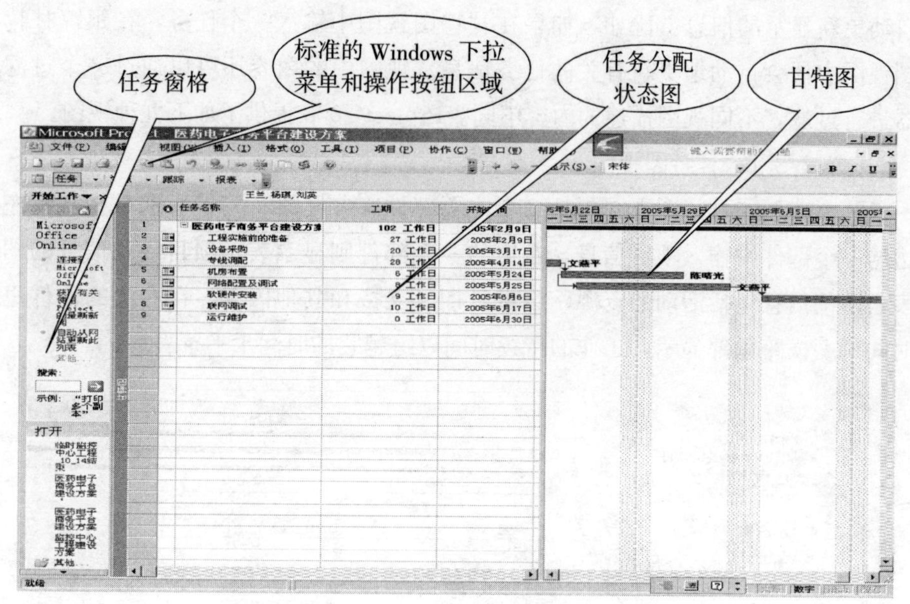

图 6—11　Project 2003 的基本用户界面布局

（3）视图。提供对所有图表、视图和报告的访问功能。它还可以选定一个"显示比例"命令，以便对窗口中显示的比例进行修改。这个命令在设计项目计划需要进行细节和图片修改时很有用。

（4）插入。提供将任务以及其他对象插入到项目计划中去的功能。

（5）格式。提供修改界面显示格式的功能。其中"时间刻度"命令可以根据要求更改甘特图中一定时间内的信息数量。

（6）工具。提供的是对工作组功能、资源选择的其他定制属性的查看功能。

（7）项目。提供的功能是修改项目环境，包括设置数据筛选、工作组、资源信息和项目信息。

（8）窗口。提供的是项目窗口的标准功能。

（9）帮助。提供的是各种帮助信息，包括索引、目录和修改应用中错误的帮助。初学者借助 Project 2003 的帮助信息，可以快速而有效地操纵用户界面。

6.3.3.2　Project 2003 的视图

视图是 Project 2003 中的术语，用来描述屏幕显示或打印数据的方式。大多数用户习惯使用甘特图、跟踪甘特图和资源工作表三种视图。每种视图都可以自动更新显示的信息。比如，如果在甘特图视图中输入一个任务，在跟踪甘特图视图中便会自动地更新有关的任务信息。视图中的内容还可以通过一个过滤器进行过滤，不同视图描述的内容不同。Project 2003 提供了如下九种视图。

6.3.3.2.1　甘特图视图

一个典型的甘特图视图包括 2 个主要部件（参见图 6—12）。通常在视图左边的一个部件中输入项目信息，右边的一个部件则显示表示项目活动信息的图表，这些信息包括活动的资源、结束日期、支持和其他因素。在右边的部件里时间刻度横跨顶部显示，工作的持续时间以跨越它的时间水平条表示。

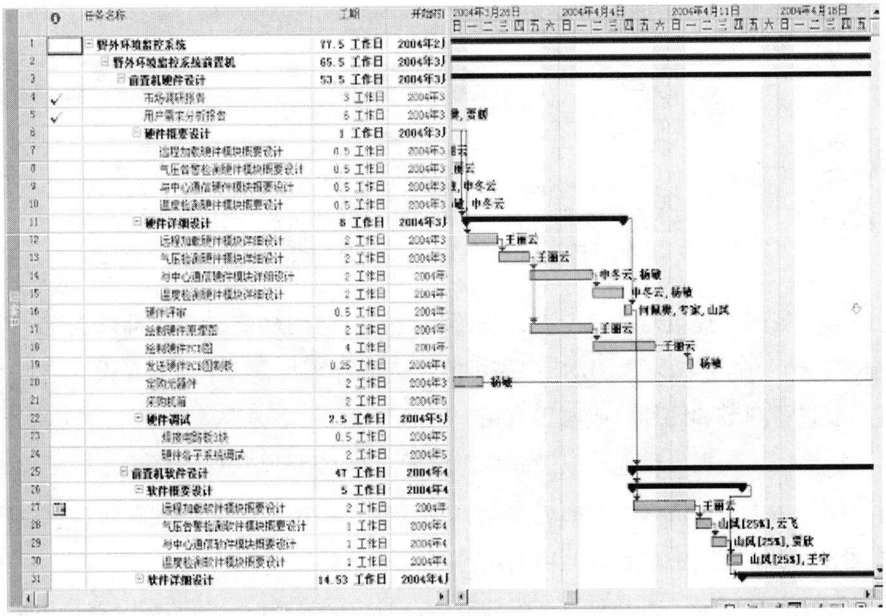

图 6—12　甘特图视图

使用甘特图视图可以很方便地查看任务的工期、开始和结束时间、资源等信息，也可以创建初始计划、查看日程和调整计划等。

6.3.3.2.2　跟踪甘特图视图

跟踪甘特图视图（见图 6—13）显示出了项目偏移原始估计的程度，可用于帮助确定如何调整计划来适应任何延迟。

6.3.3.2.3　日历视图

日历视图提供了每月的日历。该视图使用以月为时间单位的日历格式，用天

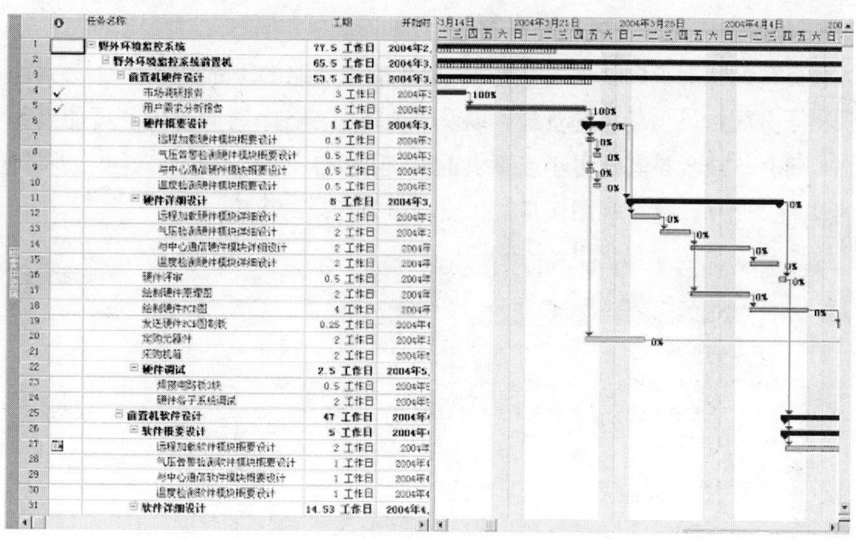

图 6—13 跟踪甘特图视图

或周来计算任务时间，如图 6—14 所示。其中，非工作日以灰色显示，尽管工期条线会穿越非工作日（周六和周日），但是工期时间并不包含非工作日。日历视图中还提供了访问其他视图的接口，如任务信息框。双击日历上某一个日期便可以打开一个对话框，在这个对话框中可以对标题、模式和格式等进行修改。

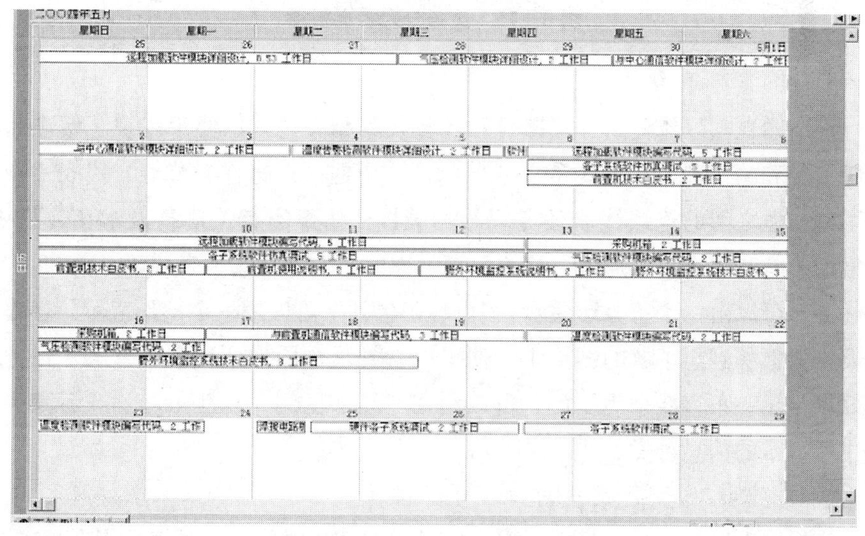

图 6—14 日历视图

6.3.3.2.4　任务分配状况视图

任务分配状况视图（见图 6—15）显示的是分配给任务的资源，它为每项任务列出了分配给该项任务的资源，以及每项资源在各个时间段内（可能是每天、每周、每月，或者是其他更小或更大的时间间隔）完成的工时，便于进行任务级的管理。此外，这个视图还提供了支持项目计划的手段。

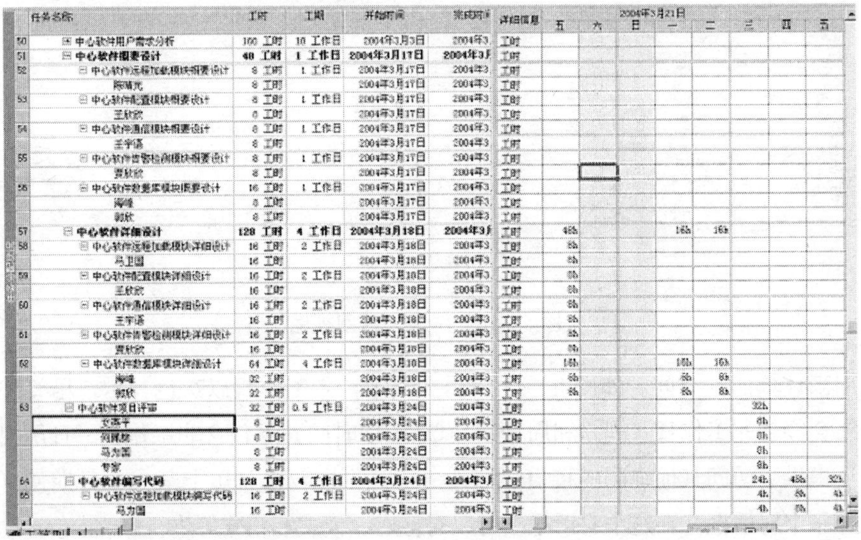

	任务名称	工时	工期	开始时间	完成时间	详细信息	2004年3月21日 五	六	日	一	二	三	四	五
50	中心软件用户需求分析	100 工时	10 工作日	2004年3月3日	2004年3	工时								
51	**中心软件概要设计**	**48 工时**	**1 工作日**	**2004年3月17日**	**2004年3**	工时								
52	中心软件远程加载模块概要设计	8 工时	1 工作日	2004年3月17日	2004年3	工时								
	陈靖元	8 工时		2004年3月17日	2004年3	工时								
53	中心软件配置模块概要设计	8 工时	1 工作日	2004年3月17日	2004年3	工时								
	王欣欣	8 工时		2004年3月17日	2004年3	工时								
54	中心软件通信模块概要设计	8 工时	1 工作日	2004年3月17日	2004年3	工时								
	王宇涵	8 工时		2004年3月17日	2004年3	工时								
55	中心软件告警检测模块概要设计	8 工时	1 工作日	2004年3月17日	2004年3	工时								
	贾欣欣	8 工时		2004年3月17日	2004年3	工时								
56	中心软件数据库模块概要设计	16 工时	1 工作日	2004年3月17日	2004年3	工时								
	海峰	8 工时		2004年3月17日	2004年3	工时								
	郭欣	8 工时		2004年3月17日	2004年3	工时								
57	**中心软件详细设计**	**128 工时**	**4 工作日**	**2004年3月18日**	**2004年3**	工时	48h			16h	16h			
58	中心软件远程加载模块详细设计	16 工时	2 工作日	2004年3月18日	2004年3	工时	8h							
	马卫国	16 工时		2004年3月18日	2004年3	工时	8h							
59	中心软件配置模块详细设计	16 工时	2 工作日	2004年3月18日	2004年3	工时	8h							
	王欣欣	16 工时		2004年3月18日	2004年3	工时	8h							
60	中心软件通信模块详细设计	16 工时	2 工作日	2004年3月18日	2004年3	工时	8h							
	王宇涵	16 工时		2004年3月18日	2004年3	工时	8h							
61	中心软件告警检测模块详细设计	16 工时	2 工作日	2004年3月18日	2004年3	工时	8h							
	贾欣欣	16 工时		2004年3月18日	2004年3	工时	8h							
62	中心软件数据库模块详细设计	64 工时	4 工作日	2004年3月18日	2004年3	工时	16h			16h	16h			
	海峰	32 工时		2004年3月18日	2004年3	工时	8h			8h	8h			
	郭欣	32 工时		2004年3月18日	2004年3	工时	8h			8h	8h			
63	中心软件项目评审	32 工时	0.5 工作日	2004年3月24日	2004年3	工时						32h		
	文泽平	8 工时		2004年3月24日	2004年3	工时						8h		
	刘辉辉	8 工时		2004年3月24日	2004年3	工时						8h		
	马力国	8 工时		2004年3月24日	2004年3	工时						8h		
	专家	8 工时		2004年3月24日	2004年3	工时						8h		
64	**中心软件编写代码**	**128 工时**	**4 工作日**	**2004年3月24日**	**2004年3**	工时						24h	48h	32h
65	中心软件远程加载模块编写代码	16 工时	2 工作日	2004年3月24日	2004年3	工时						4h	8h	4h
	马力国	16 工时		2004年3月24日	2004年3	工时						4h	8h	4h

图 6—15　任务分配状况视图

6.3.3.2.5　网络图视图

网络图视图以流程图方式来显示任务及其相关性，以便于用户了解项目的关键路径和关键联系。如图 6—16 所示，一个框（有时称为节点）代表一项任务，框与框之间的连线代表任务间的相关性。任务的有关信息显示在方框中，方框的形状和大小可以通过“格式”菜单中的“方框”选项来调整。例如，“标准任务”可以由一个正方形表示，“里程碑事件”可以用一个菱形表示。操作时只要将鼠标移到想了解的图形上，便可以看到这个图形所代表的含义。任务间的联系是用一条直线来表示的，可以利用“显示比例”属性来增加或者减少视图中所显示的信息种类。

6.3.3.2.6　资源图表视图

资源图表视图主要用来显示资源冲突情况，指出在人员、设备及其他资源中，

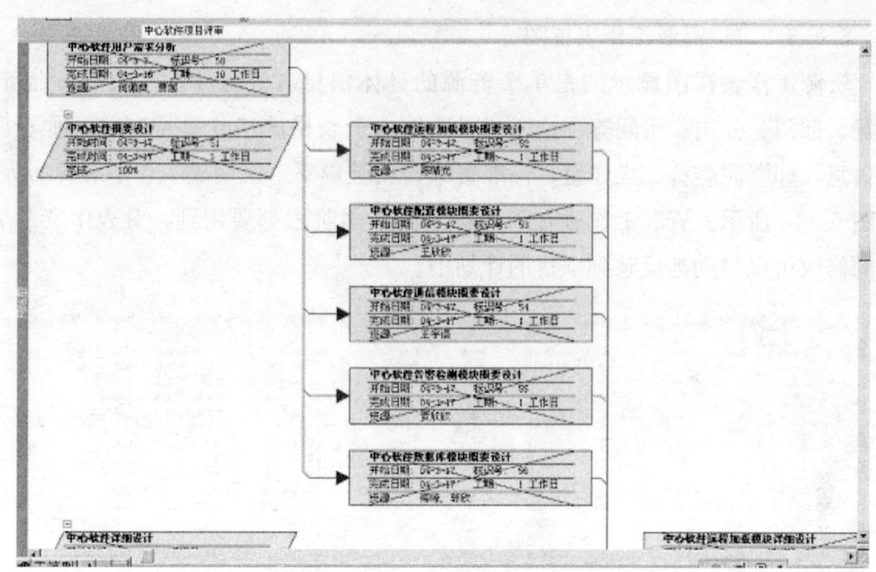

图 6—16　网络图视图

有哪些是过度配置的，哪些是没有被充分利用的。如图 6—17 中显示的是单个资源的分配信息，它是基于逐个方式显示的，这样可以清楚地确定资源的使用和闲置时间。资源图表视图与甘特图视图结合在一起可以用于管理资源分配信息。

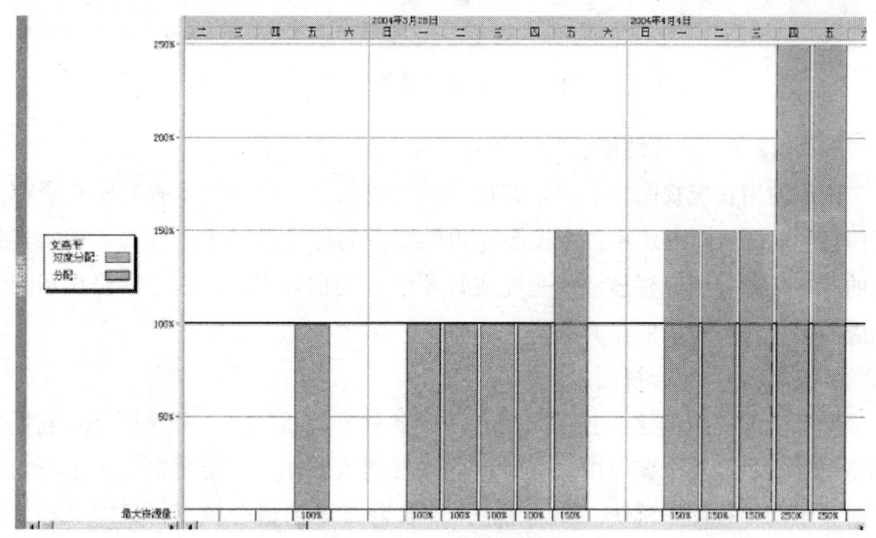

图 6—17　资源图表视图

6.3.3.2.7　资源工作表视图

资源工作表视图显示的是单个资源的具体信息，资源可以是人员、设备、装置、部门、公司、房间等。这个视图采用电子表格的格式显示有关各种资源的信息，如资源名称、工作组、标准费率、加班费率、使用成本、基准日历等，如图 6—18 所示。资源工作表在项目计划的很多阶段都要用到，对表中资源名称的修改可以自动地反映到项目的计划中。

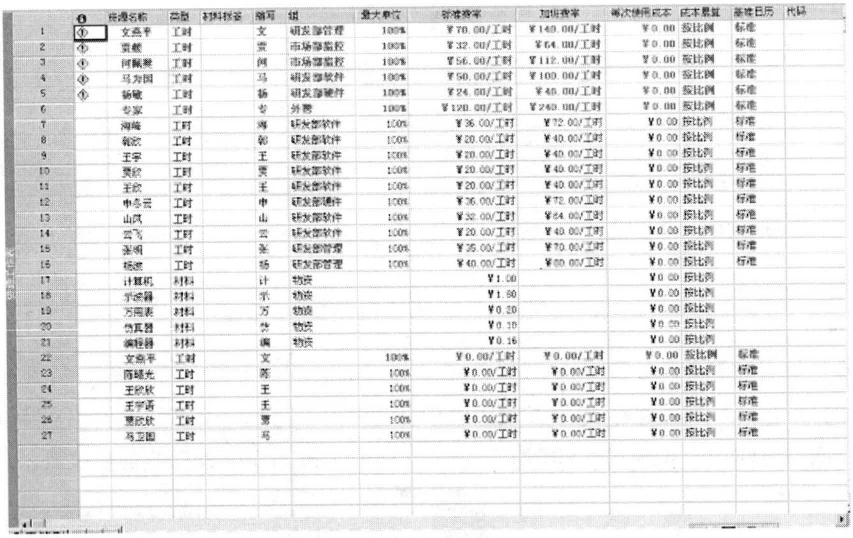

		资源名称	类型	材料标签	缩写	组	最大单位	标准费率	加班费率	每次使用成本	成本累算	基准日历	代码
1		文燕平	工时		文	研发部管理	100%	¥70.00/工时	¥140.00/工时	¥0.00	按比例	标准	
2		贾毅	工时		贾	市场部监控	100%	¥32.00/工时	¥64.00/工时	¥0.00	按比例	标准	
3		何佩璇	工时		何	市场部监控	100%	¥56.00/工时	¥112.00/工时	¥0.00	按比例	标准	
4		马为国	工时		马	研发部软件	100%	¥50.00/工时	¥100.00/工时	¥0.00	按比例	标准	
5		杨敏	工时		杨	研发部硬件	100%	¥24.00/工时	¥48.00/工时	¥0.00	按比例	标准	
6		专家	工时		专	外聘	100%	¥120.00/工时	¥240.00/工时	¥0.00	按比例	标准	
7		海峰	工时		海	研发部软件	100%	¥36.00/工时	¥72.00/工时	¥0.00	按比例	标准	
8		郭欣	工时		郭	研发部软件	100%	¥20.00/工时	¥40.00/工时	¥0.00	按比例	标准	
9		王宇	工时		王	研发部软件	100%	¥20.00/工时	¥40.00/工时	¥0.00	按比例	标准	
10		贾欣	工时		贾	研发部软件	100%	¥20.00/工时	¥40.00/工时	¥0.00	按比例	标准	
11		王欣	工时		王	研发部软件	100%	¥20.00/工时	¥40.00/工时	¥0.00	按比例	标准	
12		申冬云	工时		申	研发部硬件	100%	¥36.00/工时	¥72.00/工时	¥0.00	按比例	标准	
13		山风	工时		山	研发部软件	100%	¥32.00/工时	¥64.00/工时	¥0.00	按比例	标准	
14		云飞	工时		云	研发部软件	100%	¥20.00/工时	¥40.00/工时	¥0.00	按比例	标准	
15		张明	工时		张	研发部管理	100%	¥35.00/工时	¥70.00/工时	¥0.00	按比例	标准	
16		杨波	工时		杨	研发部管理	100%	¥40.00/工时	¥80.00/工时	¥0.00	按比例	标准	
17		计算机	材料		计	物资		¥1.00		¥0.00	按比例		
18		示波器	材料		示	物资		¥1.80		¥0.00	按比例		
19		万用表	材料		万	物资		¥0.20		¥0.00	按比例		
20		仿真器	材料		仿	物资		¥0.10		¥0.00	按比例		
21		编程器	材料		编	物资		¥0.16		¥0.00	按比例		
22		文燕平	工时		文		100%	¥0.00/工时	¥0.00/工时	¥0.00	按比例	标准	
23		陈曙光	工时		陈		100%	¥0.00/工时	¥0.00/工时	¥0.00	按比例	标准	
24		王欣欣	工时		王		100%	¥0.00/工时	¥0.00/工时	¥0.00	按比例	标准	
25		王宇涵	工时		王		100%	¥0.00/工时	¥0.00/工时	¥0.00	按比例	标准	
26		贾欣欣	工时		贾		100%	¥0.00/工时	¥0.00/工时	¥0.00	按比例	标准	
27		马卫国	工时		马		100%	¥0.00/工时	¥0.00/工时	¥0.00	按比例	标准	

图 6—18　资源工作表视图

6.3.3.2.8　资源使用状况视图

资源使用状况视图显示的是跨项目的资源信息，可以用于查看所有资源分配信息。如图 6—19 所示，在视图左边的资源名称栏里显示了资源名称及其指向的所有任务，工时栏显示的是完成每项任务的估计工时，右边窗格显示的是相应的每项任务每天的工时数。

6.3.3.2.9　组合视图

除了上面提到的这些视图之外，还有各种资源视图、任务视图等，它们大都是单独显示在整个窗口中。有时也可以根据需要在一个屏幕窗口分上下窗格同时显示两种视图，称为“组合视图”。如果要得到组合视图，只需选择“窗口”→“拆分”命令，窗口将被拆分为上下两部分。

	资源名称	完成百分比	工时	加班	比较基线	差异	实际	详细信息	2004年3月21日 日	一	二	三	四	五
1	⊞ 文燕平	0%	324.22 工时	0 工时	0 工时	324.22 工时	0 工时	工时						8
2	⊞ 贾毅	67%	288 工时	0 工时	0 工时	288 工时	192 工时	工时		8h	8h	12h	16h	8
3	⊞ 何佩霞	71%	272 工时	0 工时	0 工时	272 工时	192 工时	工时		8h	8h	20h	16h	8
4	⊞ 马为国	0%	88 工时	0 工时	0 工时	88 工时	0 工时	工时				12h	8h	4
5	⊞ 杨敏	0%	78 工时	0 工时	0 工时	78 工时	0 工时	工时						16
6	⊞ 专家	0%	16 工时	0 工时	0 工时	16 工时	0 工时	工时				8h		
7	⊞ 海峰	18%	136 工时	0 工时	0 工时	136 工时	24 工时	工时		8h	8h	4h	8h	8
8	⊞ 郭欣	18%	136 工时	0 工时	0 工时	136 工时	24 工时	工时		8h	8h	4h	8h	8
9	⊞ 王宇	0%	244 工时	0 工时	0 工时	244 工时	0 工时	工时				4h	8h	4
10	⊞ 贾欣	0%	264 工时	0 工时	0 工时	264 工时	0 工时	工时				4h	8h	4
11	⊞ 王欣	0%	80 工时	0 工时	0 工时	80 工时	0 工时	工时				4h	8h	4
12	⊞ 申冬云	0%	104 工时	0 工时	0 工时	104 工时	0 工时	工时						8
13	⊞ 山风	0%	134 工时	0 工时	0 工时	134 工时	0 工时	工时						
14	⊞ 云飞	0%	40 工时	0 工时	0 工时	40 工时	0 工时	工时						
15	⊞ 张明	0%	16 工时	0 工时	0 工时	16 工时	0 工时	工时						
16	⊞ 杨铁	0%	24 工时	0 工时	0 工时	24 工时	0 工时	工时						
17	计算机	0%	0		0	0	0	工时						
18	⊞ 示波器	0%	1		0	1	0	工时						
19	⊞ 万用表	0%	1		0	1	0	工时						
20	⊞ 仿真器	0%	1		0	1	0	工时						
21	⊞ 编程器	0%	1		0	1	0	工时						
22	⊟ 文燕平	0%	8 工时	0 工时	0 工时	8 工时	0 工时	工时				8h		
	中心软件项目评审	0%	8 工时	0 工时	0 工时	8 工时	0 工时	工时				8h		
23	⊟ 陈晓光	100%	8 工时	0 工时	0 工时	8 工时	8 工时	工时						
	中心软件远程加载模块概要设计	100%	8 工时	0 工时	0 工时	8 工时	8 工时	工时						
24	⊟ 王欣欣	100%	24 工时	0 工时	0 工时	24 工时	24 工时	工时						
	中心软件配置模块概要设计	100%	8 工时	0 工时	0 工时	8 工时	8 工时	工时						
	中心软件配置模块详细设计	100%	16 工时	0 工时	0 工时	16 工时	16 工时	工时						
25	⊟ 王宇强	100%	24 工时	0 工时	0 工时	24 工时	24 工时	工时						
	中心软件通信模块概要设计	100%	8 工时	0 工时	0 工时	8 工时	8 工时	工时						
	中心软件通信模块详细设计	100%	16 工时	0 工时	0 工时	16 工时	16 工时	工时						
26	⊟ 贾欣欣	100%	24 工时	0 工时	0 工时	24 工时	24 工时	工时						
	中心软件告警检测模块概要设计	100%	8 工时	0 工时	0 工时	8 工时	8 工时	工时						

图 6—19　资源使用状况视图

例如，在图 6—20 所示的组合视图中，上方窗格为资源工作表视图；下方窗格视图中则显示了在上方窗格中选定资源的有关信息，包括分配给该资源的任务，以及与任务相关的工时和甘特图等。

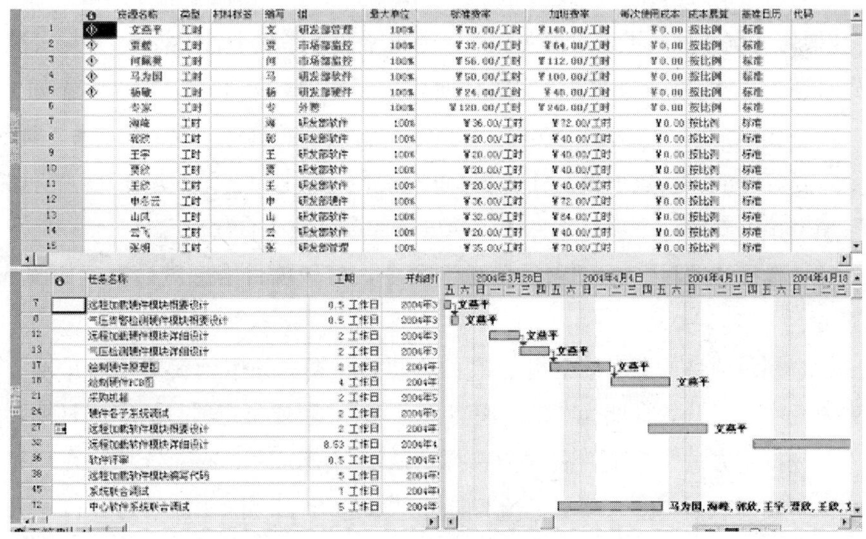

图 6—20　组合视图

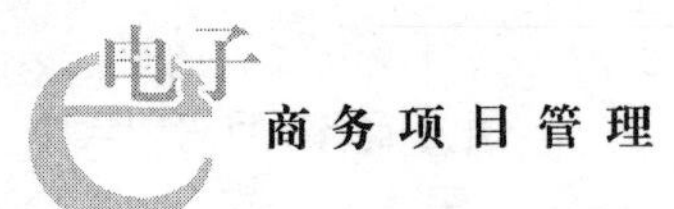

6.3.3.3 Project 2003 的基本操作技能

通过前面的介绍，我们已经学会了如何选择合适的 Project 2003 产品，如何正确安装 Project 2003 软件并进行必要的日常维护，如何启动和退出 Project 2003 系统，并且熟悉了其窗口组成、标准菜单以及视图功能。但是，要想使用 Project 2003 提供的强大功能进行项目管理，仅仅了解这些还不够，还必须掌握在 Project 2003 系统中如何新建项目文件、如何使用模板、如何使用管理器以及如何使用数据域等基本操作技能。

6.3.3.3.1 新建项目文件

要使用 Project 2003 进行项目管理，首先需要在系统中新建一个项目文件。新建项目文件时，用户需指定项目的开始日期或结束日期，以便 Project 2003 依据信息来排定任务。应该注意的是，在开始日期和结束日期中，只能给项目指定一个日期。对于已知项目开始时间，而不能确定最后完成时间的情况，Project 2003 使用默认的“越早越好”限制来安排任务。也就是说，Project 2003 利用用户输入的某任务和其他任务的信息设置该任务尽早开始，并以此开始时间及其后面的任务工期为基础，计算出整个项目的完成日期。如果项目最后期限已经确定，而需要依次排定前面的任务，Project 2003 在保证项目按时完成的前提下，对新增的任务采用“越晚越好”的限制，尽量延迟任务的开始时间。

[操作实例 1] 新建项目文件“医药电子商务系统平台建设”，并指定项目开始日期为 2005 年 1 月 1 日，完成日期为 2005 年 12 月 28 日。操作步骤如下：

(1) 在“常用”工具栏上单击“新建”按钮，或选择“文件”→“新建”命令，在打开的“新建项目”任务窗口中选择“新建”选项区域下的“空白项目”超链接，新建一个项目文件“医药电子商务系统平台建设”。

(2) 选择“项目”→“项目信息”命令，打开项目信息对话框，如图 6—21 所示。

(3) 利用项目信息对话框指定项目的开始日期。如本例在“开始日期”下拉列表框中设置开始日期为“2005 年 1 月 1 日”；若要指定项目的完成日期，则从“日程排定方法”下拉列表框中选择“从项目完成之日起”选项，在“完成日期”下拉列表框中输入项目完成日期为“2005 年 12 月 28 日”（此时，“开始日期”下拉列表框将处于禁用状态）。

(4) 在“状态日期”下拉列表框中设置状态日期。若选系统默认值“NA”，

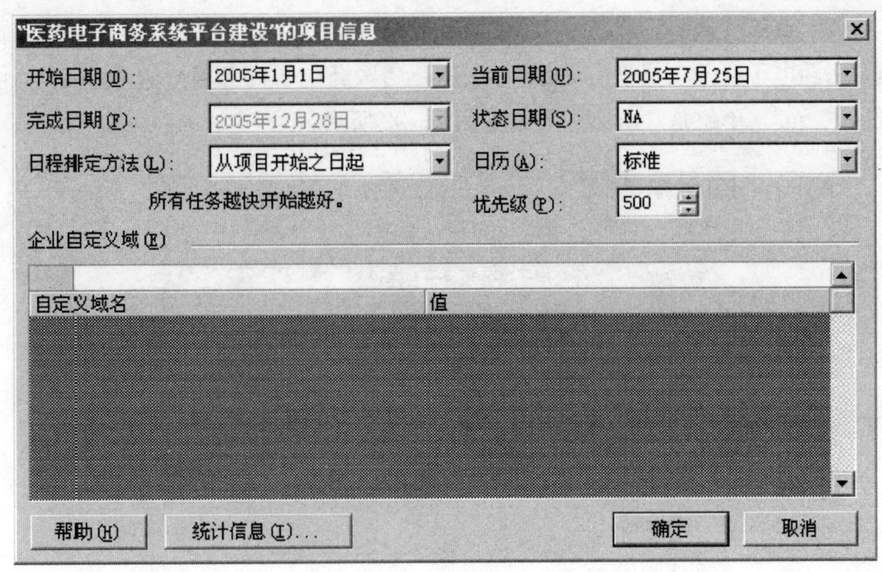

图 6—21 项目信息对话框

则 Project 2003 将当前日期作为状态日期。"当前日期"下拉列表框中的日期由计算机内部时钟决定。用户可以将当前日期添加到视图或报表的页眉、页脚或图例中，以便跟踪视图或报表的不同打印件。状态日期用于计算盈余值，这会在设置任务进度线时用到。

(5) 在"日历"下拉列表框中，指定一个用于计算工作时间的"标准日历"。标准日历为每周工作 5 天，每天工作 8 小时（从上午 8 点到下午 5 点，其中中午 12 点到下午 1 点为午餐时间)，设定任务优先级为"500"。

(6) 完成上述操作后，单击"确定"按钮，即新建了一个项目文件。

6.3.3.3.2 设置关键项目信息

每个项目都包含一个特有的组件，如项目目标、特定的任务以及工作人员等，用户可利用 Project 2003 帮助自己记录这些重要信息，以便在需要时查阅。

[操作实例 2] 设置在操作实例 1 中创建的项目的标题为"医药电子商务项目平台建设"，主题为"医药电子商务客户管理中心"，作者为"cqg"，单位为"nbwl"。操作步骤如下：

(1) 选择"文件"→"属性"命令，打开项目属性对话框，选择"摘要"选项卡。

（2）按照“摘要”选项卡中所列出的条目输入与项目有关的信息，如标题是“医药电子商务项目平台建设”，主题是“医药电子商务客户管理中心”，作者是“cqg”，单位是“nbwl”等，如图 6—22 所示。

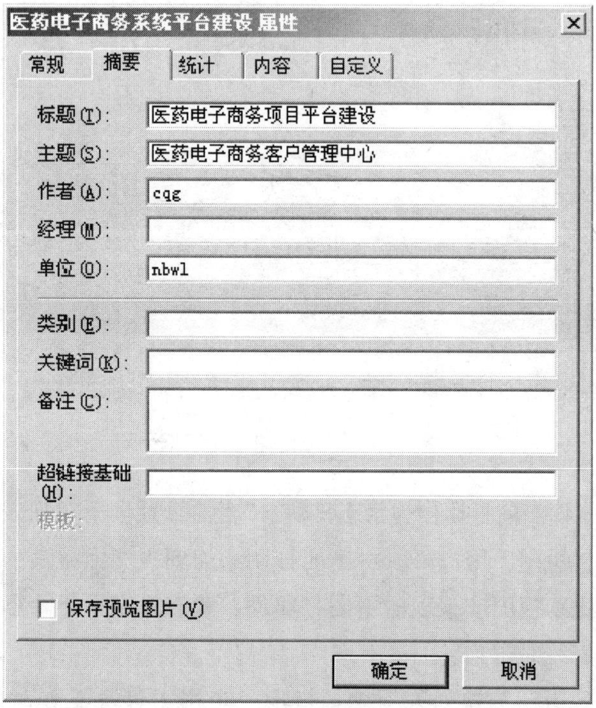

医药电子商务系统平台建设 属性
常规 摘要 统计 内容 自定义
标题(T): 医药电子商务项目平台建设
主题(S): 医药电子商务客户管理中心
作者(A): cqg
经理(M):
单位(O): nbwl
类别(E):
关键词(K):
备注(C):
超链接基础(H):
模板:
保存预览图片(V)
确定 取消

图 6—22　摘要选项卡

（3）设置完成后，单击“确定”按钮即可。

6.3.3.3.3　使用模板创建项目文件

当用户创建一个新的、空白的项目文件时，实际上也就是启用了一个模板，即 global.mpt。它会自动为项目文件命名为“项目 1”、“项目 2”、“项目 3”等。

［操作实例 3］　使用 Project 2003 提供的软件开发模板创建一个项目文件。操作步骤如下：

（1）选择“文件”→“新建”命令，打开“新建项目”任务窗口，如图 6—23 所示。

（2）选择“模板”选项区域下的“本机上的模板...”超链接，打开“模板”对话框，选择“Project 模板”选项卡，如图 6—24 所示。

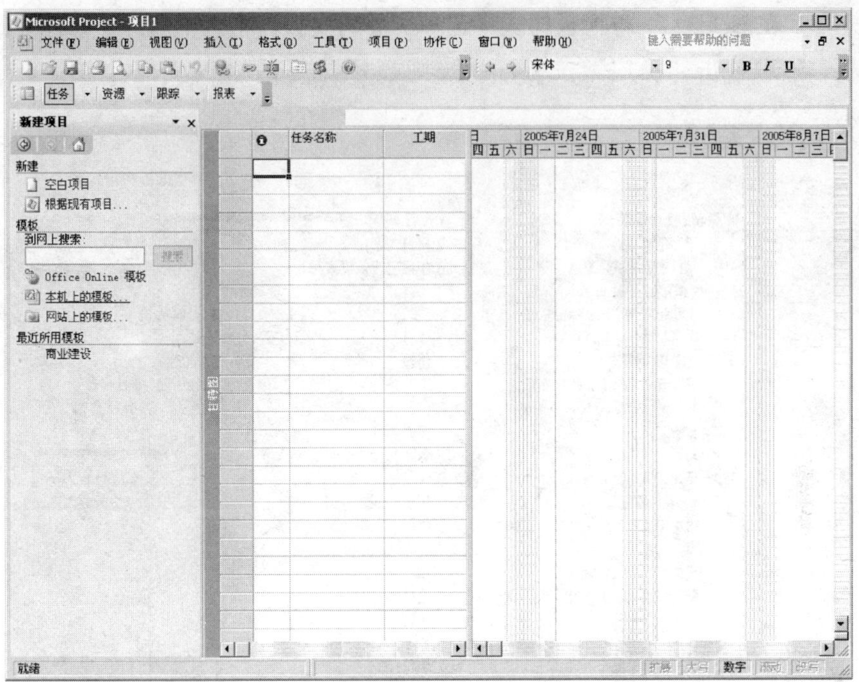

图 6—23 新建项目任务窗口

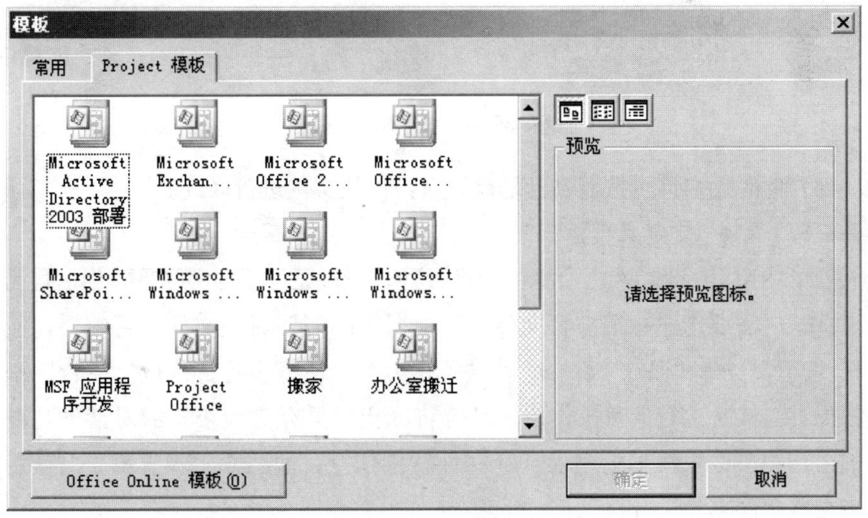

图 6—24 Project 模板选项卡

（3）在内置的20种模板样式里选择所需的模板。本例中选择“软件开发”模板，然后单击“确定”按钮，系统则显示建好的模板文件，如图6—25所示。

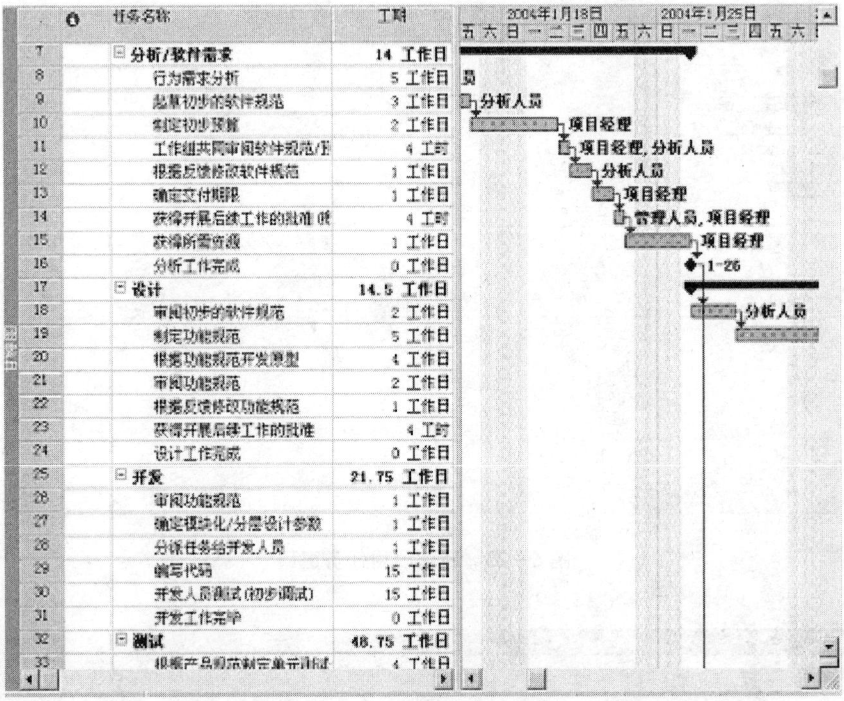

	任务名称	工期
7	⊟ 分析/软件需求	14 工作日
8	行为需求分析	5 工作日
9	起草初步的软件规范	3 工作日
10	制定初步预算	2 工作日
11	工作组共同审阅软件规范/预	4 工时
12	根据反馈修改软件规范	1 工作日
13	确定交付期限	1 工作日
14	获得开展后续工作的批准（概	4 工时
15	获得所需资源	1 工作日
16	分析工作完成	0 工作日
17	⊟ 设计	14.5 工作日
18	审阅初步的软件规范	2 工作日
19	制定功能规范	5 工作日
20	根据功能规范开发原型	4 工作日
21	审阅功能规范	2 工作日
22	根据反馈修改功能规范	1 工作日
23	获得开展后续工作的批准	4 工时
24	设计工作完成	0 工作日
25	⊟ 开发	21.75 工作日
26	审阅功能规范	1 工作日
27	确定模块化/分层设计参数	1 工作日
28	分派任务给开发人员	1 工作日
29	编写代码	15 工作日
30	开发人员测试（初步调试）	15 工作日
31	开发工作完毕	0 工作日
32	⊟ 测试	48.75 工作日
33	根据产品规范制定单元测试	4 工作日

图6—25 “软件开发”模板

（4）此时用户即可按照自己的需要对该模板文件进行修改。

6.3.3.3.4 自定义模板

除了使用Project 2003所提供的模板外，用户还可根据实际需要创建自己的模板。这时需要新建一个项目文件，并根据实际需要对该文件进行编辑，然后选择“文件”→“保存”命令，在“另存为”对话框中将文件以“模板”格式进行保存。依次进行上述操作后，系统将弹出“另存为模板”的对话框，在对话框中用户可以选择不希望保存的文件特定信息，如图6—26所示。保存后的模板文件扩展名为.mpt。

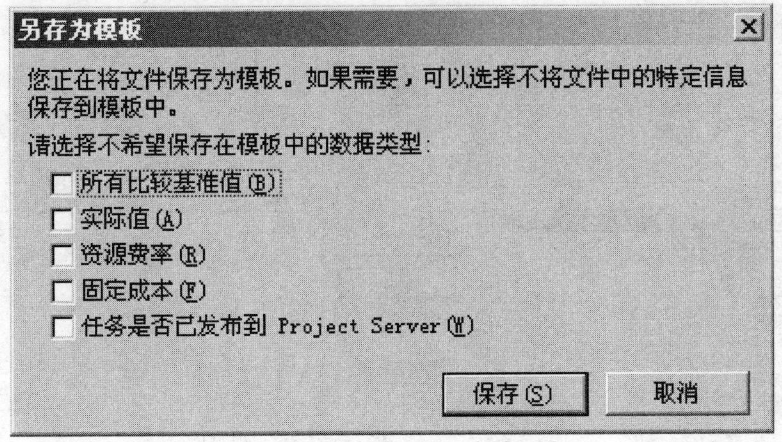

图6—26 “另存为模板”对话框

6.3.3.3.5 管理器的使用

如果用户在创建项目文件的过程中，根据实际情况自定义了一个日历、报表或视图等对象，则这些对象只适用于当前的项目文件。若想要使其他项目文件也能够使用该对象，可以使用 Project 2003 提供的管理器。使用管理器可将自定义的视图、表、筛选器、日历、报表、窗体以及工具栏等复制给其他的文件或用户，也可将自定义的对象删除或重命名。

［**操作实例 4**］ 使用管理器复制“软件开发”模板中的项目对象。操作步骤如下：

(1) 按照操作实例 3 中的步骤使用“软件开发”模板新建目标文件“项目 1”。

(2) 在目标文件“项目 1”中选择“工具”→“管理器”命令，打开如图 6—27 所示的“管理器”对话框。

(3) 在对话框左下角的“‘视图’位于（V)”下拉列表框中选择项目对象所在的源文件 SOFTDEV，在右下角的“视图位于（B)”下拉列表框中选择要将项目对象复制到目标文件“项目 1”。

(4) 在对话框上方选择项目对象所在的选项卡。

(5) 在左侧列表中选择要复制的对象，单击“复制”按钮，将对象复制到目标文件中，如图 6—28 所示。

(6) 单击“关闭”按钮关闭“管理器”对话框。

用户在选择源文件时会看到一个 Global. MPT 文件，该文件是 Project 2003

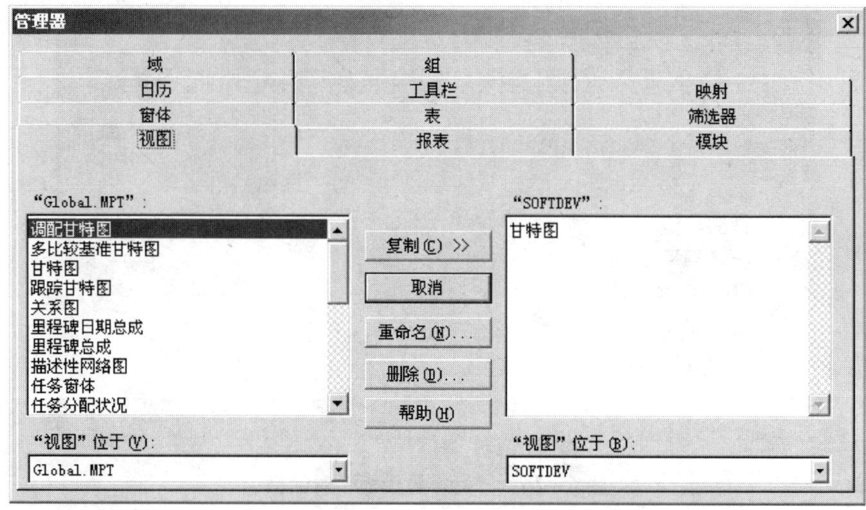

图 6—27 管理器对话框

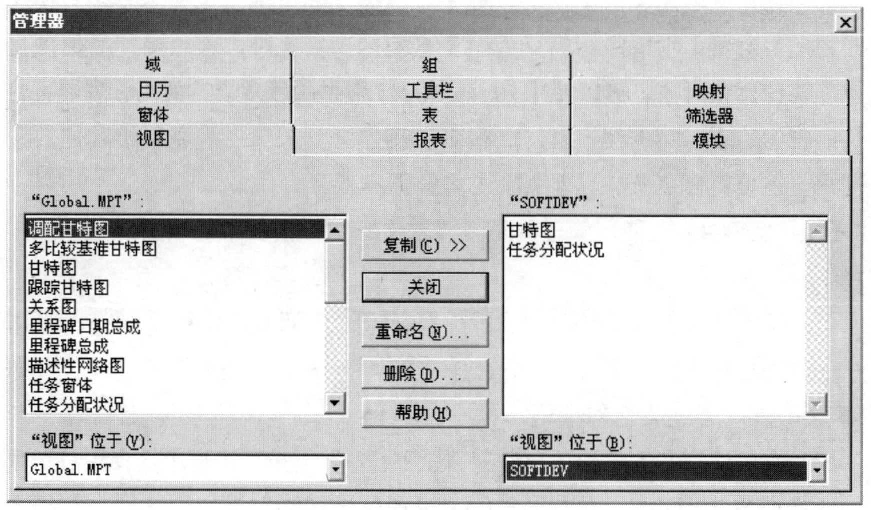

图 6—28 复制项目对象

中的全局文件，是一个标准的模板，其中包含了可用于项目的各种信息（如视图、日历、窗体、表、筛选器及工具栏等）及一些选项设置。

当用户创建一个新的空白项目文件时，该文件就会继承全局模板文件的所有特性。改变全局文件（如对工具栏、菜单或导入/导出映射进行更改）将会影响到以后创建的所有新文件。

6.3.3.3.6　项目向导的使用

为帮助用户方便快捷地创建项目计划、管理任务和资源、指定和更改工作时间、跟踪项目进度和查看项目信息等，Project 2003 为用户提供了项目向导功能。要使用项目向导，只需单击任务窗格中的相应项目，并按照提示进行操作即可。例如，单击任务栏中的“任务”、“资源”、“跟踪”和“报表”按钮，可在任务窗格中分别打开相应项目；单击□按钮，可打开或关闭任务窗格。

6.3.3.3.7　数据域及其使用

数据域是指工作表、窗体或图表中包含有关任务、资源或工作分配的特定类型信息的位置。在工作表中，域是行和列的交汇处。用户可以方便地选择数据域，在域中查找特定的任务或资源，以及向表中添加数据域。若要选择单个的数据域单元格，通常是将鼠标指针移至所要选择的单元格并单击鼠标，此时单元格被黑框包围，表示被选中。

[操作实例 5]　在域中查找已知任务或资源。操作步骤如下：

(1) 选择“编辑”→“查找”命令，打开查找对话框，如图 6—29 所示。

图 6—29　查找对话框

(2) 在“查找内容”文本框中输入要查找的内容，同时可在“查找域”下拉列表框中选择在哪个域中进行查找，在“条件”下拉列表框中设置查找条件，另外还可以选择搜索方式（向上或向下）。

6.3.3.3.8　向表中添加列

如果 Project 2003 的工作表中没有显示所需的全部信息，用户可以向现有表中添加列（域）。这时需要在工作表视图中选取“任务名称”列或该列中的一个单元格（新插入的列将位于该列的左侧），执行“插入”→“列”命令，此时系统将打开列定义对话框（见图6—30）。在“域名称”下拉列表框中可以选择域名，在“标题”文本框中可输入在工作表中显示出来的列标题，在“对齐标题”和“对齐数据”下拉列表框中可选择列标题和数据的对齐方式，“宽度”则用来设置添加的列的宽度。

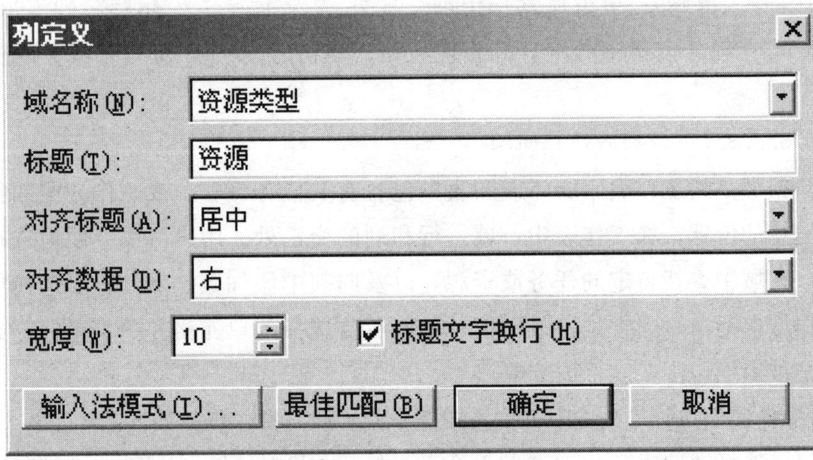

列定义

域名称(N): 资源类型

标题(T): 资源

对齐标题(A): 居中

对齐数据(D): 右

宽度(W): 10 ☑标题文字换行(H)

输入法模式(I)... 最佳匹配(B) 确定 取消

图6—30 列定义对话框

6.3.3.3.9 插入/删除任务

通过【Insert】、【Delete】键，可以插入和删除任务。插入操作可以在当前位置上插入任务和一个空白行，删除操作可以删除所选择的任务行。此外，插入和删除操作还可以通过下拉菜单进行。

6.3.3.3.10 管理任务级别

Project 2003提供在任务级别上管理项目详细信息的功能。通过单击工具栏上的左、右箭头图标按钮可以建立任务嵌套、选择任务，单击左箭头图标按钮可以将任务升级，单击右箭头图标按钮可以将任务降级。

[操作实例6] 用下面的一组活动来建立本章导入案例中“医药电子商务系统平台建设”子项目计划（这里仅选取部分内容）：

网站规划

　　网站建设目标定位

　　分析论证

网站需求分析

可行性分析

技术可行性

市场可行性

经济可行性

投资可行性

运作可行性

回报可行性

发展可行性

网站规划的内容

确定网站主题

网站结构风格设计

网站功能规划

网页设计

实施与评估

测试与改进

…………

这是一个包含不同活动级别的计划。在 Project 2003 中，可以通过单击工具栏中的右箭头图标按钮将“网站建设目标定位”、“分析论证”等降一级，再将“网站需求分析”、“网站建设的可行性分析”等降二级，选择其余任务单击右箭头图标按钮将其降三级。按此方法可建立一个多级管理计划，如图 6—31 所示。

当子任务出现在窗口上时，父任务之前要标以“－”号。点击“－”号可以隐藏子任务，而且“－”号将变成“＋”号。例如，用鼠标点击上例中“经济可行性”活动前的“－”号，符号立即变成“＋”号，同时“经济可行性”活动下的所有子活动被隐藏起来。在 Project 2003 中任务层次最多可达 9 层。

6.3.3.3.11 操作时间条

在项目计划和跟踪中修改时间是很常见的操作。可以在甘特图中检查任务日程，也可以通过将鼠标指针移至时间条上观察更详细的信息，如任务名称、开始日期、工期、结束日期等。若要修改这些信息，可以通过如下方法进行：

(1) 将鼠标指针置于将要修改的时间条右侧并点击鼠标左键，选中待修改

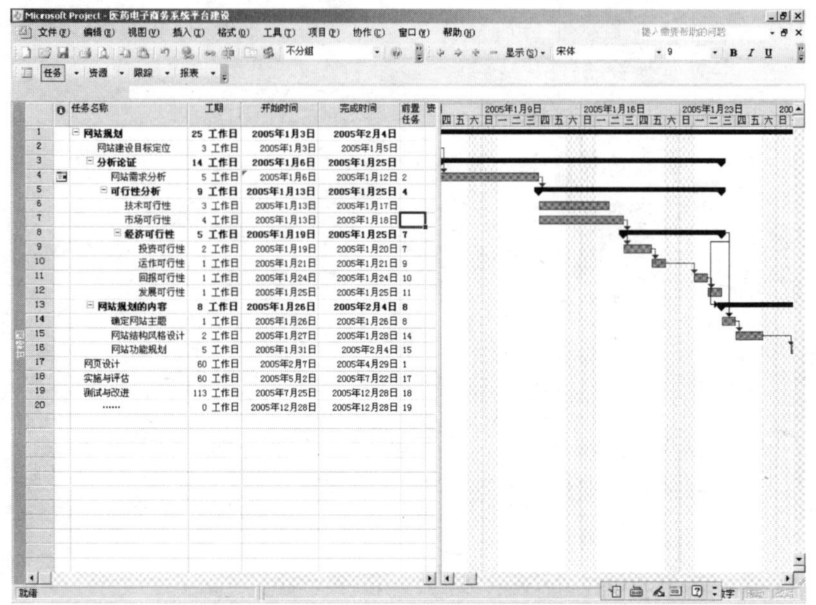

图 6—31 管理任务的分级

的时间条。当鼠标光标变成右向箭头时，按住鼠标左键向右拖曳可延长时间条，向左拖曳鼠标可缩短任务工期，变化会自动反映在工期栏中。

（2）将鼠标指针移到有修改任务的时间条上并单击鼠标右键，在弹出的任务信息对话框中，输入相关的任务时间信息。

（3）双击任务名称栏上的任务，激活任务信息对话框，如图 6—32 所示，在该对话框中可对有关信息进行修改。

此外，Project 2003 还提供将数据从 Excel 和 Word 中直接拷贝到 Project 中的操作，即所谓 OLE 支持。例如，可以在 Word 中输入一个任务列表，每一项任务用换行符隔开，然后将其拷贝到甘特图中，这样在甘特图中每项任务将会被分配到合适的位置上。

6.3.4 用 Project 2003 管理电子商务项目

Project 2003 是一个功能强、管理细致、操作方便的优秀的项目管理软件，它提供了一套完整的项目描述和计算方法及模型。用 Project 2003 管理电子商务项目，一般要经过计划和安排项目任务、管理项目资源和成本、跟踪和报告项目等

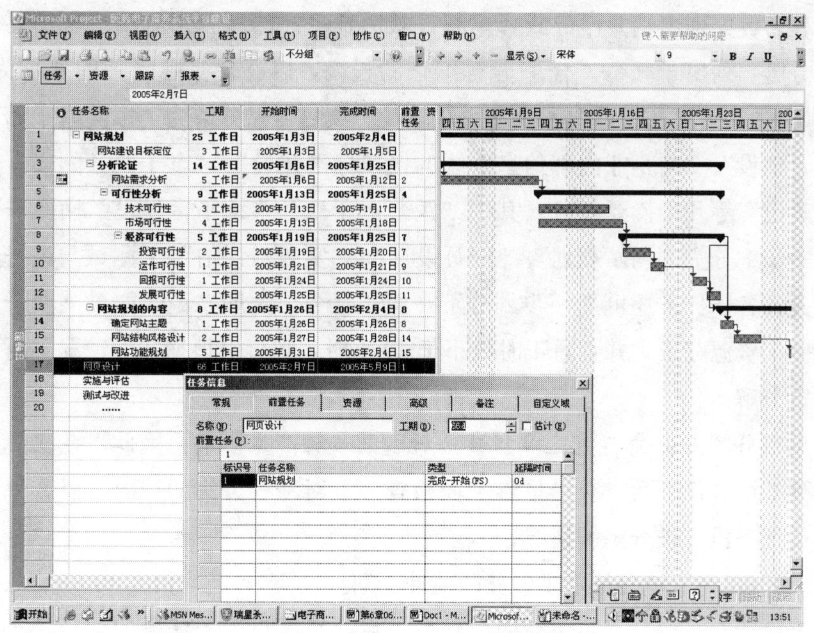

图6—32 任务信息对话框

几个主要阶段。下面以本章导入案例中的“××省医药行业电子商务系统建设”项目为例，介绍应用Project 2003进行电子商务项目管理的具体操作方法。

6.3.4.1 创建项目计划

利用Project 2003创建项目计划的一般步骤为：定义项目、定义常规工作时间、列出项目中的任务、将任务分成阶段、排定任务日程、链接或者附加其他任务信息、添加自定义信息列、设置期限和限制任务、确定项目的风险、向项目添加文档、根据实际情况调整计划、向Web发布项目信息等。

具体来说，可以按照以下的工作流程来编制计划。

6.3.4.1.1 新建项目文件并定义项目信息

包括设置项目开始时间、项目文件名称、摘要信息、项目日历时间等，具体操作可以参见本章6.3.3中的“操作实例1”与“操作实例2”。定义项目信息也可以通过“项目向导”完成。Project 2003的项目向导用户界面非常友好，可以引导用户一步一步地完成以上信息的设置。

6.3.4.1.2 对项目进行WBS分解

即采用大纲与分级结构列出项目的所有子任务。这个过程应该是逐步细化

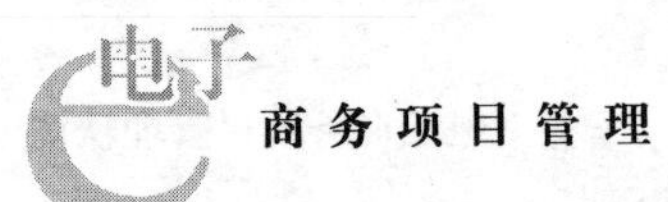

的过程。首先列出摘要任务或者里程碑式的任务，然后分别对每一个摘要任务进行分解，列出子任务。任务分解细化的程度，以符合实际管理的要求为准。例如，“××省医药行业电子商务系统建设”项目可以分解为“医药电子商务系统平台建设”、“与企业内部信息系统的接口标准建设”、“电子商务的安全认证体系建设”等几个摘要任务，其中“医药电子商务系统平台建设”摘要任务又可进一步细分为“网站规划”、“网页设计”、“实施与评估”、“测试与改进”等子任务；各子任务还可进一步划分下一级子任务。一般来说，如果某项子任务是由一个资源完成，并且总工时数小于40小时，则可以根据实际情况不对该任务进行分解。

项目分解得正确与否，将会直接对后面步骤产生影响。因此，在实际应用中，列好所有任务后，应尽量再全面检查一下对项目分解的情况，以避免比较重要的任务没有被分解的情况。

6.3.4.1.3 填写每个子任务的估计工期

列好所有子任务（不包括摘要任务）后，填写每个子任务的估计工期。在填工期值的时候不要考虑资源的可用性情况，仅根据项目进度的安排，列出每个子任务的工期即可，系统会自动根据子任务的工期来计算摘要任务的工期。

注意：此步骤仅需输入“工期”域的数据，而不要输入“开始时间”或“完成时间”域的数值，如果填了这两个域的数值，Project 2003则会自动加上时间限制。

6.3.4.1.4 设定任务的链接关系

Project 2003中的任务共有四种链接关系，分别为完成—开始（FS）、开始—开始（SS）、开始—完成（SF）、完成—完成（FF）。例如，“医药电子商务系统平台建设”任务中的“网站规划”与“网页设计”子任务之间就是FS关系，即表示“网站规划”子任务完成之后，“网页设计”子任务才能开始。通过对所有的子任务进行链接关系的设置，系统将自动计算出摘要任务以及整个项目的工期，而不需要人工去设置每个任务的“开始时间”与“结束时间”。当然在这个过程中，是可以设置任务的重叠或延迟的。例如，可以设置“网页设计”子任务在“网站规划”子任务完成后提前一天开始，或者延迟一天开始。

6.3.4.1.5 建立资源表

切换到资源工作表视图，逐项列出该项目中所有需要用到的工时资源与材料资源的情况，这个过程可以对资源进行分组的设置，以便今后在进行资源统计的时候，可以分组来显示信息。如果要统计任务的成本，则在资源的“费率”域中进行资源的单位成本设置。在这个步骤中，对于特殊资源可以进行资源日历的单独设置，例如某个资源在特定时间需要休息，可以单独设置该资源的日历。

6.3.4.1.6　给项目的各项任务分配资源

具体操作方法详见下文“管理项目资源与成本”的相关内容。

完成上述几个步骤之后，一个完整的初步计划就已经编制好了。

6.3.4.1.7　对项目计划进行调整与优化

首先，检查编制的初步计划，看项目进度能否满足要求。如果需要缩短项目的工期，可通过“甘特图向导”按钮进行项目关键路径的显示，并缩短该项目中关键任务的工期（通过增加资源、分解任务、调整资源工作时间等方式）。然后，切换到资源工作表视图，查看资源是否被过度分配（系统自动用红色标记被过度分配了的资源）。如果被过度分配，应找到被过度分配资源的任务，并对该任务进行优化。

经过以上七个步骤后，将编制出一个比较符合实际情况的项目计划来。读者可以在学习上述基本操作的基础上，结合有关项目管理的实际情况，按照Project 2003任务窗格上的相关提示，自行进行操作练习。

6.3.4.2　管理项目资源与成本

资源就是完成项目所需的人力、供应物资、设备、资金等。项目计划制定好了以后，就应该开始组建一个合适的项目小组，并为项目指定人员和设备、指定资源的预订类型、定义资源的工作时间、向任务分配人员和设备、链接或者附加其他资源信息、添加自定义信息列、向Web发布项目信息等。

6.3.4.2.1　输入资源信息

假设“医药电子商务系统平台建设”子项目中需要输入的资源有：“李刚”、“周伟”、“王军”、“赵九霄”、“张涛涛”；外请评审“专家”；“计算机”和“网络测试设备”。要求在资源工作表中一次性输入所有资源，具体的操作步骤如下：

（1）单击菜单栏的“视图”→“资源工作表”命令，进入“资源工作表”视图。

（2）单击“资源名称”域，输入资源名称“李刚”。

（3）设定“李刚”的各资源参数，包括类型为“工时”，标准工资费率为

“¥60.00/工时”等。

依据以上步骤，可以输入项目的其他资源信息，结果如图 6—33 所示。

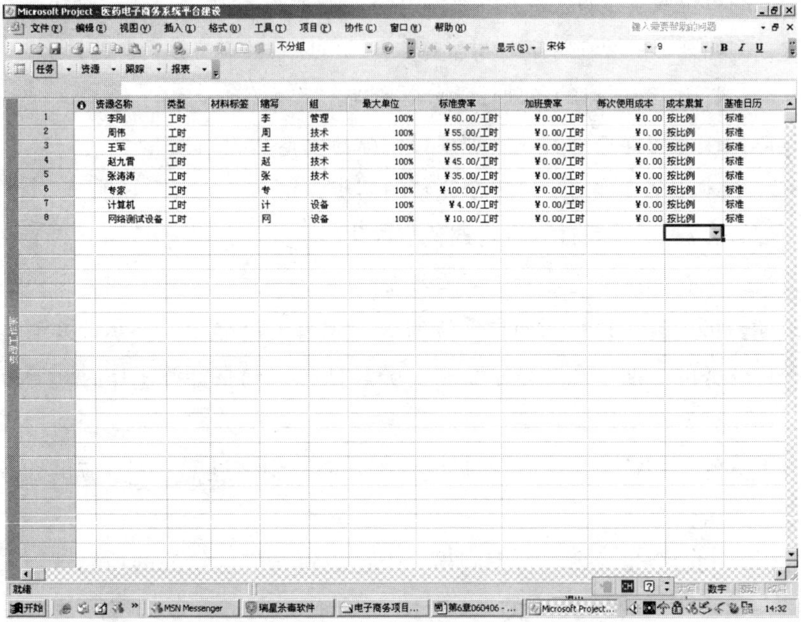

	资源名称	类型	材料标签	缩写	组	最大单位	标准费率	加班费率	每次使用成本	成本累算	基准日历
1	李刚	工时		李	管理	100%	¥60.00/工时	¥0.00/工时	¥0.00	按比例	标准
2	周伟	工时		周	技术	100%	¥55.00/工时	¥0.00/工时	¥0.00	按比例	标准
3	王军	工时		王	技术	100%	¥55.00/工时	¥0.00/工时	¥0.00	按比例	标准
4	赵九霄	工时		赵	技术	100%	¥45.00/工时	¥0.00/工时	¥0.00	按比例	标准
5	张涛涛	工时		张	技术	100%	¥35.00/工时	¥0.00/工时	¥0.00	按比例	标准
6	专家	工时		专		100%	¥100.00/工时	¥0.00/工时	¥0.00	按比例	标准
7	计算机	工时		计	设备	100%	¥4.00/工时	¥0.00/工时	¥0.00	按比例	标准
8	网络测试设备	工时		网	设备	100%	¥10.00/工时	¥0.00/工时	¥0.00	按比例	标准

图 6—33 输入资源信息

6.3.4.2.2 为任务分配资源

在 Project 2003 中提供了多种为任务分配资源的方法，其中常用的方法有使用分配资源对话框、使用任务信息对话框、使用甘特图视图等。

(1) 使用分配资源对话框。

给任务分配资源最简单的方法就是在任务视图中启动分配资源对话框，在该对话框中可以同时为多个任务进行资源分配。具体的操作步骤如下：

1) 在视图的“任务名称”域中，选定要分配资源的任务。

2) 单击菜单栏中的“工具”→“分配资源”命令或单击工具栏上的图标按钮，弹出分配资源对话框（见图 6—34）。

3) 在对话框的“资源名称”域中，选定要分配的资源如“李刚”、“周伟”、“王军”。

4) 单击“分配”按钮，即完成对选定任务的资源分配。

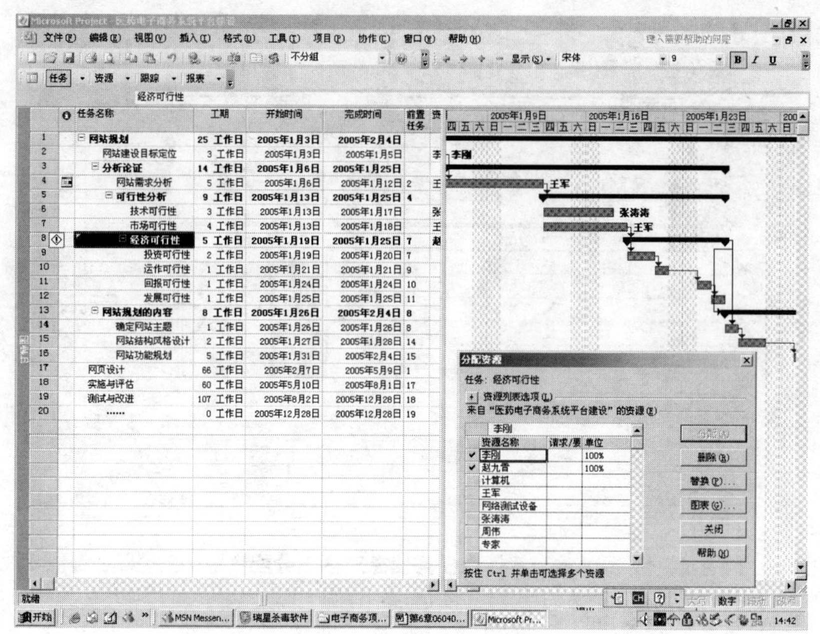

图 6—34 使用分配资源对话框分配资源

（2）使用任务信息对话框。

使用任务信息对话框也是一种常用的分配资源的方法，具体的操作步骤如下：

1）在视图中选定要分配的任务，如“网站建设目标定位”。

2）单击菜单栏中的“项目”→“任务信息”命令，或者单击工具栏上的图标按钮，弹出任务信息对话框（见图 6—35)。

3）选择“资源”选项卡，在“资源名称”下拉选项中选择要分配的资源，在“单位”域中设置分配的数量。

4）单击“确定”按钮，即完成对选定任务的资源分配。

（3）使用甘特图视图。

使用甘特图视图可以为任务直接分配资源，具体的操作步骤如下：

1）单击菜单栏中的“视图”→“甘特图”命令，显示甘特图。

2）单击菜单栏中的“视图”→“表：项”→“项”命令。

3）选择要分配资源的任务，如“实施与评估”，在甘特图中找到“资源名称”列。

图 6—35　使用任务信息对话框分配资源

4）单击“资源名称”下拉列表，从下拉选项中选定要分配的资源（见图 6—36），并输入分配的数量，即完成对选定任务的资源分配。

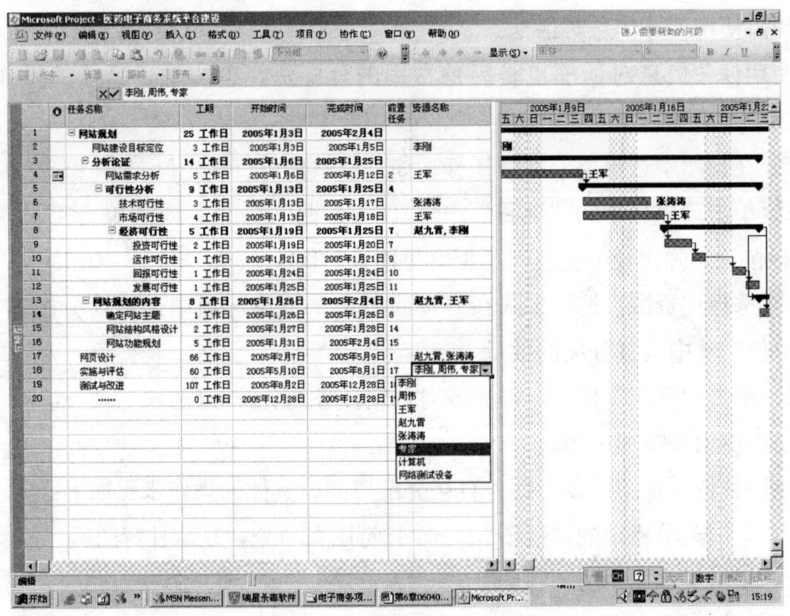

图 6—36　使用甘特图视图分配资源

6.3.4.2.3　替换任务的资源

如果分配到一个任务上的资源不能再参加此项任务，需要用其他的资源替换时，不必先删除已经分配的资源，可以直接用其他的资源来替换。现以替换“实施与评估”任务中的资源“周伟”为“周长”为例，介绍替换任务中的资源的具体操作步骤。

（1）打开任务所在的项目文件，在“资源名称”中插入新资源“周长”。

（2）在甘特图视图中的“任务名称”域中，选择“实施与评估”任务。

（3）单击工具栏上的图标按钮，弹出分配资源对话框。

（4）选定要替换的资源“周伟”。如图 6—37 所示。

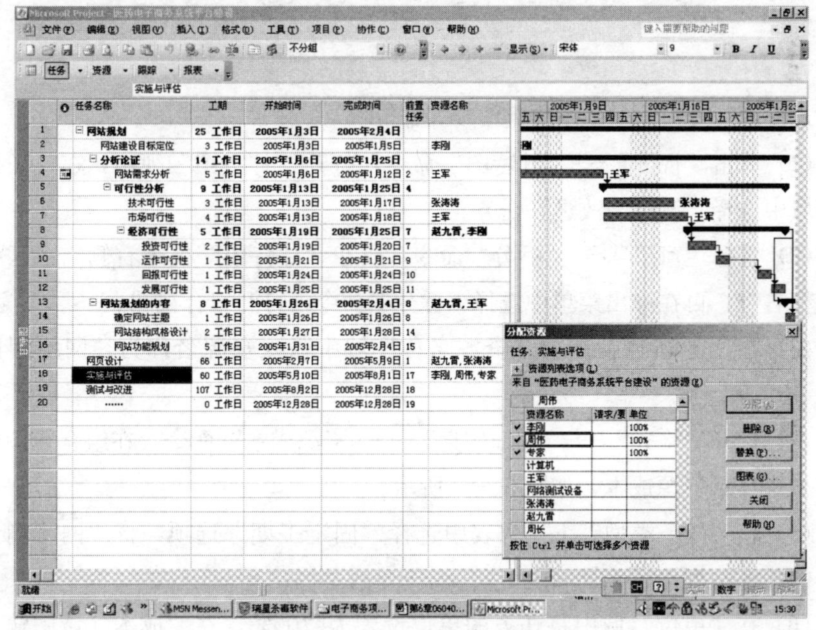

图 6—37　选定要替换的资源

（5）单击“替换”按钮，从弹出的“替换资源”对话框中选择“周长”为新资源，如图 6—38 所示。

（6）单击“确定”按钮，即完成资源的替换操作。

6.3.4.2.4　给任务分配固定资源成本

当一个项目的资源需要固定数量的资金时，用户可以给任务分配固定资源成本。例如，要为“医药电子商务系统平台建设”子项目中的网络测试设备分

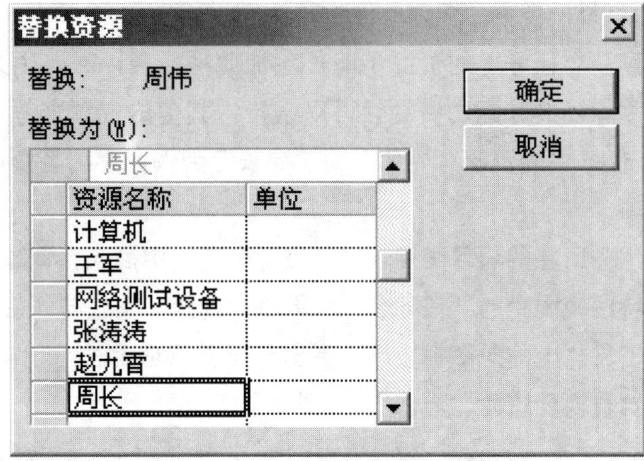

图 6—38　替换资源对话框

配固定成本10 000元，具体的操作步骤如下：

（1）单击“视图”→“甘特图”命令，打开“甘特图”视图，在“任务名称”域中选择“测试与改进”任务。

（2）选择“窗口”→“拆分”命令，或在“甘特图”视图右侧空白区域单击鼠标右键，再在弹出菜单中选择“拆分”命令，打开组合视图。

（3）在任务窗体视图的“资源名称”域中输入资源名称为“网络测试设备”。

（4）选择“格式”→“详细信息”→“资源成本”命令，在组合视图的下方窗格中显示资源成本，如图 6—39 所示。

（5）在“任务类型”下拉列表中选择“固定工期”选项，将“网络测试设备”的任务类型设置为“固定工期”。

（6）在“单位”域中将任务的单位设置为“0%”，在“成本”域中输入固定成本“￥10 000”，然后按“Enter”键完成设置，如图 6—40 所示。

6.3.4.3　用 Project 2003 跟踪和报告项目

项目在执行过程中，项目经理需定时（如每三天或一周一次）对项目进度进行跟踪，检查实际进度与计划进度之间的偏差，以便对项目计划及其执行情况进行有效的控制。

6.3.4.3.1　比较基准计划和中期计划

比较基准计划是指用于在项目进行过程中跟踪进度的初始项目计划，它是

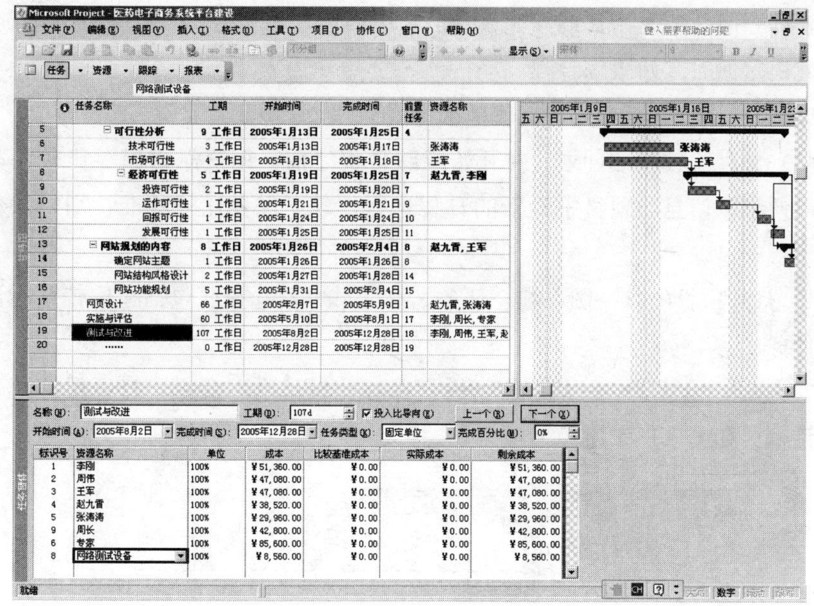

图 6—39 显示资源成本

名称(N): 测试与改进　工期(D): 107d　☑ 投入比导向(E)　上一个(R)　下一个(X)

开始时间(A): 2005年8月1日　完成时间(S): 2005年12月28日　任务类型(K): 固定工期　完成百分比(M): 0%

标识号	资源名称	单位	成本	比较基准成本	实际成本	剩余成本
1	李刚	100%	¥51,360.00	¥0.00	¥0.00	¥51,360.00
2	周伟	100%	¥47,080.00	¥0.00	¥0.00	¥47,080.00
3	王军	100%	¥47,080.00	¥0.00	¥0.00	¥47,080.00
4	赵九霄	100%	¥38,520.00	¥0.00	¥0.00	¥38,520.00
5	张涛涛	100%	¥29,960.00	¥0.00	¥0.00	¥29,960.00
9	周长	100%	¥42,800.00	¥0.00	¥0.00	¥42,800.00
6	专家	100%	¥85,600.00	¥0.00	¥0.00	¥85,600.00
8	网络测试设备	0%	¥10,000.00	¥0.00	¥0.00	¥10,000.00

就绪

开始　MSN Messenger　瑞星杀毒软件　书稿20060406　第6章060406 - ...　Microsoft Pro

图 6—40 设置固定资源成本

优化后的、由主管部门批准的计划，并作为项目实施考核的依据而存在。比较基准计划通常包含与任务（包括开始时间、完成时间、工期、工时、成本、拆分、时间分段工时和时间分段成本）、资源（包括工时、成本、时间分段工时及时间分段成本）、任务分配（包括开始时间、完成时间、工时、成本、时间分段工时及时间分段成本）等内容相关的信息。

设置比较基准后，Project 还允许保存中期计划。所谓中期计划，就是可以在项目特定阶段保存的任务开始时间和完成时间的集合。中期计划仅保存两条信息，即当前任务开始日期和完成日期。中期计划用于分析日程估计的准确性，并以此决定何时开始跟踪日程。

6.3.4.3.2　保存与查看比较基准计划

（1）保存比较基准计划。在开始跟踪日程之前，用户需要保存比较基准计划，以便将该信息与项目中最新的日程进行比较。保存比较基准计划的操作步骤如下：

1）打开项目的甘特图，在“任务名称”域中，选择要包括在比较基准计划中的任务。

2）选择“工具”→“跟踪”→“保存比较基准”命令，打开保存比较基准对话框，如图6—41所示。

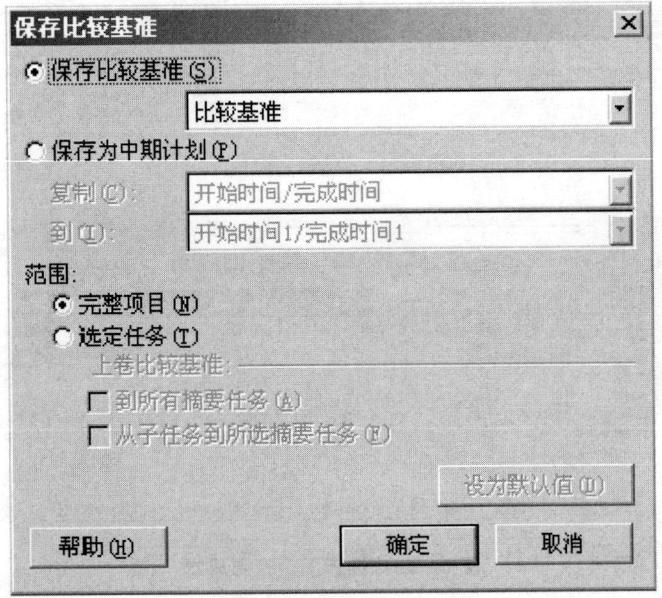

图6—41　保存比较基准对话框

3）选中“完整项目”单选按钮，可为整个项目的所有任务创建比较基准计划。如果同时选择子任务和摘要任务，可以同时选中“上卷比较基准”选项区域中的两个复选框。

（2）查看比较基准信息。在比较基准表中，用户可以查看比较基准开始时间、结束时间、工时和工期等信息。例如，在 Project 2003 中打开“医药电子商务系统平台建设”子项目，选择“视图”→“表：项”→“其他表”命令，打开“其他表”对话框后，在“表”选项区域中选择“任务”选项，在列表中选择“比较基准”选项，单击“应用”按钮，即可打开如图 6—42 所示的比较基准表，在该表中可查看比较基准信息。

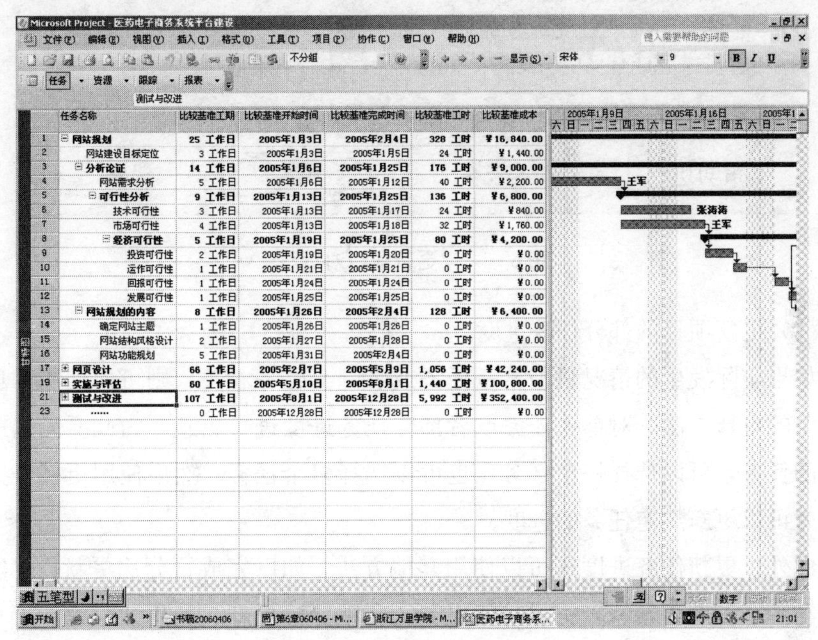

	任务名称	比较基准工期	比较基准开始时间	比较基准完成时间	比较基准工时	比较基准成本
1	网站规划	25 工作日	2005年1月3日	2005年2月4日	328 工时	¥16,840.00
2	网站建设目标定位	3 工作日	2005年1月3日	2005年1月5日	24 工时	¥1,440.00
3	分析论证	14 工作日	2005年1月6日	2005年1月25日	176 工时	¥9,000.00
4	网站需求分析	5 工作日	2005年1月6日	2005年1月12日	40 工时	¥2,200.00
5	可行性分析	9 工作日	2005年1月13日	2005年1月25日	136 工时	¥6,800.00
6	技术可行性	3 工作日	2005年1月13日	2005年1月17日	24 工时	¥840.00
7	市场可行性	4 工作日	2005年1月13日	2005年1月18日	32 工时	¥1,760.00
8	经济可行性	5 工作日	2005年1月19日	2005年1月25日	80 工时	¥4,200.00
9	投资可行性	2 工作日	2005年1月19日	2005年1月20日	0 工时	¥0.00
10	运作可行性	1 工作日	2005年1月21日	2005年1月21日	0 工时	¥0.00
11	回报可行性	1 工作日	2005年1月24日	2005年1月24日	0 工时	¥0.00
12	发展可行性	1 工作日	2005年1月25日	2005年1月25日	0 工时	¥0.00
13	网站规划的内容	8 工作日	2005年1月26日	2005年2月4日	128 工时	¥6,400.00
14	确定网站主题	1 工作日	2005年1月26日	2005年1月26日	0 工时	¥0.00
15	网站结构风格设计	2 工作日	2005年1月27日	2005年1月28日	0 工时	¥0.00
16	网站功能规划	5 工作日	2005年1月31日	2005年2月4日	0 工时	¥0.00
17	网页设计	66 工作日	2005年2月7日	2005年5月9日	1,056 工时	¥42,240.00
19	实施与评估	60 工作日	2005年5月10日	2005年8月1日	1,440 工时	¥100,800.00
21	测试与改进	107 工作日	2005年8月1日	2005年12月28日	5,992 工时	¥352,400.00
23	……	0 工作日	2005年12月28日	2005年12月28日	0 工时	¥0.00

图 6—42　比较基准表

6.3.4.3.3　跟踪项目进度

跟踪项目进度重要的是及时更新项目的进度信息，准确反映项目的比较基准计划与实际运行状况的差异，以便于及时调整项目，达到项目跟踪的目的。用户可以利用 Project 2003 的“更新项目”对话框，更新项目中所选任务或所有任务的进度信息（完成百分比），或者重新排定未完成工时的日程，使其在指定的日期后开始，或者更新或重新排定整个项目或所选任务的工时。

(1) 更新完整项目进度。

更新完整项目进度的操作方法为：选择菜单命令“工具”→“跟踪”→“更新项目”，弹出更新项目对话框（见图 6—43），如在对话框图中修改选项“将任务更新为在此日期完成”的显示时间为“2005 年 7 月 21 日”，并选择“按日程比例更新进度”选项，单击“确定”按钮，则在甘特图中项目进度便更新至2005年7月21日的状态。

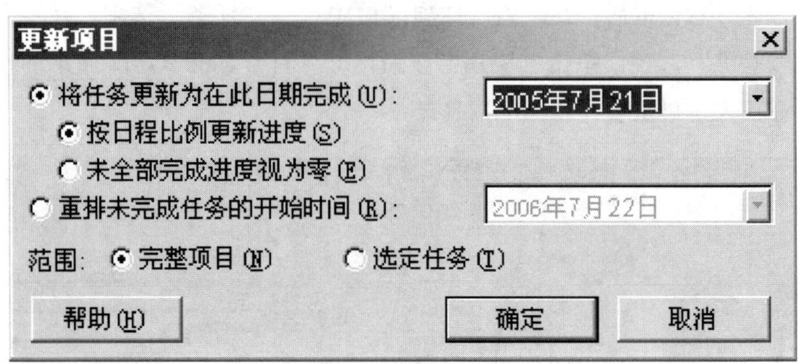

图6—43 更新项目对话框

(2) 更新项目的部分任务进度。

如果实际发生的情况只与某一任务或者部分任务相关，则可以使用“选定任务”的更新方法，对单一任务或者部分任务进度进行更新。为此要先选中欲更新的任务，可以选择一个任务，也可以选择多个任务，然后使用更新任务对话框就可以更新选定任务的进度。

此外，更新任务进度还可以使用其他方法，如以完成百分比更新、以实际工期与剩余工期更新、以实际时间更新、利用鼠标更新、利用“跟踪”工具栏更新、使用“跟踪”表格更新、在网络图中更新等。

以在网络图中进行更新为例，具体操作方法为：在网络图中单击“格式”→“方框样式”命令，在弹出的方框样式对话框的“请选择方框类型”标签中选定不同类型的任务，然后设定其数据模板为“跟踪”，进入如图6—44所示的网络图，这时在任务框中显示出完成百分比、开始时间、完成时间、工期、标识号等域，用户可在相应的域中输入实际信息进行任务更新。

(3) 创建与显示项目的进度线。

所谓进度线，是显示在甘特图中根据设定日期构造的垂直方向上的折线，它比较直观地反映了表示项目进度状况。进度线链接正在进行的每个任务，可在甘特图上创建图表以表示落后于日程的工作，尖峰可表示超前于日程的工作。如果任务完成的进展线的重点在进度线的左边，说明进度落后；如果任务完成的进展线的重点在进度线的右边，说明进度超前。

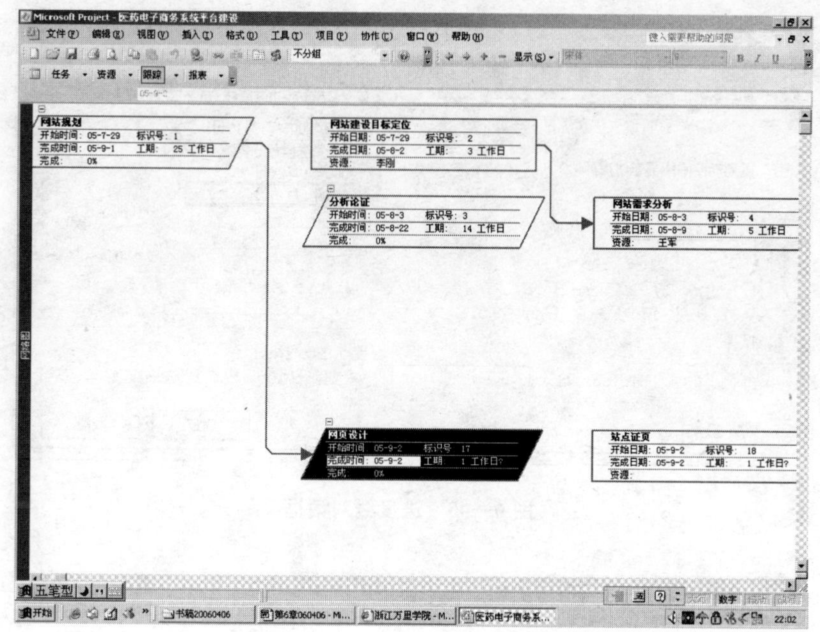

图 6—44 在网络图中更新信息

1）创建项目进度线的操作方法。在 Project 2003 中打开需创建进度线的项目（如“医药电子商务系统平台建设”子项目），选择“视图”→“工具栏”→“跟踪”命令，以显示“跟踪”工具栏，单击“跟踪”工具栏中的“添加进度线”按钮，再将指针移至甘特图中要绘制进度线的区域上，单击要绘制进度线的日期位置，即可在该日期位置处添加进度线。

2）显示项目进度线的操作方法。在甘特图视图窗口选择“工具”→“跟踪”→“进度线”命令，打开进度线对话框（见图 6—45），在“日期与间隔”选项卡中选定“显示选定的进度线”复选框，并在“进度线日期”列表中选择要显示进度表的日期，然后单击“确定”按钮即可以将进度线显示在指定的日期上，如图 6—46 所示。

6.3.4.3.4 跟踪项目成本

在项目管理过程中，项目管理者通常把成本控制放在重要的位置。实施跟踪项目成本，能帮助项目管理者及时发现成本上的差异，并进行相应的分析研究，提出有效的纠正措施。

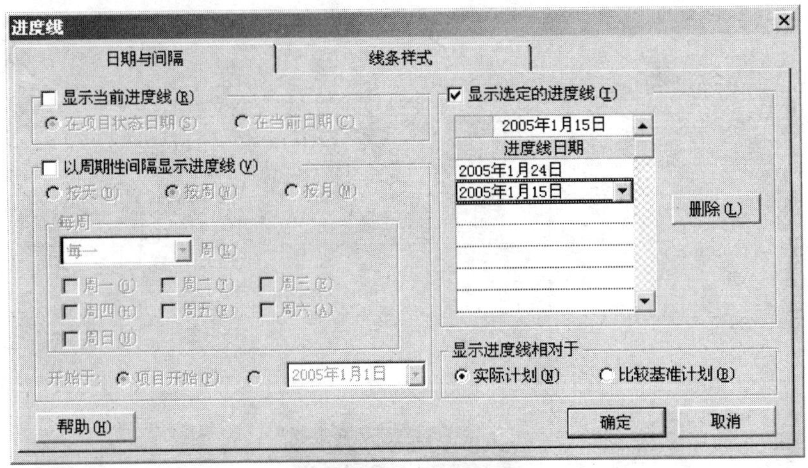

图 6—45　进度线对话框

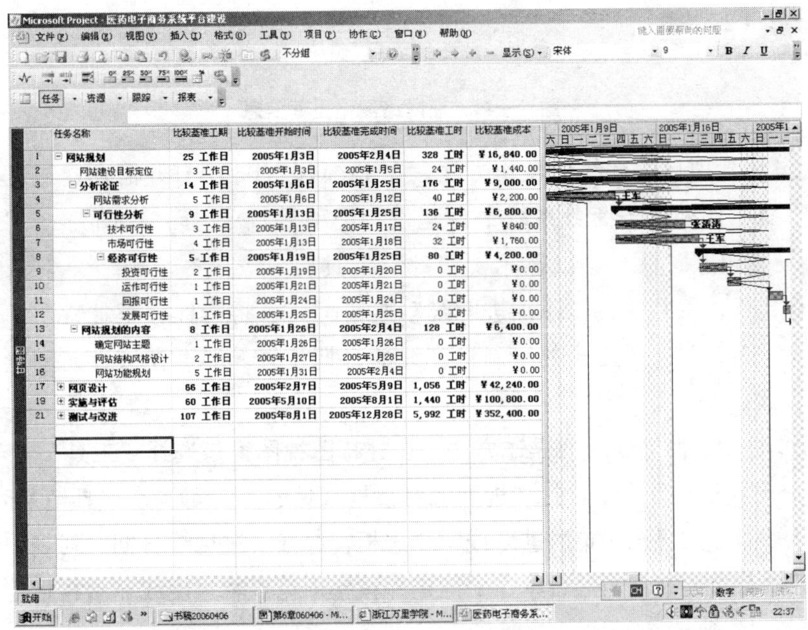

图 6—46　显示项目进度线

（1）计算任务的实际成本。

在任务执行过程中，Project 2003 将按照任务的成本累算方式来更新实际成本，并提供自动和人工两种方式来计算成本。采用人工方式计算的成本需由人工输入系统。例如，在“医药电子商务系统平台建设”子项目中为资源分配输入实际成本的操作方法如下：

1）选择“工具”→“选项”命令，打开选项对话框，并选择“计算方式”选项卡，其默认状态如图 6—47 所示。

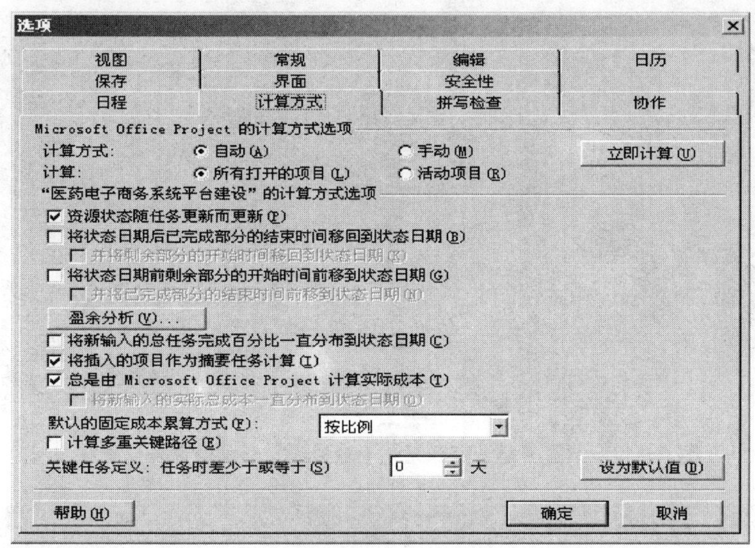

图 6—47　选项对话框的“计算方式”选项卡

2）取消默认的“总是由 Microsoft Office Project 计算实际成本”复选框，单击“确定”按钮，取消自动计算成本方式。

3）选择“视图”→“任务分配状况”命令，打开任务分配状况视图，如图 6—48 所示。

4）选择“视图”→“表”→“跟踪”命令，在“实际成本”域中为要更新成本的任务或资源分配输入实际成本，如图 6—49 所示。输入完毕，按 Ctrl+S键保存即可。

（2）查看任务成本是否与预算相符。

首先，在打开的甘特图视图中选择“视图”→“表”→“成本”命令，接着向右拖动分隔条，在窗口中显示“总成本”域和“比较基准”域，然后通过比较两域中的值，就可以确定任务成本是否与预算匹配，如图 6—50 所示。

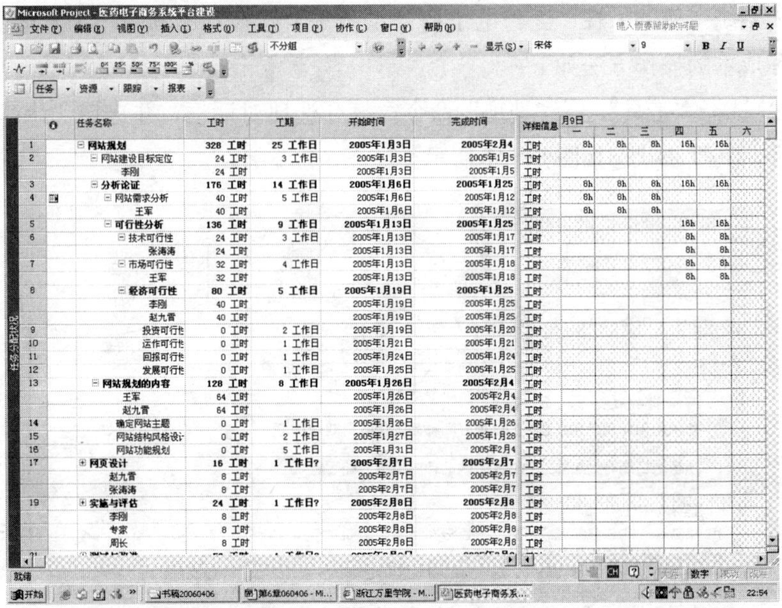

Microsoft Project - 医药电子商务系统平台建设

	任务名称	工时	工期	开始时间	完成时间	详细信息	月9日 一	二	三	四	五	六
1	**网站规划**	**328 工时**	**25 工作日**	**2005年1月3日**	**2005年2月4**	工时	8h	8h	8h	16h	16h	
2	网站建设目标定位	24 工时	3 工作日	2005年1月3日	2005年1月5	工时						
	李刚	24 工时		2005年1月3日	2005年1月5	工时						
3	**分析论证**	**176 工时**	**14 工作日**	**2005年1月6日**	**2005年1月25**	工时	8h	8h	8h	16h	16h	
4	网站需求分析	40 工时	5 工作日	2005年1月6日	2005年1月12	工时	8h	8h	8h			
	王军	40 工时		2005年1月6日	2005年1月12	工时	8h	8h	8h			
5	**可行性分析**	**136 工时**	**9 工作日**	**2005年1月13日**	**2005年1月25**	工时				16h	16h	
6	技术可行性	24 工时	3 工作日	2005年1月13日	2005年1月17	工时				8h	8h	
	张涛涛	24 工时		2005年1月13日	2005年1月17	工时				8h	8h	
7	市场可行性	32 工时	4 工作日	2005年1月13日	2005年1月18	工时				8h	8h	
	王军	32 工时		2005年1月13日	2005年1月18	工时				8h	8h	
8	**经济可行性**	**80 工时**	**5 工作日**	**2005年1月19日**	**2005年1月25**	工时						
	李刚	40 工时		2005年1月19日	2005年1月25	工时						
	赵九霄	40 工时		2005年1月19日	2005年1月25	工时						
9	投资可行性	0 工时	2 工作日	2005年1月19日	2005年1月20	工时						
10	运作可行性	0 工时	1 工作日	2005年1月21日	2005年1月21	工时						
11	回报可行性	0 工时	1 工作日	2005年1月24日	2005年1月24	工时						
12	发展可行性	0 工时	1 工作日	2005年1月25日	2005年1月25	工时						
13	**网站规划的内容**	**128 工时**	**8 工作日**	**2005年1月26日**	**2005年2月4**	工时						
	王军	64 工时		2005年1月26日	2005年2月4	工时						
	赵九霄	64 工时		2005年1月26日	2005年2月4	工时						
14	确定网站主题	0 工时	1 工作日	2005年1月26日	2005年1月26	工时						
15	网站结构风格设计	0 工时	2 工作日	2005年1月27日	2005年1月28	工时						
16	网站功能规划	0 工时	5 工作日	2005年1月31日	2005年2月4	工时						
17	**网页设计**	**16 工时**	**1 工作日?**	**2005年2月7日**	**2005年2月7**	工时						
	赵九霄	8 工时		2005年2月7日	2005年2月7	工时						
	张涛涛	8 工时		2005年2月7日	2005年2月7	工时						
19	**实施与评估**	**24 工时**	**1 工作日?**	**2005年2月8日**	**2005年2月8**	工时						
	李刚	8 工时		2005年2月8日	2005年2月8	工时						
	专家	8 工时		2005年2月8日	2005年2月8	工时						
	周长	8 工时		2005年2月8日	2005年2月8	工时						

图 6—48 “医药电子商务系统平台建设”子项目任务分配状况

Microsoft Project - 医药电子商务系统平台建设

	任务名称	实际开始时间	实际完成时间	完成百分比	实际完成百分比	实际工期	剩余工期	实际成本	实际工时	详细信息
1	**网站规划**	**2005年1月3日**	**2005年2月2日**	**100%**	**0%**	**23 工作日**	**0 工作日**	**¥16,360.00**	**320 工时**	工时
2	网站建设目标定位	2005年1月3日	2005年1月5日	100%	0%	3 工作日	0 工作日	¥1,440.00	24 工时	工时
	李刚	2005年1月3日	2005年1月5日					¥1,440.00	24 工时	工时
3	**分析论证**	**2005年1月6日**	**2005年1月22日**	**100%**	**0%**	**12 工作日**	**0 工作日**	**¥8,520.00**	**168 工时**	工时
4	网站需求分析	2005年1月6日	2005年1月10日	100%	0%	3 工作日	0 工作日	¥1,320.00	24 工时	工时
	王军	2005年1月6日	2005年1月10日					¥1,320.00	24 工时	工时
5	**可行性分析**	**2005年1月11日**	**2005年1月22日**	**100%**	**0%**	**9 工作日**	**0 工作日**	**¥7,200.00**	**144 工时**	工时
6	技术可行性	2005年1月11日	2005年1月13日	100%	0%	3 工作日	0 工作日	¥840.00	24 工时	工时
	张涛涛	2005年1月11日	2005年1月13日					¥840.00	24 工时	工时
7	市场可行性	2005年1月11日	2005年1月13日	100%	0%	3 工作日	0 工作日	¥1,320.00	24 工时	工时
	王军	2005年1月11日	2005年1月13日					¥1,320.00	24 工时	工时
8	**经济可行性**	**2005年1月14日**	**2005年1月22日**	**100%**	**0%**	**6 工作日**	**0 工作日**	**¥5,040.00**	**96 工时**	工时
	李刚	2005年1月14日	2005年1月21日					¥2,880.00	48 工时	工时
	赵九霄	2005年1月14日	2005年1月21日					¥2,160.00	48 工时	工时
9	投资可行性	2005年1月14日	2005年1月15日	100%	0%	1 工作日	0 工作日	¥0.00	0 工时	工时
10	运作可行性	2005年1月16日	2005年1月18日	100%	0%	2 工作日	0 工作日	¥0.00	0 工时	工时
11	回报可行性	2005年1月19日	2005年1月20日	100%	0%	2 工作日	0 工作日	¥0.00	0 工时	工时
12	发展可行性	2005年1月21日	2005年1月22日	100%	0%	1 工作日	0 工作日	¥0.00	0 工时	工时
13	**网站规划的内容**	**2005年1月23日**	**2005年2月2日**	**100%**	**0%**	**8 工作日**	**0 工作日**	**¥6,400.00**	**128 工时**	工时
	王军	2005年1月24日	2005年2月2日					¥3,520.00	64 工时	工时
	赵九霄	2005年1月24日	2005年2月2日					¥2,880.00	64 工时	工时
14	确定网站主题	2005年1月23日	2005年1月24日	100%	0%	1 工作日	0 工作日	¥0.00	0 工时	工时
15	网站结构风格设计	2005年1月25日	2005年1月27日	100%	0%	3 工作日	0 工作日	¥0.00	0 工时	工时
16	网站功能规划	2005年1月28日	2005年2月2日	100%	0%	4 工作日	0 工作日	¥0.00	0 工时	工时
17	**网页设计**	**NA**	**NA**	**0%**	**0%**	**0 工作日**	**1 工作日?**	**¥0.00**	**0 工时**	工时
	赵九霄	NA	NA					¥0.00	0 工时	工时
	张涛涛	NA	NA					¥0.00	0 工时	工时
19	**实施与评估**	**NA**	**NA**	**0%**	**0%**	**0 工作日**	**1 工作日?**	**¥0.00**	**0 工时**	工时
	李刚	NA	NA					¥0.00	0 工时	工时
	专家	NA	NA					¥0.00	0 工时	工时
	周长	NA	NA					¥0.00	0 工时	工时

图 6—49 人工输入为任务或资源分配的实际成本

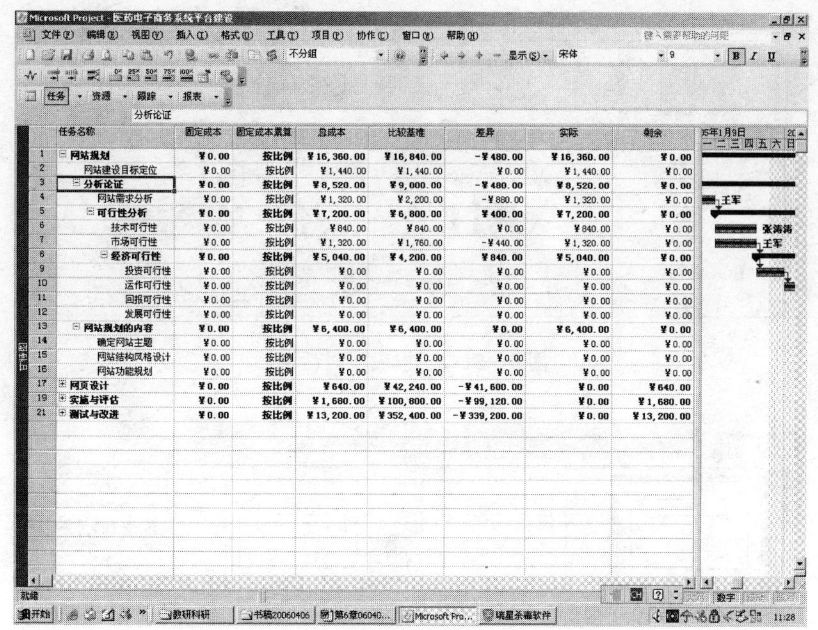

	任务名称	固定成本	固定成本累算	总成本	比较基准	差异	实际	剩余
1	网站规划	¥0.00	按比例	¥16,360.00	¥16,840.00	-¥480.00	¥16,360.00	¥0.00
2	网站建设目标定位	¥0.00	按比例	¥1,440.00	¥1,440.00	¥0.00	¥1,440.00	¥0.00
3	分析论证	¥0.00	按比例	¥8,520.00	¥9,000.00	-¥480.00	¥8,520.00	¥0.00
4	网站需求分析	¥0.00	按比例	¥1,320.00	¥2,200.00	-¥880.00	¥1,320.00	¥0.00
5	可行性分析	¥0.00	按比例	¥7,200.00	¥6,800.00	¥400.00	¥7,200.00	¥0.00
6	技术可行性	¥0.00	按比例	¥840.00	¥840.00	¥0.00	¥840.00	¥0.00
7	市场可行性	¥0.00	按比例	¥1,320.00	¥1,760.00	-¥440.00	¥1,320.00	¥0.00
8	经济可行性	¥0.00	按比例	¥5,040.00	¥4,200.00	¥840.00	¥5,040.00	¥0.00
9	投资可行性	¥0.00	按比例	¥0.00	¥0.00	¥0.00	¥0.00	¥0.00
10	运作可行性	¥0.00	按比例	¥0.00	¥0.00	¥0.00	¥0.00	¥0.00
11	回报可行性	¥0.00	按比例	¥0.00	¥0.00	¥0.00	¥0.00	¥0.00
12	发展可行性	¥0.00	按比例	¥0.00	¥0.00	¥0.00	¥0.00	¥0.00
13	网站规划的内容	¥0.00	按比例	¥6,400.00	¥6,400.00	¥0.00	¥6,400.00	¥0.00
14	确定网站主题	¥0.00	按比例	¥0.00	¥0.00	¥0.00	¥0.00	¥0.00
15	网站结构风格设计	¥0.00	按比例	¥0.00	¥0.00	¥0.00	¥0.00	¥0.00
16	网站功能规划	¥0.00	按比例	¥0.00	¥0.00	¥0.00	¥0.00	¥0.00
17	网页设计	¥0.00	按比例	¥640.00	¥42,240.00	-¥41,600.00	¥0.00	¥640.00
19	实施与评估	¥0.00	按比例	¥1,680.00	¥100,800.00	-¥99,120.00	¥0.00	¥1,680.00
21	测试与改进	¥0.00	按比例	¥13,200.00	¥352,400.00	-¥339,200.00	¥0.00	¥13,200.00

图 6—50　查看任务成本是否匹配预算

6.3.4.3.5　项目进展报表

报表的功能是可将项目信息经过精密组织后进行输出。报表与一般视图的差别就在于报表可产生具有汇总性、更详细、合理组织的信息。如果希望以特定的周期来组织信息，则必须使用 Project 2003 提供的报表打印功能。

(1) 显示报表。

若要显示指定项目计划中的报表，其操作步骤如下：

1) 打开指定的项目文件（如“医药电子商务系统平台建设”子项目文件），单击“视图”→“报表”命令，打开报表对话框，如图 6—51 所示。报表分为总览、当前操作、成本、工作分配、工作量报表五大类型，此外用户还可以自定义报表格式。

2) 在对话框中，单击需要的报表类型，如选择“当前操作”，然后单击“选定”按钮，Project 2003 就会显示出该类报表下具体包含哪些报表，如图 6—52所示。

3) 选定一种报表格式，如选定“进行中的任务”，单击“选定”按钮，这时就可以在屏幕上看到打印预览模式下的报表。

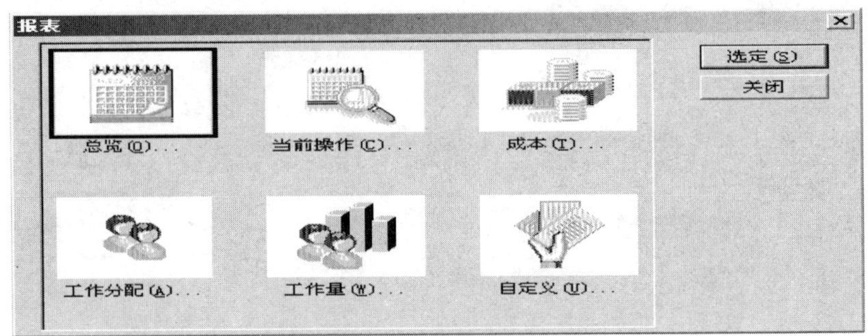

图 6—51 “报表”对话框

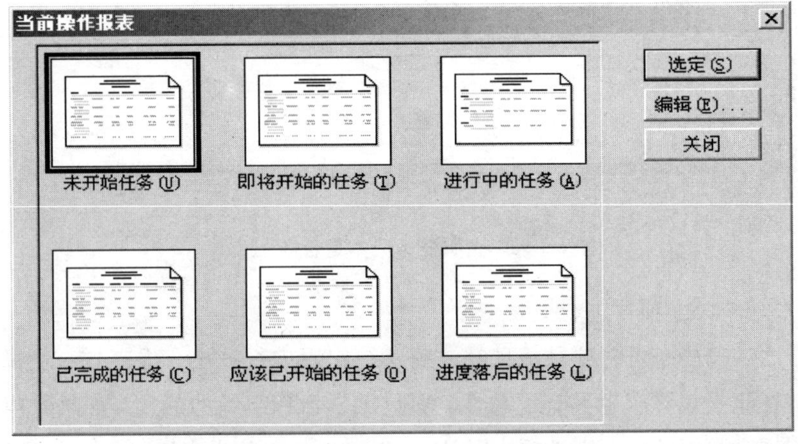

图 6—52 当前操作类报表包含的具体报表

(2) 自定义报表。

在 Project 2003 中自定义报表的操作步骤如下：

1) 单击“视图”→“报表”命令，进入报表对话框。

2) 在报表对话框中选取“自定义”项，然后单击“选定”按钮，进入自定义报表对话框。

3) 在自定义报表对话框中单击“新建”按钮，进入定义新报表对话框。

4) 在定义新报表对话框中选择“任务”选项，单击“确定”按钮，进入任务报表对话框，如图 6—53 所示。此对话框包含定义、详细信息、排序三个选项卡，用户可根据具体情况利用它们设置好所需的信息，然后单击“预览”按钮来预览自定义任务报表的格式。图 6—54 是一个自定义的报表格式。

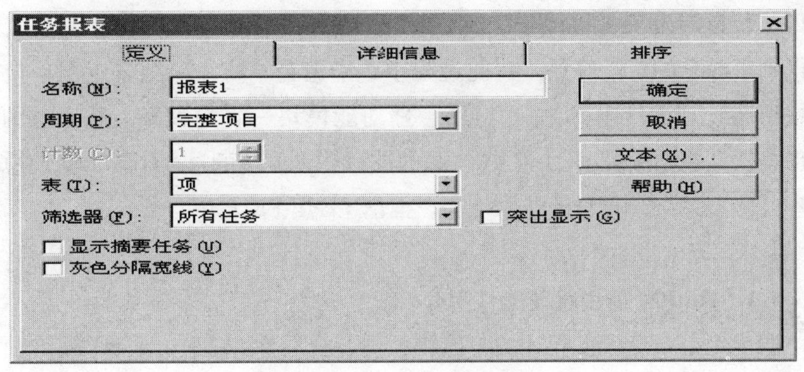

图6—53 任务报表对话框

报表1 打印于 2006年4月7日
医药电子商务项目平台建设

标识号		任务名称	工期	开始时间	完成时间	前置任务	资源名称
2	√	网站建设目标定位	3 工作日	2005年1月3日	2005年1月5日		李刚
4	√	网站需求分析	3 工作日	2005年1月6日	2005年1月10日	2	王军
6	√	技术可行性	3 工作日	2005年1月11日	2005年1月13日		张霞霞
7	√	市场可行性	3 工作日	2005年1月11日	2005年1月13日		王军
9	√	投资可行性	1 工作日	2005年1月14日	2005年1月15日	7	
10	√	运作可行性	2 工作日	2005年1月16日	2005年1月18日	9	
11	√	回报可行性	2 工作日	2005年1月19日	2005年1月20日	10	
12	√	发展可行性	1 工作日	2005年1月21日	2005年1月22日	11	
14	√	确定网站主题	1 工作日	2005年1月23日	2005年1月24日	8	
15	√	网站结构风格设计	3 工作日	2005年1月25日	2005年1月27日	14	
16	√	网站功能规划	4 工作日	2005年1月28日	2005年2月2日	15	

图6—54 自定义的报表格式

(3) 打印报表。

打印报表之前需要设置打印版面的格式，以符合企业标准或增加实用性。具体操作方法为：单击“文件”→“页面设置”命令，在页面设置对话框中进行设置；单击“文件”→“打印预览”命令，预览打印效果；单击“文件”→“打印”命令，在打印对话框中进行相应的设置，最后按“确定”按钮即可打印输出所需报表。

6.4 HotPM项目管理软件的使用

HotPM是华炎软件公司的项目管理软件产品，它的诞生与华炎的另一款知名产品——火焰山网络办公平台HotOA有关。近年来，华炎软件在网络办公领

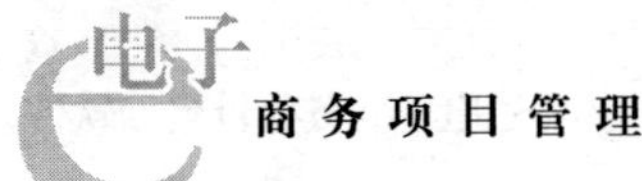

域取得了长足的发展，HotOA 已应用于国内数百家企事业单位和一些政府部门，得到了客户的广泛好评。在此过程中，华炎公司发现，很多应用单位都特别重视协调管理，HotOA 中的项目管理功能模块一直是大家最感兴趣的。因此，华炎软件在不断完善 HotOA 产品的项目管理模块的过程中，不断地总结项目管理经验，并结合自身的技术优势，推出了 HotPM。

6.4.1 HotPM 项目管理软件简介

协调工作是企业项目管理的一项综合性、全局性的工作，HotPM 的项目整合管理功能，能够满足项目管理过程中各方协调管理及实现预期目的过程化管理的需求，这也是 HotPM 应用实施成功的表现特征。

HotPM 项目管理软件（登录页面见图 6—55）的设计思想，是把如何融入人的因素、充分发挥人的作用，当作衡量软件应用成败的关键因素。HotPM 项目管理软件基于三个方面做了重点理论研究和设计，即软件如何基于人来排兵布阵、如何基于项目组织团队、如何基于团队充分管理。具体应用的效果验证了设计思路的正确性。

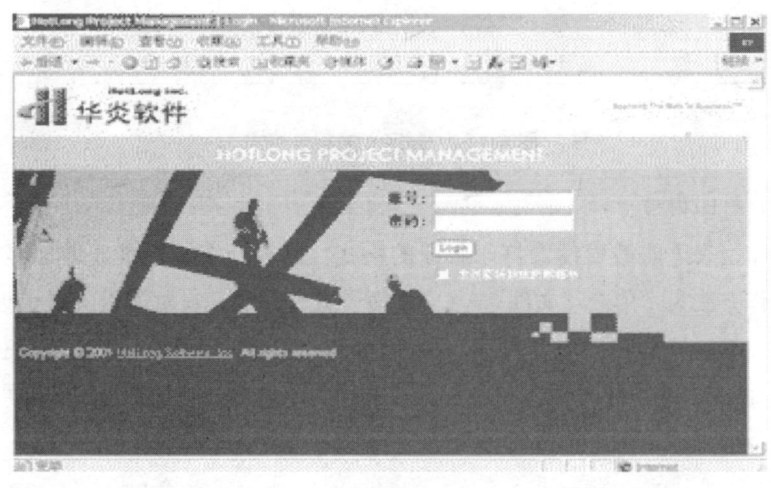

图 6—55 HotPM 项目管理软件登录页面

对于具体项目任务而言，HotPM 项目管理软件能够清晰地确定、分配项目中不同角色、不同职责的人，明确具体项目的角色及其职责，使同一项工作由专人具体负责。这种管理方式，将每个项目任务的工作明确后，使其能够顺利进行，充分强调每项工作只能有唯一的负责人（或小组）。

一个项目究竟需要多少人力参与呢？HotPM项目管理软件的资源参考决策功能，能确保对人力资源进行充分有效的安排。有效的项目组织安排，是协调不同角色的人参与项目的一种务实措施，HotPM项目管理软件以图形方式描述项目成员之间的工作汇报关系，增加了团队亲切感，易形成战斗力。项目的成败，管理是重点。HotPM中融入了考核功能，可依据完成工作任务的进度累计情况实行项目的奖惩管理。

由于HotPM产品应用的网络开发技术具有高可用性，可实现远程协同同步沟通完成项目任务的需求，所以在同类产品中有较高的性能优势。

6.4.2 HotPM提供的主要功能

HotPM在协调管理企业内部的各类项目、人员之间的调配以及跟踪项目进度等方面，表现出了较强的性能优势。具体来说，HotPM提供了以下功能：

（1）快速得到有关正在进行中及已完成的项目、子项目、任务的信息，显示每个项目中的相关人员的工作进度及状态。

（2）为各项目划分子项目，子项目中再划分各类任务，并制定各项任务的完成期限。

（3）为同一项目、子项目中的任务负责人划分等级，并可以重新指定人员来完成任务。

（4）规定与项目、子项目有关的人员才有权限看到相应的信息，并能根据选择的工作团队来区分用户的权限。

（5）能快速浏览有关人员的重要信息。

6.4.3 HotPM软件的层次特征及其应用

HotPM软件的用户操作界面十分友好，项目部类呈现出层次特征。其第一层列出的是项目及其子项目，第二层列出的是项目、子项目中的任务，第三层列出的是特定任务的信息。下面结合其操作方法进行简要介绍。

6.4.3.1 项目及其子项目层

这个层次列出了与指定用户相关的正在进行或已经完成的项目，只有经过授权的用户才能确认项目已完成。在项目部类的安全选项中，选择“更改”就被授权可以改变信息。图 6—56 显示了 HotPM 的第一层窗口，该层所列出的选项包括：

（1）开始于：即一个项目的开始时间。

（2）截止日期：即项目实现的时限。

（3）标题：即项目名称。

（4）所有者：即项目的创建者。

（5）任务：用任务的数量进行描述，包括任务的总数、未完成任务的数目、已完成任务的数目。

（6）进展：用已完成任务占总任务的百分比描述。

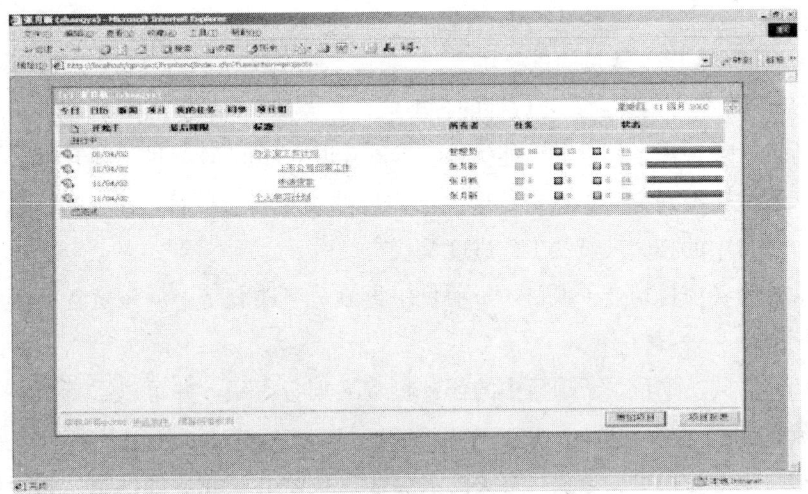

图 6—56　HotPM 的第一层窗口

在标题处，子项目与项目之间有细微的区分，项目显示在上方，紧靠左侧，隶属于项目的子项目位于项目下方，并且标题前留有空格。

设置子项目与设置项目大致相同，唯一的区别是一个项目可划分为多个子项目，而一个子项目只能划分为多个任务。单击项目（子项目）的“标题”或“进展”可以查看项目的有关信息，即进入到 HotPM 的第二层窗口。

6.4.3.2　项目、子项目中的任务层

HotPM 的第二层窗口如图 6—57 所示。该窗口包括“信息”、“子项目”、“任务”、“我的任务”、“安全”等五个选项卡。

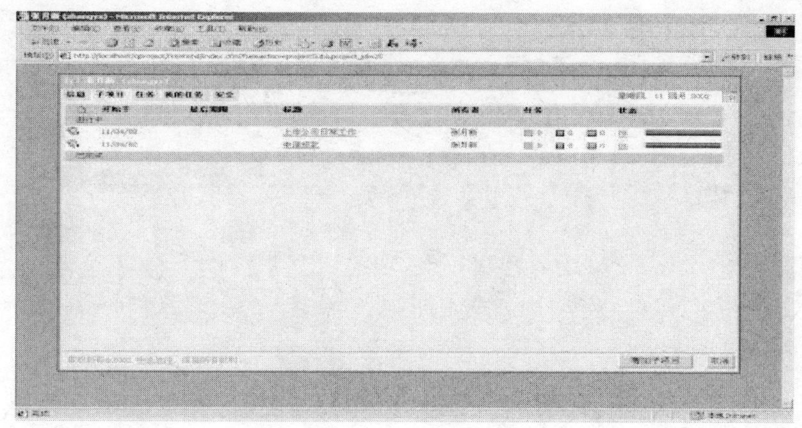

图 6—57 HotPM 第二层窗口

（1）“信息”选项卡。显示一个项目的有关信息。该选项卡页面中包括以下字段：“此项目隶属于”，即选择在哪个项目下创建子项目；“开始于”，即一个子项目的开始时间；“截止日期”，即子项目完成的时限；“标题”，即子项目的名称；“备注”；“已完成/关闭”，即将该子项目归到已完成项目中。

在该选项卡页面中，用户可以修改、删除以上字段，但前提是要有更改的权限。

（2）“子项目”选项卡。显示隶属于一个项目的一系列子项目。单击第一层子项目或者项目（没有子项目）的名称后，该选项卡页面会列出其所含的所有子项目（如图 6—58 所示）。如果该选项卡页面未包含有任何内容，可以打开“任务”链接。

（3）“任务”选项卡。显示一个项目（子项目）中的一系列任务分配。点击第一层的项目后，该选项卡页面会列出该项目（子项目）所含的所有任务，如图 6—59 所示。该选项卡页面包括“开始于”、“截止日期”、“标题”、“来自”、“接收”、“状态”、“延误”、“花费”、“时间”等字段。其中“来自”显示分配任务的人员，“接收”显示要完成任务的人员，“状态”显示任务进行的状态，“延误”指出已超过任务完成期限多少天，“花费”显示完成任务所花的费用，“时间”即显示任务进行过程中已经花费的时间（单位为“小时”）。

（4）“我的任务”选项卡。该选项卡页面列出的是在所有任务中委派给操作人员的任务，页面中包括的字段与任务“任务”选项卡页面中包括的字段相同。

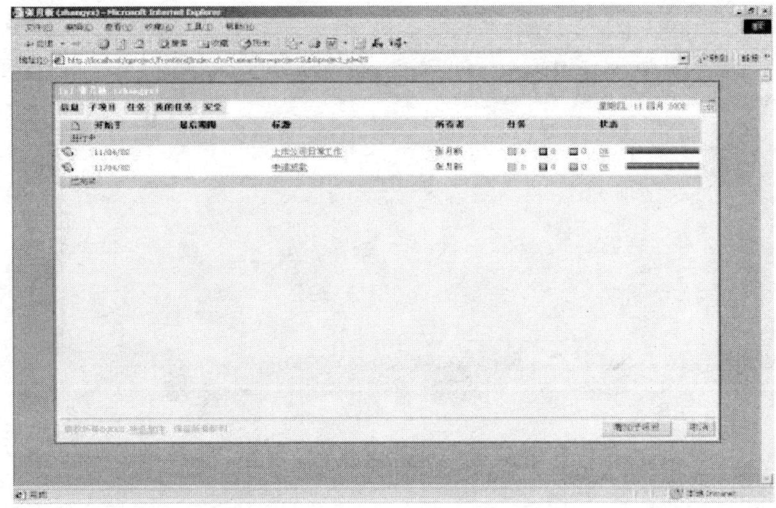

图 6—58 “子项目”选项卡

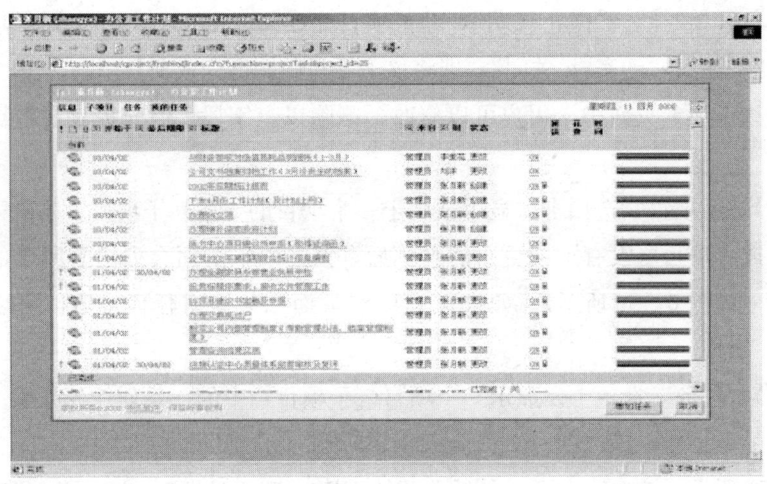

图 6—59 “任务”选项卡

(5)“安全”选项卡。在该选项卡页面中可以创建一系列可以设置项目、子项目、任务的部门或者人员，并且给这些部门或人员授予不同的权限。

6.4.3.3 特定任务的信息层

单击项目部类第二层中的任何一个任务名，即可进入 HotPM 的第三层——特定任务的信息层。

该层窗口包括以下内容：

（1）“信息”选项卡。存放关于任务的一些字段信息，其中“花费”表示完成任务必需的费用；“选项”存放一个任务的特征，如“已完成/关闭”、“重要”、“私人”，“重要”表示紧急，被选中时，在显示该任务的标题前将出现“!”符号；“私人”选项如果被选中，那么该任务只能被创建者与执行者看到，其他人不能了解它的信息。

（2）“报告”选项卡。即任务的执行人员填写的进程报告，通常在工作日结束前填写。报告不仅可以由创建者及执行者来填写，系统也可以根据任务状态的改变自动产生报告。

每一行表示一个报告，每个报告都包括日期（报告的创建日期）、状态（由执行者填写）、备注、时间（花费在任务报告上的时间）、作者（报告的创建者）。

单击“增加报告”按钮，可以增加一个新报告；单击某一报告的“备注”，则可以查看该报告的详细内容。

（3）“附件”选项卡。记录任务进行中所需的说明文件。附件由任务的创建者或者执行者增加，如果有权限的话，单击“增加附件”按钮，将出现上载文件的界面。单击“浏览”按钮，从用户本地的机器上选择一个文件上载到服务器，填写备注，单击“保存”按钮，即完成增加操作。任务的执行者可以点击附件的文件名称，系统将弹出下载文件窗口，单击文件的“链接”按钮可以下载该文件，重复以上操作可以重新上载新文件。

（4）“安全”选项卡。用于设置任务的权限，只有用户自己设置的任务，才可以看到“安全”这一项。

需要注意的是，在进行安全设置前，必须先选中启用任务的“安全”选择框，然后增加新组（部门）、人员，并分别授予不同的权限，使其可以访问、修改、更新任务的信息。所授予的权限有“阅读/创建”、“修改”、“完全访问”等。授权完成之后，单击“保存”按钮即可。

导入案例解析

下面结合本章的导入案例，说明项目管理软件在电子商务项目管理中的应用特点与重要作用。

一、项目过程

无论是集成商B公司还是客户都认为，项目成功的原因主要是因为有一个合格的项目经理；而项目经理则说项目成功在很大程度上是因为有了一个好的项目管理软件。那么，在项目实施过程中项目经理做了哪些事？项目管理软件在这个过程中又发挥了哪些作用呢？

（一）起始阶段

在项目意向明晰后，项目经理首先做的事情是：查阅资料，确定助手，制定下一步计划。

查阅的资料主要包括两方面：一方面是客户服务中心的技术实现情况，另一方面是医药行业的业务运作情况。

助手的主要工作是在技术和业务方面辅助项目经理。

下一步的计划是：和客户面对面地沟通，了解客户的期望以及对项目的认知情况，了解客户的业务；进一步了解相关技术；编写方案建议书。

实行下一步计划的目的就是要定义项目。而项目定义是在Project 2003中进行的。须注意的是，项目定义对任何一个项目来说都是第一位的。

在这个阶段，项目经理还有两件事做得非常好，一是让公司高层领导重视这个项目，从而获得公司高层的支持，这对以后在项目实施过程中得到其他部门的配合是非常重要的；二是和销售经理形成良好的分工合作关系，各自完成分内工作，并注意时刻分享项目信息。而在许多项目中，项目人员和销售人员是互不沟通的，甚至是对立的，因此往往导致项目失败。Project 2003为项目人员与销售人员之间的相互沟通、共享项目信息创造了有利条件。

（二）执行阶段

在这一阶段，利用Project 2003提供的规范文档，保护项目信息不受损耗，为项目信息的最大保留创造了极为方便的条件。同时，进一步细化工作结构和项目实施计划，都是借助Project 2003完成的。

在项目实施的过程中，内部成员之间也出现过一些问题，比如彼此工作习惯的不同，甚至一些纯属个人范畴的事情也会被引入到项目中，从而对项目组的工作气氛产生不良影响。项目经理在一开始就注意和所有项目成员有非正式的沟通，注意倾听他们的诉说，使他们的情绪能够有释放的空间；利用Project

2003 软件，及时通报项目的进度、问题、新的计划等，确保项目运行在统一的方向上；建立公正客观的工作环境，求同存异，使每个成员都有被尊重的感觉；不定期聚餐，活跃项目小组气氛。而在有的项目中，项目经理往往只关注技术能否实现，而不关注成员的心理感受，使得工作效率降低，最后导致项目不能按时保质完成。

（三）结束阶段

在项目的结束阶段，项目经理主要关注的工作内容包括：

(1) 总结和移交、存档各种资源，其目的是使公司能够不断积累有关的知识。Project 2003 软件的使用，使得这项工作变得简便易行，节省了大量的人力。

(2) 对软件产品的发展提出建议，供公司领导决策，其目的是为继续拓展市场做准备。

(3) 召开项目成员的工作表彰会，一方面是对项目成员的工作予以认可，另一方面是提高项目成员对实施项目的认同感。

二、经验总结与分析

在采用项目管理软件管理一个具体的电子商务项目时，应把握好一些应用技巧。根据经验，具体应从以下两个方面进行考虑。

（一）应用项目管理软件的技术要点

(1) 做可行性分析；

(2) 做风险分析；

(3) 制定项目计划；

(4) 管理进度和资源；

(5) 有效控制，合理支持；

(6) 使组织充满活力。

（二）使用项目管理软件应注意的问题

尽管使用项目管理软件有许多益处，但在使用过程中也应注意避免陷入一些误区。企业应用电子商务项目管理软件的常见误区有以下几种：

(1) 沉溺于软件程序中。有时，一些项目经理可能会把大量时间投入到软件中，摆弄那些报表、功能，而把工作中最主要的部分——人员抛在脑后。

(2) 安全错觉。项目管理软件有时会使项目经理产生一种安全错觉。首先，项目经理会认为，由于有功能强大的软件，项目管理工作会完成得更出色。其次，如果项目偏离计划，项目经理会认为软件能有办法让项目回到正常轨道上来。再次，项目经理认为软件如果使用不当，它不可能会显示项目进展良好，但实际情况却并非如此。

(3) 过度依赖于软件。由于项目管理软件的应用越来越容易和有趣，使得项目经理开始过分依赖于软件。但实际上，项目管理软件仅仅是帮助用户更有效率地开展工作的一个工具而已，软件自己并不能管理项目。进行项目管理，一定要依靠用户自己的技能，依靠团队的技能。

(4) 认识误区。通常认为项目管理软件就等于项目管理。其实，在企业中引入项目管理，应该是引入整个项目管理体系，而不仅仅是项目管理软件。这一误区的典型特征就是用项目管理软件套原有管理模式，结果往往是出现冲突。

(5) 由技术人员主导推广。项目管理软件的技术含量，往往使中高级管理人员望而生畏，于是甩手给技术人员进行推广。而大部分技术人员由于缺乏管理、业务和组织方面的知识，对软件将要引发的非技术变迁缺乏认识，也缺乏有效的应对能力，从而导致推进无力。

本章小结

本章首先简要介绍了项目管理软件中采用的主要项目管理技术和项目管理软件的一般工作流程；其次，介绍了常用的项目管理软件及其主要功能以及项目管理软件的选择准则；再次，着重介绍了项目管理软件 Project 2003 的主要特点、功能、系统安装与维护、基本操作及其在电子商务项目管理中的运用和操作方法；最后，简要介绍了项目管理软件 HotPM 的主要功能与应用。

思考与练习

1. 购买电子商务项目管理软件时要考虑哪些标准？按其重要性怎样进行排列？

2. 应用项目管理软件时应注意些什么问题？

3. 查阅有关资料，并对两种以上用于电子商务项目管理的软件工具的性能特征进行评价。

4. 练习题：

（1）从 Project Management Institute 的网站上访问项目管理软件经销商，网址是：http：www. pmi. org/mem _ prod/venalpha. htm，讨论你发现的内容。

（2）访问 WWW Project Management Forum's Vendor's MarketSquare，其网址是：http://www. pmforum. org/vsoftwar. htm，讨论你发现的内容。

（3）通过电话或电子邮件，与你在上面两个练习中发现的一些公司联系，看他们能否免费送你一个演示软件包。

（4）设法找到并访问其他至少 3 个项目管理软件经销商的网站，然后讨论所发现的内容。

5. 小王正在学习应用项目管理软件，他使用 Project 2003 专业版编辑完一个项目之后，单击“协作”→“发布”→“项目计划”，屏幕提示：“试图将非企业项目发布到 Project Server，服务器的安全设置不允许发布非企业项目”。可是小王在新建的时候没有发现有选择何种类型项目的选项，不知道怎样才能建立一个企业项目。服务器的安全设置里也没有“不允许发布非企业项目”的选项。怎么解决这个问题呢？

提示：这个问题有两种处理方法：

（1）到 Project Server 上设置允许非企业项目加入到服务器中。

（2）在 Project 2003 专业版中依次打开“工具”→“企业选项”→“Project Server 账户”，添加一个 Project Server 的账户，然后在再次打开 Project 2003 专业版的时候选择该账户登陆，进入之后再做项目计划，然后保存，最后进行发布即可。

附　录

电子商务项目管理实务操作参考资源

附一　企业电子商务发展战略和应用现状的情况调查表

企业名称：

被调查者基本信息：
性别：　　年龄：　　教育程度：　　职位：　　在企业工作年限：
电话：　　E-mail：
特长：

请就下列每一个问题在1～5之间填写一个数字

一、战略			
信息和通信技术在企业中的重要性评估		您企业中信息化的开展现况	
1. 完全不重要 2. 不重要 3. 重要 4. 比较重要 5. 非常重要	重要性	1. 没有 2. 有 3. 比较好 4. 好 5. 非常好	程度
态度	1～5	应用情况	1～5
战略定位（未来几年公司的商业战略，包括位置和份额）		商业战略的实施	

信息和通信技术以及电子商务计划		信息和通信技术以及电子商务计划	
进军国际市场意向		进军国际市场情况	
对于信息和通信技术的益处的一般认识		信息和通信技术的一般应用	
对于专有信息系统的特殊益处的认识（如财务系统）		专有信息系统的建立（如财务系统）	
企业信息化的实施计划		企业信息化的实施计划	
二、实物资产			
获得信息技术设备的难易程度		应用情况	
1. 很难获得 2. 难获得 3. 可以获得 4. 容易获得 5. 非常容易获得	难易程度	1. 没有 2. 有 3. 比较好 4. 好 5. 非常好	应用情况
基础设施	1～5	基础设施	1～5
计算机		计算机	
其他设备（打印机、扫描仪等）		其他设备（打印机、扫描仪等）	
互联网接入方式（与价格无关）		互联网接入方式（与价格无关）	
企业局域网		企业局域网	
企业广域网		企业广域网	
	难易程度		应用情况
应用系统	1～5	应用系统	1～5
决策支持系统		决策支持系统	
报表系统		报表系统	
事务信息处理系统		事务信息处理系统	
ERP（企业资源计划）		ERP（企业资源计划）	
MRP（制造资源计划）		MRP（制造资源计划）	
计算机化的综合管理系统（合同订单处理系统）		计算机化的综合管理系统（合同订单处理系统）	
电算化财务系统		电算化财务系统	
计算机化商品计价系统		计算机化商品计价系统	
计算机化市场管理系统		计算机化市场管理系统	

计算机化生产管理系统		计算机化生产管理系统	
计算机化人力资源管理系统		计算机化人力资源管理系统	
三、企业信息			
企业信息共享的重要性		企业信息共享的程度	
1. 完全不重要 2. 不重要 3. 重要 4. 比较重要 5. 非常重要	重要性	1. 没有 2. 有 3. 比较好 4. 好 5. 非常好	程度
信息共享	1～5	信息共享	1～5
企业决策相关（员工参与商业决策过程）		企业决策相关	
企业管理相关（员工参与企业资源计划、分配的决策过程）		企业管理相关	
工作流程相关（员工参与业务流程实现的决策过程）		工作流程相关	
为了使企业能从开展信息化中获益，管理者是否已经清醒认识到下列方面应该做哪些工作和如何做？		下述有关工作采用信息和通信技术的进展情况	
1. 完全没有认识 2. 没有认识 3. 认识不多 4. 比较清楚 5. 非常清楚	认识程度	1. 没有 2. 有 3. 比较好 4. 好 5. 非常好	程度
做哪些工作和如何做？	1～5	做哪些工作和如何做？	1～5
营销		营销	
生产（与按时保质履行合同相关的业务）		生产	
人力资源		人力资源	
合作方（与合作类别、形式、控制相关联的活动）		合作方	
财务和实物资产（与需求、计划、采购、调拨、监控相关的活动）		财务和实物资产	
信息管理		信息管理	
四、人力资源			
企业员工素质重要性		企业员工素质	
1. 完全不重要 2. 不重要 3. 重要 4. 比较重要 5. 非常重要	重要性	1. 没有 2. 有 3. 比较好 4. 好 5. 非常好	素质

员工素质	1～5	员工素质	1～5
通信技术的知识		通信技术的知识	
计算机知识		计算机知识	
软件使用熟练程度		软件使用熟练程度	
电子商务专门知识		电子商务专门知识	
跟踪信息技术发展的能力		跟踪信息技术发展的能力	
五、资金			
用于企业信息化建设资金来源的重要性		资金来源的难易程度	
1. 完全不重要 2. 不重要 3. 重要 4. 比较重要 5. 非常重要	重要性	1. 很难获得 2. 难获得 3. 可以获得 4. 容易获得 5. 非常容易获得	难易程度
资金	1～5	资金	1～5
企业内部用于信息化的投资		企业内部用于信息化的投资	
通过外部筹资		通过外部筹资	
六、有关方面和合作伙伴			
有关方面和合作伙伴对于企业决定采用信息和通信技术决策过程的影响		影响程度	
1. 完全不重要 2. 不重要 3. 重要 4. 比较重要 5. 非常重要	重要性	1. 完全无影响 2. 无影响 3. 影响 4. 比较大 5. 非常大	程度
有关方面和合作伙伴	1～5	有关方面和合作伙伴	1～5
竞争方（采用信息和通信技术对你的企业的影响，下同）		竞争方（采用信息和通信技术对你的企业的影响，下同）	
客户		客户	
供应方		供应方	
运输公司		运输公司	
金融企业		金融企业	
海关		海关	
行业协会		行业协会	
国际合作方		国际合作方	
其他企业		其他企业	
政府		政府	

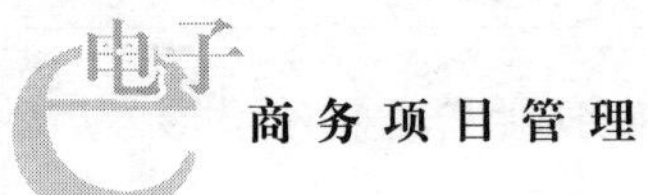

七、企业基本信息调查
请自愿简要回答下列问题：
企业成立时间：
主要市场区域：
主要产品或服务：
企业规模（人数）：
交易额：
出口业务百分比：
主要出口国家：
企业的成功因素：
企业信息化开展背景：
首项信息系统开展时间：
企业现有应用系统数量以及名称：
采用信息和通信技术的原因：
企业信息化所涉及的企业资源以及获取方式：
企业开展信息化的困难：
是否存在观念意识上困难，如有，请简要叙述：
是否存在文化上困难，如有，请简要叙述：
企业采用信息化的结果：
是否对采用信息和通信技术给企业带来的影响满意并简述原因：
请列举企业成功应用案例以及未成功应用案例：
预期内采用信息和通信技术的计划？
还有更好的解决方法？
向其他人推荐了吗？

附二　××项目验收计划

目的

（对验收活动进行指导）

范围

（指明本次验收活动针对的范围）

职责

（对公司及客户方在验收活动中的职责进行详细说明，如客户需要提供的环境支持等）

验收计划

验收准备

（主要是指验收前应准备的工件，如软件、硬件、操作手册、验收报告等）

验收标准

（在进入验收前一定要与客户明确项目验收标准并文档化）

验收进度安排

时间	验收模块	参与人员	备注

验收报告

（验收通过后，由客户方提供正式的验收报告，标志该活动已结束，此处需明确验收报告的提交方式及提交时间等）

附三　浙江省软件产业发展计划项目验收证书

编号　浙信信验字〔20　　〕号

项目名称：

项目批准文号：

项目完成单位：

验收形式：

组织验收单位：

主持验收单位：

验收日期：

浙江省信息产业厅　浙江省财政厅制

一、项目简要说明及主要技术经济指标
二、经济及社会效益
三、资金落实和使用情况（含支出项目内容）
四、验收意见 验收小组负责人（签字） 验收日期
五、主持验收单位意见 （盖章） 年　月　日

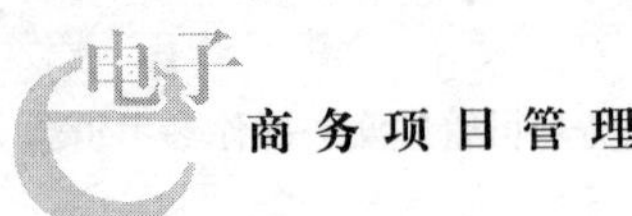

六、组织验收单位意见

（盖章）

年 月 日

七、提供的主要技术文件目录

八、主要完成人员名单

序号	姓　名	年龄	文化程度	所学专业	职称职务	工作单位	对项目的主要贡献

九、主要完成单位和协作单位

主要完成单位	对项目的主要贡献

协作单位	在本项目中所做的工作

十、验收小组名单

序号	验收职务	姓　名	工作单位	所学专业	现从事专业	职称职务	签名

附四　推荐网站

一、国内项目管理网站集锦

（1）项目管理者联盟（http://www.mypm.net）：国内知名的项目管理专业站点，成立于2001年初，汇集大量项目经理会员，为推动项目管理在国内的发展而努力。

（2）中国工程项目管理网（http://www.cpmchina.com/）：由中国建筑业协会工程项目管理委员会、同济大学和华安国际发展有限公司共同开发创立的建设工程项目管理主题网站。

（3）中国项目管理网（http://www.project.net.cn/）：由北京中科项目管理研究所和国家经济贸易委员会经济干部培训中心共同建立。

（4）华鼎项目管理资讯网（http://www.xahuading.com）：由西安华鼎项目管理咨询有限责任公司与中国项目管理研究委员会（PMRC）联合主办。

（5）项目管理实验室（http://www.pmlab.net/）：是致力于推广项目管理科学的民间研究团队。

（6）鹏为项目管理网（http://www.pmway.com）：主要涉及的内容是项目管理，侧重于建筑施工方面等。

（7）项目管理探索网站（http://www.pmptopmp.com/）：一些处于项目管理前沿的实践者和一些从事项目管理理论、方法研究的专业人士自发组织建立的非商业网站。

二、国外项目管理网站集锦

（1）项目管理论坛（http://www.pmforum.org/）：一个有关项目管理的综合性的资源站点，每月发行《项目管理世界今日杂志》。

（2）项目经理控制塔（http://www.4pm.com/）：国际知名的项目管理资源站点。

（3）魏德曼项目管理站点（http://www.maxwideman.com）：项目管理资深专家 Wideman 的个人站点。

（4）美国项目管理协会（http://www.pmi.org）：国际上最大的项目管理专业组织。

（5）项目世界网站（http://www.projectworld.com/）：专门组织项目管理会议，出版 *Projetc Work* 杂志。

（6）国际项目管理协会（http://www.ipma.ch）：项目管理国际性组织，推出国际知名的 IPMP 认证。

参考文献

1. [美] 贝内特·P·利恩兹，凯瑟琳·P·雷. 电子商务项目实施管理. 北京：电子工业出版社，2003
2. 中国电子商务协会. 国际电子商务项目管理. 北京：人民邮电出版社，2004
3. 王树进. 电子商务项目运作. 南京：东南大学出版社，2002
4. 毕星，翟丽. 项目管理. 上海：复旦大学出版社，2002
5. [美] 杰克·吉多，詹姆斯·P·克莱门斯. 成功的项目管理. 北京：机械工业出版社，2004
6. 刘慧，陈虔等. IT 执行力——IT 项目管理实践. 北京：电子工业出版社，2004
7. [美] 加里·P·施奈德. 电子商务. 北京：机械工业出版社，2004
8. 吴伟光. 电子商务法. 北京：清华大学出版社，2004
9. [美] 凯西·施瓦尔贝. IT 项目管理. 北京：机械工业出版社，2002
10. [美] 居古拉斯. 面向商务和技术的项目管理. 北京：清华大学出版社，2003
11. 黄斐. MS Project 2002 项目管理与应用. 北京：科学出版社，2004
12. 黄维光，马杨. Project 2003 实用培训教程. 北京：清华大学出版社，2004
13. 美国项目管理学会（PMI）. 项目管理知识体系指南（PMBOK 2000）. 北京：现代卓越管理技术交流中心，2001
14. 谭伟贤. 信息工程监理：设计、施工、验收. 北京：电子工业出版社，2003

15. 胡克瑾. IT 审计. 北京：电子工业出版社，2002
16. 张金城. 计算机信息系统控制与审计. 北京：北京大学出版社，2002
17. 孙强. 信息系统审计：安全、风险管理与控制. 北京：机械工业出版社，2003
18. 吴之明，卢有杰. 项目管理引论. 北京：清华大学出版社，2000
19. 王超. 项目决策与管理. 北京：中国对外经济贸易出版社，1999
20. 方景星. 软件项目用户验收测试. 计算机世界报，2004-01-08
21. 飞思科技产品研发中心. 基于 Project 2002 的项目管理. 北京：电子工业出版社，2003
22. 赖宇阳. 中文 Microsoft Project 2000 教程. 北京：北京希望出版社，2001
23. 王强，曹汉平等. IT 软件项目管理. 北京：清华大学出版社，2004
24. 刘积仁，康晓东，饶友玲. 软件开发项目管理. 北京：人民邮电出版社，2002
25. 张石森，欧阳云. 哈佛 MBA 项目管理全书. 呼和浩特：远方出版社，2003
26. http://www. huataiinfo. com

图书在版编目（CIP）数据

电子商务项目管理/文燕平主编
北京：中国人民大学出版社，2006
高职高专电子商务应用技术实训教材
ISBN 978-7-300-07472-6

Ⅰ．电…
Ⅱ．文…
Ⅲ．电子商务-项目管理-高等学校：技术学校-教材
Ⅳ．F713.36

中国版本图书馆 CIP 数据核字（2006）第 079600 号

高职高专电子商务应用技术实训教材
总主编　杨坚争
电子商务项目管理
主　编　文燕平
副主编　郭健全

出版发行	中国人民大学出版社		
社　　址	北京中关村大街 31 号	**邮政编码**	100080
电　　话	010－62511242（总编室）		010－62511398（质管部）
	010－82501766（邮购部）		010－62514148（门市部）
	010－62515195（发行公司）		010－62515275（盗版举报）
网　　址	http://www.crup.com.cn		
	http://www.ttrnet.com(人大教研网)		
经　　销	新华书店		
印　　刷	北京民族印务有限责任公司		
规　　格	170 mm×228 mm　16 开本	**版　　次**	2006 年 9 月第 1 版
印　　张	14.5	**印　　次**	2011 年 8 月第 4 次印刷
字　　数	234 000	**定　　价**	22.00 元

版权所有　侵权必究　　印装差错　负责调换